幼稚園・保育所／児童館

●編修・執筆主査
高木　幹朗
谷口　汎邦
●執筆委員
高木　幹朗
三輪　敏久
谷口　汎邦
堀部　幸晴
関沢　勝一
大村　虔一
谷口　新

市ケ谷出版社

はじめに

1 計画・設計の進め方

建築には複雑なはたらきがあり，多様な形態をもっていますが，建築を創るための**計画**と**設計**は，一般に，ほぼ次のようなプロセスによって進められます。

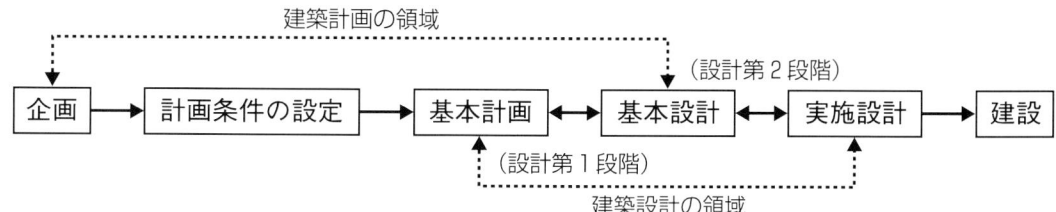

このプロセスの中で，企画は，目標とする建築の主たるはたらき（機能）の設定を含めて，建築のもつ基本的な役割や計画目標を明確にすることにあります。従来までこの段階は，建築をつくる発注者によって提示されることが一般でしたが，最近は企画段階から設計者が関与し，アイデアを求められることも多くなってきました。建築の機能が設定されると，基本計画としてまとめる前提となるさまざまな設計計画条件を抽出し，その条件の内容を検討する段階に入ります。その中には，対象となる建築に関わる社会・経済的背景や地域的条件，建築を利用する人びとの立場から求められる社会的条件，物理的（生理的）条件，そして心理的条件もあります。また建築の技術的条件が含まれます。

これらの諸条件は，必ずしも明確に優先度が定められるものではありません。場合によっては，その条件は互いに矛盾するものであったり，対立関係を生ずる場合も少なくありません。これらの諸条件を計画目標に向けて，「どのように選択し，優先されるべき条件を分析・評価するか」の過程が計画条件の設定です。そしてこれらの条件をふまえてかたちにまとめ，総合化する建築設計の第一ステップとしての基本計画（敷地利用計画・外部環境計画・各階平面計画・断面計画・立面計画などを図書化する）があります。もちろんこの基本計画は，これに続く基本設計に直接結びつくものです。基本計画と基本設計の間には，ともに建築設計の第1段階としての相互調整のはたらきが存在し，建築設計の第2段階である実施設計に連動します。

建築計画と建築設計は，このように重なりあうはたらきがあり，完成された建築の評価はこの基本計画と基本設計のもつ高い計画性と設計密度によると言っても過言ではありません。

2 シリーズ編修の意図

この『建築計画・設計シリーズ』編修の意図は二つあります。

その一つの目標は，各種の建築物を対象に建築計画の基礎知識を学習するためにわかりやすく建築計画の進め方を示したことです。ここには，建築設計の前提となる数多い計画条件の中で，特に基礎・基本となる一般的で主要な内容が示されています。そしてその内容は学科としての建築計画の知識としても注目して頂きたいと思います。

もう一つの目標は，設計の第1段階である基本計画の学習のために企画されたことです。

建築学を初めて学び，設計製図（デザイン）の学習を希望される方を対象に，建築計画の基礎知識をふまえた基本計画のトレーニングをして頂くため，いろいろな情報を提供することを試みています。大学や建築専門の学校で設計製図の課題が出され，エスキースを行い製図としてまとめる学習は，ここでいう基本計画の段階と考えてよいでしょう。そして建築設計の基礎知識，設計の思考方法・表現技術などを十分に学習し，トレーニングのために活用して下さい。

3 目標とする内容

これら，目標とする内容は，建築士の資格を取得しようとする方々のために，建築計画と建築設計製図に関して，十分に支援出来るものを含めてあります。知識に心を注ぐことから正しい判断（知恵）が生まれ，技術に精神を集中することで技が磨かれ，そこに建築の設計が完成すると考えています。

さらに本シリーズには，建築デザインの一般的教養を高め，最新の情報を提供する意図をもって編修された冊子も含まれています。本シリーズを知恵と技を総合するトレーニングに役立てて頂ければ編修者一同大きな喜びであります。

4 編修者・執筆者

本シリーズの編修については，全体の企画・構成を編修委員会が担当すると共に，各冊子について担当の編修委員が責任をもって編修執筆委員を厳選し，特に設計・計画業務にたずさわっておられる専門家に参加して頂き，最新の情報をわかりやすく解説して頂くことに重点をおきました。

5 謝　辞

各冊子に掲載した最新の資料・情報は，多くの方々の御理解・御協力・御支援によってまとめることができました。ご提供頂いた関係の皆様に心から御礼を申し上げます。

谷　口　汎　邦

◇編修委員会構成◇ （2003年4月1日現在）

〔編修委員長〕　谷口　汎邦（東京工業大学名誉教授）

〔編 修 委 員〕　荻野郁太郎（荻建築環境）
（50音順）
　　　　　　　　志水　英樹（駒沢女子大学教授）
　　　　　　　　白濱　謙一（神奈川大学名誉教授）
　　　　　　　　仙田　　満（東京工業大学教授）
　　　　　　　　髙木　幹朗（神奈川大学教授）
　　　　　　　　藤井　修二（東京工業大学教授）
　　　　　　　　藤江　澄夫（清水地所㈱　代表取締役副社長）

〔専 門 委 員〕　浅沼　由紀（文化女子大学助教授）　　　伊達　美徳（伊達計画文化研究所㈱　所長）
　　　　　　　　天野　克也（武蔵工業大学教授）　　　　服部　紀和（㈱竹中工務店　常務取締役）
　　　　　　　　有田　桂吉（㈱石本建築事務所　常務取締役）　三栖　邦博（㈱日建設計　取締役社長）
　　　　　　　　小泉　信一（㈱奥村組　常務取締役）　　無漏田芳信（福山大学教授）
　　　　　　　　佐々木雄二（佐々木雄二設計室）　　　　森保　洋之（広島工業大学教授）
　　　　　　　　鈴木歌治郎（㈱ランドスケープデザイン　代表取締役社長）　山口　勝巳（武蔵工業大学）

「幼稚園・保育所／児童館」の執筆にあたって

　今日わが国では，高齢者問題とともに少子化問題が，将来の社会保障や労働力などを考えるうえで，極めて深刻で大きな課題となっています。

　第二次ベビーブーム（1971～74年）が去り，次に訪れた「少子化時代」の出生数の減少傾向は一向に止まるところを知らず，今なおなかなか歯止めがかかる兆しがありません。その中でも特に，1989（平成元）年におけるわが国の「合計特殊出生率」（一人の女性が一生の間に生む子供の数）が1.57というそれまでの史上最低を記録した，いわゆる"1.57ショック"は大きな社会問題となりました。それを契機に，子育てに対する社会的支援の必要性が緊急課題として取り上げられ，「エンゼルプラン」や「新エンゼルプラン」を柱とするさまざまな施策が打ち出され実施されるようになりました。

　それらの施策の重要な目標のひとつは，「保育サービス等子育て支援サービスの充実を図ること」であり，仕事と子育ての両立や，利用者の多様なニーズに対応した保育サービスの充実，さらには小学校児童の放課後対策などが掲げられています。

　本書では，そうした時代的な要請を踏まえながら，乳幼児から学童までの健全な育成を目的とする上記3施設についての計画・設計の考え方を1冊にまとめて出版することにしました。

■本書のねらいと構成

　本書の構成は，大きく　第1編　幼稚園・保育所，第2編　児童館，第3編　設計事例，そして参考資料編からなっています。

第1編　幼稚園・保育所について

　幼稚園と保育所は，対象年齢や施設のあり方などについてかなり共通する部分と，逆に大きく異なる部分とがあります。あえて同じ編の中で同時に扱い論じることによって，そうした異同を鮮明にし，よりよく理解出来るように心がけています。

　内容的には大きく，ソフト面（第1章）とハード面（第2章）の2つの章で構成しました。第1章では，幼稚園・保育所の差異や歴史，そして今日直面する問題などを扱っています。第2章では，基本計画・設計を進める上での，全体から各部に至る具体的かつ詳細な事柄について述べてあり，プランニングの手がかりとして大いに役立つことと思います。

第2編　児童館について

　少子高齢社会の進行とともに，夫婦共働き家庭の一般化，家庭や地域の子育て機能の低下等児童を取り巻く環境は大きく変化してきています。児童を取り巻く問題の複雑化は，児童福祉に関連するいろいろな施設機能にも新しい課題解決を要請しています。児童館設置体系型の中では，地域に密着した分散型小型児童館や中規模児童センターに具体的な課題が浮上しています。本書はこのような現状に注目し，今後の児童館特に小型児童館と児童センターの計画・設計の学習に供することを意図しています。

「児童館の全体計画」では，最も標準的に，児童館の建築計画・設計の学習に役立つと考えられる児童センターを取り上げています。「社会の変化に対応する小型児童館の在り方」では，小型児童館の計画・設計事例の経年的変化調査分析をふまえ，今後の小型児童館の計画・設計の在り方を展望しています。「学童保育の現代的課題と施設計画」では，「放課後児童健全育成事業」として法的に位置づけられた新しい児童館計画の課題と計画条件を提案的に示しました。「児童館の計画案」は児童館設置体系のモデル型をふまえながら，今後の計画・設計要件を考える手がかりを得る意図で，学習資料として提案的に計画したものです。

第3編　設計事例について

既存の幼稚園，保育所，児童館の中から，出来るだけ異なるタイプと規模をもつ特徴的なものをあげてあります。特に小型児童館については，これから需要が増え事例も増えることと思われます。

■参考資料について

対象施設の計画・設計を進めるうえで，極めて直接的・具体的に関わってくる諸基準等の必要箇所を抜粋して掲載してあります。具体的には「幼稚園設置基準」，「児童福祉施設最低基準」および「幼稚園施設整備基本指針」（目次）などです。

なお，この「幼稚園施設整備基本指針」の総則の骨子については，本文中の2・1・2に掲載してあります。

■謝辞

末筆になりましたが，貴重な資料をご提供下さいました設計事務所および自治体等各位に心から感謝申し上げます。市ヶ谷出版社には長期にわたり計画・設計シリーズの編集出版にご理解をいただいております。本書の発刊については山田美智子氏にご尽力をいただきました。関係各位に厚く御礼申し上げます。

平成15年3月　　　　　　　　　　　　　　　　　　　　　　　高木　幹朗
　　　　　　　　　　　　　　　　　　　　　　　　　　　　　谷口　汎邦

◇執筆委員会構成◇

[編修執筆主査] 高木　幹朗　（神奈川大学教授）
　　　　　　　 谷口　汎邦　（東京工業大学名誉教授）
[執筆委員]　　 高木　幹朗　（上記）
　　　　　　　 三輪　敏久　（日比野設計）
　　　　　　　 谷口　汎邦　（上記）
　　　　　　　 堀部　幸晴　（都市計画設計研究所専門役）
　　　　　　　 関沢　勝一　（日本大学理工学部教授）
　　　　　　　 大村　虔一　（宮城大学事業構想学部教授）
　　　　　　　 谷口　新　　（計画・設計インテグラ／新総合計画研究所）
[執筆協力]　　 海法　一夫　（海法デザイン事務所代表・イラスト作成）
　　　　　　　 萱沼　俊一　（図面作成）
　　　　　　　 吉柴　智昭　（図面作成）
　　　　　　　 佐藤　直樹　（資料協力）

◇写真◇

高木幹朗
三輪敏久
新建築社
大橋富夫
和木　通（彰国社）
岩瀬　泉
SS大阪
川澄明男
本木誠一
岡本公二（テクニスタッフ）
栗原宏光
岩為
藤塚光政
スタジオバウハウス

◇撮影・取材協力◇

れいめい幼稚園
清水保育園
川口市立戸塚西保育所
厚木市立山際児童館
中野区城山ふれあいの家さくら館
所沢市中富南ひかり児童館
武蔵野市立0123はらっぱ

◇協力，資料提供◇（敬称略・掲載順）

日比野設計
小泉雅生／C+A
シーラカンスK&H
藤木隆男建築研究所
倉島和弥＋企画設計室 RABBITSON
日建設計
日本設計
樹設計事務所
青木 茂建築工房
小川信子＋小川建築工房
RE設計事務所
真喜志好一 建築研究室DAP
キタムラ・アソシエイツ
中野区建設部営繕課
用美強・建築都市設計
松本純一郎設計事務所
設計組織ADH
横河 健／横河設計工房
おおみ設計

目次

■第1編　幼稚園，保育所

第1章　幼稚園，保育所の概要 … 2
1・1　幼稚園，保育所とは … 2
1・1・1　幼稚園 … 3
1・1・2　保育所 … 4
1・2　歴　史 … 8
1・2・1　幼稚園 … 8
1・2・2　保育所 … 9
1・3　幼稚園，保育所を取り巻く社会状況 … 10
1・3・1　進む少子化 … 10
1・3・2　エンゼルプラン … 11
1・3・3　新エンゼルプラン … 12
1・3・4　幼稚園の取り組み … 12
1・3・5　保育一元化について … 13

第2章　基本計画 … 14
2・1　計画にあたって … 14
2・1・1　はじめに … 14
2・1・2　幼稚園施設計画の基本的考え方 … 14
2・2　配置計画 … 16
2・2・1　敷地 … 16
2・2・2　園舎と園庭 … 16
2・2・3　近隣との関係 … 17
2・3　平面計画 … 17
2・3・1　全体計画の基本的要点 … 17
2・3・2　所要室と位置の検討 … 17
2・4　立面計画 … 18
2・5　各部計画 … 21
2・5・1　所要室 … 21
2・5・2　家具・造作 … 30
2・5・3　安全計画 … 32
2・5・4　外部空間の計画 … 34
2・6　断面計画 … 35
2・7　構造計画 … 36
2・8　設備計画 … 37
2・8・1　空調換気設備 … 37
2・8・2　給排水衛生設備 … 37
2・8・3　電気設備 … 38

■第2編　児童館

第1章　児童館の特性と動向 … 40
1・1　児童館の位置付と役割 … 40
1・1・1　児童福祉法 … 40
1・1・2　児童福祉施設と児童館 … 40
1・2　児童館の現状（東京都の場合） … 40
1・2・1　公立小学校数と児童館数の推移 … 40
1・2・2　児童館の施設数および規模，設備等の状況 … 41
1・2・3　所要単位空間機能等の状況 … 41

目次

    1・2・4 年間利用状況からみた1日平均利用年齢構成 ……………………… 42
    1・2・5 児童館計画整備の方向 ……………………………………………… 42

第2章 児童館の全体計画 …………………………………………………………… 43
 2・1 児童館の構成 …………………………………………………………………… 43
   2・1・1 児童館のタイプと機能 ……………………………………………… 43
   2・1・2 児童館の設置体系 …………………………………………………… 45
   2・1・3 児童センター機能部門の諸室構成 ………………………………… 45
   2・1・4 児童センター施設の部門機能の関係 ……………………………… 46
 2・2 児童館（児童センター）の建築計画 ………………………………………… 47
   2・2・1 敷地における児童施設の配置計画 ………………………………… 47
   2・2・2 児童館（児童センター）の平面計画 ……………………………… 48
 2・3 児童館の環境設備計画 ………………………………………………………… 53
   2・3・1 環境設備の種類 ……………………………………………………… 53
   2・3・2 環境設備計画 ………………………………………………………… 53
 2・4 災害安全および避難計画 ……………………………………………………… 54

第3章 社会変化と小型児童館計画 ………………………………………………… 56
 3・1 小型児童館計画の新しい要件 ………………………………………………… 56
   3・1・1 社会の変化に対応する児童館計画の必要性 ……………………… 56
   3・1・2 社会変化を把握し計画条件を解明する必要性 …………………… 57
 3・2 利用機能設定過程 ……………………………………………………………… 57
   3・2・1 住民の計画参加を導入した利用機能設定システム ……………… 57
   3・2・2 小型児童館利用人口の動態把握 …………………………………… 58
   3・2・3 年齢別利用者の変化特性 …………………………………………… 58
   3・2・4 小型児童館周辺の子供人口と利用数変化 ………………………… 58
 3・3 小型児童館の利用圏 …………………………………………………………… 59
   3・3・1 児童館利用者の利用圏域 …………………………………………… 59
   3・3・2 児童館利用者の交通手段の変化 …………………………………… 59
 3・4 小型児童館利用者の在館時間 ………………………………………………… 60
   3・4・1 児童館利用者の滞留時間等の変化について ……………………… 60
   3・4・2 同時滞留者数の変化と利用頻度 …………………………………… 60
 3・5 小型児童館の計画基礎要件 …………………………………………………… 60
   3・5・1 新しい計画条件抽出の必要性 ……………………………………… 60
   3・5・2 施設計画の評価要件の確認 ………………………………………… 61
   3・5・3 重点をおく利用年齢層の確認 ……………………………………… 61
   3・5・4 機能の多様化に対応できる面積規模の確保 ……………………… 61
   3・5・5 利用者の接近方法の安全性の確保 ………………………………… 61
 3・6 小型児童館の計画・設計の在り方 …………………………………………… 62
   3・6・1 地域ニーズに応える機能構成の設定と
        空間を有効に利用できる空間管理システム ……………………… 62
   3・6・2 共用空間の果たす役割 ……………………………………………… 62
   3・6・3 子供の生活（遊び）を豊かにする空間 …………………………… 63
   3・6・4 子供の生活（遊び）を見守る空間 ………………………………… 64
   3・6・5 生活の基本を身につけるインテリアデザイン …………………… 64
   3・6・6 地域社会の活動を促す環境の準備 ………………………………… 65
   3・6・7 小型児童館計画・設計の今後の課題 ……………………………… 65

第4章 学童保育の現代的課題と施設計画 …………………………………………… 66
 4・1 学童保育の役割と現状の課題 ………………………………………………… 66
   4・1・1 学童保育の意義・役割・制度 ……………………………………… 66

　　　　　　4・1・2　学童保育の現状課題 …………………………………… 66
　　　4・2　学童保育施設の現状と計画課題 ………………………………… 67
　　　　　　4・2・1　学童保育開設の施設現状 ………………………………… 67
　　　　　　4・2・2　建築計画の課題 …………………………………………… 68
　　　4・3　学童保育施設の計画の在り方 …………………………………… 68
　　　　　　4・3・1　学童保育施設建築計画の基本的視点 …………………… 68
　　　　　　4・3・2　学童保育施設の建築計画条件 …………………………… 68

第5章　児童館の計画例 …………………………………………………… 70
　　　計画案Ⅰ　学童保育のための児童館 ………………………………… 72
　　　計画案Ⅱ　小型児童館 ………………………………………………… 73
　　　計画案Ⅲ　児童遊園をもつ児童センター …………………………… 74
　　　計画案Ⅳ　小ホールをもつ児童センター …………………………… 76
　　　計画案Ⅴ　大ホールをもつ複合大型児童館 ………………………… 78

■第3編　設計事例

幼稚園
　1．吉備高原幼稚園 ………………………………………………………… 82
　2．自治会立　奈良屋幼稚園 ……………………………………………… 84
　3．ゆりかご幼稚園 ………………………………………………………… 86
　4．学校法人アプリコット学園　あんず幼稚園 ………………………… 88
　5．佛教大学付属幼稚園 …………………………………………………… 90
　6．洗足学園大学付属幼稚園 ……………………………………………… 92
　7．学校法人原市学園　妙厳寺幼稚園 …………………………………… 94

保育所
　1．水戸市立　渡里保育園 ………………………………………………… 96
　2．杵築中央保育園 ………………………………………………………… 98
　3．高根町立　しらかば保育園 …………………………………………… 100
　4．社会福祉法人白善会　保育園るんびいに …………………………… 102
　5．中原保育園 ……………………………………………………………… 104
　6．川口市立　戸塚西保育所 ……………………………………………… 106
　7．末広保育園＋デイサービスセンターふくじゅ ……………………… 108

児童館
　1．那覇市識名児童館 ……………………………………………………… 110
　2．厚木市立山際児童館＋老人憩いの家 ………………………………… 112
　3．中野区城山ふれあいの家 ……………………………………………… 114
　4．ひかり児童館（所沢市中富南コミュニティセンター） …………… 116
　5．日本基督教団　ユーカリが丘教会＋光の子児童センター ………… 117
　6．大和町もみじヶ丘児童館 ……………………………………………… 118
　7．武蔵野市立0123はらっぱ ……………………………………………… 120
　8．福野町児童センター　アルカス ……………………………………… 122

参考資料 …………………………………………………………………… 123
　　幼稚園 ……………………………………………………………………… 123
　　保育所 ……………………………………………………………………… 124
　　参考文献 …………………………………………………………………… 126

第1編
幼稚園, 保育所

執筆担当

高木　幹朗（第1章）

三輪　敏久（第2章）

谷口　汎邦（協力）

第1章　幼稚園, 保育所の概要 …………… 2

第2章　基本計画 ……………………………… 14

第1章
幼稚園，保育所の概要

1・1 幼稚園，保育所とは

　幼稚園も保育所*も，ともに乳幼児を一定時間預かり，保護者に代わって保育し，再び保護者に戻すということが基本的な機能である。しかし，いざそれらの施設を建築空間として計画・具現化しようとするとき，そこには，それぞれの設置目的や保育内容，さらには施設・設備のあり方に至るまでの具体的な部分に関しても，法的にかなりこと細かな定めがあり，事前にそれらの諸点を十分に踏まえ理解した上で計画にとりかからなければならない。そこに見られる両者間の差異は，幼稚園が「学校教育法」に基づく学校（教育施設）であり文部科学省の所管にあること。一方，保育所は「児童福祉法」に基づく児童福祉施設のひとつとして厚生労働省が所管するものであるという点に起因するところが多い。

　そこで以下ではあくまでも便宜的に，法令・規則・基準等によって規定されている幼稚園と保育所の主要な項目について，両者を対照的に表わした表1・1（p.5）に照らしながら，その基本的な差異についてみておくことにする（なお以下の文中では，表中の関連する項目番号を丸囲み数字で示してある）。

　しかしここで大切なことは，幼稚園が教育機関であり，保育所が養護的な保育機関であると単純に区別してとらえるべきではないということである。乳幼児にとっては，生涯にわたる人間形成の基礎を培う極めて重要な時期の，しかも1日の主要な時間を過ごす施設であるという点において，両者ともまったく変わりがあるはずがない。しかも教育的配慮と保育的配慮は本来分かち難く一体的に行われているわけで，あくまでも乳幼児の心身の発達と成長に十分に留意し，乳幼児の視点にも立った生活の場としての空間計画・設計が強く求められることになる。加えてその施設が目指す保育方針，および実際に保育に携わる人々の意見にも十分耳を傾け検討が加えられなければならないことは言うまでもない。

おとうさん

おべんきょう（保育室）

どろんこあそび（砂場）

---

*　一般に施設名称として「保育園」や「幼稚園」などが用いられることが多いが，制度上の正式名称は「保育所」である。

1・1・1 幼稚園

　日本国憲法が唱える，「学問の自由《第23条》」と「教育を受ける権利《第26条》」の精神に則り，その基本を確立するための教育の基本原理を定めるものとして，「教育基本法」が1947（昭和22）年に制定された。さらにその法律のもと，同時に学校教育について定めた「学校教育法」があり（②），その第一条〔学校の範囲〕において，「この法律で，学校とは，小学校，中学校，高等学校，中等教育学校，大学，高等専門学校，盲学校，聾学校，養護学校及び幼稚園とする。」とされ，幼稚園は学校として大学までの教育体系の一環として明確に位置付けられている。その所管庁は文部科学省である（①）。

　そして，「幼稚園は，幼児を保育し，適当な環境を与えて，その心身の発達を助長することを目的とする。《学校教育法第77条》」とし（③），原則的には，満3歳から5歳児（小学校就学の始期まで）をその保育対象としている（④）。

　また，その施設の設置者については，原則的には，国，地方公共団体，学校法人としているが，準用規定によって当分の間その限りではなく，宗教法人や個人による設置も認められることになっている（⑤）。

　こうした幼稚園の目的達成のための，施設・設備や保育に関するより具体的な点に関しては，「学校教育法施行令」（政令）及び「同施行規則」（省令），さらには学校別の「設置基準」（省令）を定めた「幼稚園設置基準」等によって詳細に定められている。それらによると，毎学年の教育週数は39週を下回らないとか（⑨），一学級の幼児数は35人以下を原則とすることなどが見えてくる（⑩）。中でも，本書の目的である幼稚園建築の計画・設計に関して直接的に最も深く関わってくるのが「幼稚園設置基準」である。「参考資料」としてこれを掲載しておく（p.123）。

　また，幼稚園の教育課程については「幼稚園教育要領」（省告示）によって教育内容の基準が示され，その中で幼稚園の1日の保育時間は，4時間を標準とすることなどが示されている（⑧）。

■幼稚園の主な行事（例）

・入園式，始業式	・夕涼みと花火
・誕生日会（毎月）	・運動会
・遠足（春、秋）	・おいも掘り
・保育参観	・父母バザール
・お弁当（または給食）開始	・七五三
・避難訓練	・作品展覧会
・歯科・内科検診	・クリスマス会
・プール開き	・もちつき大会
・園外保育（年長さん）	・節分豆まき
・七夕さま	・ひな祭り
・個人面談	・お別れパーティ
・夏休み、夏休み保育	・終業式
・一泊保育（年長、年中さん）	・卒園式

給食のおひるごはん（保育室）

片足スクーターの練習（園庭）

おかあさんとおゆうぎ（遊戯室）

1・1・2 保育所

保育所についても，同じく日本国憲法でいう「法の下の平等《第14条》」と「健康で文化的な最低限度の生活を営む権利《第25条》」の精神を具体的に示して1947（昭和22）年に制定された「児童福祉法」によって規定されている。その第2条〔児童育成の責任〕において，「国及び地方公共団体は，児童の保護者とともに，児童を心身ともに健やかに育成する責任を負う。」として，その責任の主体が，国・地方公共団体および保護者にあることを明らかにし，そのために設けられる種々の「児童福祉施設」のひとつとして保育所を位置付けている《児童福祉法・第7条〔児童福祉施設〕》。その所管庁は厚生労働省である（①）。

その保育所の目的は③に示すとおりであり，その保育対象は④にあるように，保育に欠ける乳児，幼児，すなわち原則として0歳児から5歳児（小学校就学の始期まで）である。なお，③④でいう「…保育に欠ける…」とは，「…保育の実施は，児童の保護者のいずれもが次の各号のいずれかに該当することにより当該児童を保育することができないと認められる場合であって，…。一，昼間労働することを常態としていること。二，妊娠中であるか又は出産後間がないこと。三，疾病にかかり，もしくは負傷し，又は精神もしくは身体に障害を有していること。…以下六項まで《施行令第9条の3〔保育所への入所措置基準〕》」となっている。保育所に関するより具体的な点については，「児童福祉法施行令」（政令）・「同施行細則」（省令），および「児童福祉施設最低基準」（省令）等によって定められている。これらによると，保育所の保育時間は8時間を原則としており（⑧），上述の0歳～5歳児という対象児童の年齢幅に加えて，極めて長時間にわたる施設内外での生活が求められている。それだけに，近年では保育所に対する社会的需要も様々で，それに応える保育形態も多様化する傾向にある。しかしあくまでもその場所は，乳幼児にとってはまさに生活する家であり，そうした視点からのデザイン的配慮が望まれる所でもある。

こうした保育所の具体的な計画・設計にとって極めて関連の深い「児童福祉施設最低基準」については「参考資料」に掲載してある（p.124）。

設置者については（⑤），都道府県と市町村（公立保育所）以外の者でも，営利を目的としない社会福祉法人が都道府県知事の認可を得て設置することが可能となっており（私立保育所），児童福祉法に定める諸基準を満たして公的な財政援助を受けることになる。これらを認可保育所という。それ以外は認可外保育施設（以前は無認可施設といった）と呼んでいる。

なかよし

外あそび

第1章 幼稚園，保育所の概要 5

表1・1 幼稚園と保育所の対照表

	幼　稚　園	保　育　所
①所　　管	文部科学省	厚生労働省
②根拠法令	学校教育法（以下，学教法と記す）	児童福祉法（以下，児福法と記す）
③目　　的	「幼稚園は，幼児を保育し，適当な環境を与えて，その心身の発達を助長することを目的とする。」《学教法〔目的〕第77条》	「保育所は，日日保護者の委託を受けて，保育に欠けるその乳児又は幼児を保育することを目的とする施設とする。」《児福法〔保育所〕第39条一項》
④対　　象	「幼稚園に入園することのできる者は，満3歳から，小学校就学の始期に達するまでの幼児とする。」《学教法〔入園資格〕第80条》	「市町村は，保護者の労働又は疾病その他…で定める事由により，その監護すべき乳児，幼児又は…児童の保育に欠けるところがある場合において，保護者から申し込みがあったときは，保育所において保育しなければならない。…」*1 《児福法〔保育の実施〕第24条一項)》
⑤設置者	「学校（幼稚園を含む）は，国，地方公共団体及び…学校法人のみが，これを設置することができる。」《学教法〔学校設置者〕第2条一項》「私立の…及び幼稚園は，第2条一項の規定にかかわらず，当分の間，学校法人によって設置されることを要しない。」《学教法〔準用規定〕第102条》	「都道府県は，政令の定めるところにより，児童福祉施設を設置しなければならない。」《児福法〔児童福祉施設の設置〕第35条二項》「市町村は，…都道府県知事に届け出て，児童福祉施設を設置することができる。」《同三項》「（二，三項以外の）者は，…都道府県知事の認可を得て，児童福祉法福祉施設を設置することができる。」《同四項》*2
⑥設置・運営の基準	「学校を設置しようとする者は，学校の種類に応じ，監督庁の定める設備，編制その他に関する設置基準に従い，これを設置しなければならない。」《学教法〔設置基準〕第3条》「幼稚園の設備，編制その他設置に関する事項は幼稚園設置基準…の定めるところによる。」《学教法施行規則〔設置基準〕第74条》⇒4・1幼稚園設置基準（省令）参照	「厚生労働大臣は，…児童福祉施設の設備及び運営，…保護受託者の行なう保護について，最低基準を定めなければならない。（後略）。」《児福法〔最低基準〕第45条一項》「児童福祉施設の設置者並びに…保護受託者は，前項の最低基準を遵守しなければならない。…」《同二項》⇒[参考資料]児童福祉施設最低基準参照（p.124）
⑦保育・教育内容の基準	「幼稚園の保育内容に関する事項は，…監督庁が，これを定める。」《学教法〔保育内容〕第79条》「幼稚園の教育課程については，…教育課程の基準として文部大臣が別に公示する幼稚園教育要領によるものとする。」《学教法施行規則〔教育課程の基準〕第76条》	保育所保育指針（通知）
⑧一日の保育・教育時間	「幼稚園の一日の教育時間は，4時間を標準とすること。ただし，幼児の心身の発達の程度や季節などに適切に配慮すること。」《幼稚園教育要領 3.教育課程の編成（3）》	「保育所における保育時間は，一日につき8時間を原則とし，…状況等を考慮して，保育所の長がこれを定める。」《児童福祉施設最低基準第34条》
⑨年間の保育・教育日数	「幼稚園の毎学年の教育週数は，特別の事情のある場合を除き，39週を下ってはならない。」《学教法施行規則〔教育週数〕第75条》	規定なし
⑩一学級当たり幼児数及び教職員	「一学級の幼児数は35人以下を原則とする。」《幼稚園設置基準〔一学級の幼児数〕第3条》「幼稚園には，園長のほか，各学級ごとに少なくとも専任の教諭一人を置かなければならない（原則）。二項特別の事情があるときは，…（緩和）」《幼稚園設置基準〔教職員〕第5条》	「保育士の数は，乳児おおむね3人につき1人以上，満1歳以上満3歳に満たない幼児おおむね6人につき1人以上，満3歳以上満4歳に満たない幼児おおむね20人につき1人以上，満4歳以上の幼児おおむね30人につき1人以上とする。…。」《児童福祉施設最低基準〔職員〕第33条二項》学級編成についての基準はなし。
⑪教員資格	幼稚園教諭免許状	保育士資格証明書*3
⑫給　　食	任意	義務
⑬入所（園）申し込み		認可保育園所は，各市町村の児童福祉課へ申込書を提出。保護者の課税状況に応じて市町村長が決定。

*1（児童福祉法第4条一項〔児童〕）「この法律で，児童とは，満18歳に満たない者をいい，児童を左のように分ける。一，乳児満1歳に満たない者。二，幼児満1歳から，小学校就学の始期に達するまでの者。三，少年小学校の始期から，満18歳に達するまでの者。」
*2 これら以外は，認可外保育施設と呼ぶ
*3「保母」の呼称は，平成11年4月に「保育士」に名称変更された。「児童福祉施設において，児童の保育に従事する者を保育士という（児福法施行令第13条）」

(1) 認可保育施設の主な事業

認可保育所の主な事業としては，設置認可に係わる規制緩和関連通知等により次のようなものがあげられ，各地域の現状と将来の見通し等によって審査され設置許認可が行われることになっている。

a) 一般（普通）保育所：定員60人以上。一般的な開所時間は朝7時頃から夕方6時頃，保育時間は朝9時から夕方5時半頃までが一般的であるが，その地域の特性や利用者の就労時間等によって異なることがある。

b) 小規模保育所《通知・児発第296号・平成12年3月》：定員60人未満20人以上。ただしその所在地等に関する条件がある。

c) 夜間保育所《通知・児保第15号・平成12年3月》：定員20名以上。夜間，保護者の就労により保育に欠ける場合に市町村が行う。開所時間は原則として概ね11時間とし，おおよそ午後10時までとする。

さらに，「重点的に推進すべき少子化対策の具体的実施計画について（後述の新エンゼルプラン）」を踏まえて，安心して子育てが出来るような環境整備を総合的に推進するために，「特別保育事業実施要綱」（特別保育事業）を定め，平成12年4月1日より以下のような促進事業を実施することになった。

d) 延長保育促進事業：11時間の開所時間の前後において，さらに概ね30分から6時間の延長保育を行うことで，これは保護者の就業時間や通勤時間等による需要に配慮して，早朝や夕方以降の延長保育を行うことである。

e) 一時保育促進事業：専業主婦家庭等の育児疲れ解消，急病や断続的勤務・短時間勤務等の勤務形態の多様化に伴う一時的保育需要に対応するために行われる。

f) 乳児保育促進事業：乳児の入所人数は年間を通じて変動があるため，乳児保育担当保育士を確保しやすくするなど乳児受け入れの環境整備を図ることを目的とする。一部自治体では，3歳未満児を分けて専門の保育所を設置している場合もあり，これを指して乳児保育という。とくに0歳児の保育については，近年の女性の高就業率から，産休・育児休暇明けの職場復帰を支援し，安心して出産できるように，その必要性が強く望まれている。

g) 地域子育て支援センター事業：担当職員を配して，育児不安に対する相談指導，地域の保育資源情報の提供等，並びに家庭的保育者への支援などによって地域の子育て家庭に対する育児支援を行うことを目的としている。

	0歳児	1・2歳児	3・4・5歳児
7時半〜9時頃	登	所	（園）
11時〜2時頃	室内あそび	持ち物の整理	
	散歩（外気浴）	室内あそび・外あそび	
	おやつ（授乳，離乳食）	散歩	散歩，飼育など
		トイレ	
	おむつ交換	おやつ，歯磨き	
	沐浴	あそび，トイレ	
	昼食（授乳，離乳食），着替え	手洗い・昼食	食事準備・昼食
		歯磨き，着替え，トイレ	
	昼	寝	
	目覚め，おやつ（授乳，離乳食）	寝覚め，トイレ，着替え	
		おやつ，歯磨き	
	室内あそび	室内あそび 一人あそび	室内・室外あそび，そうじ
〜4時頃	帰宅準備，お迎え，降所（園）		
〜	延長保育	延長保育・合同保育	

保 育 所 の 一 日 （例）

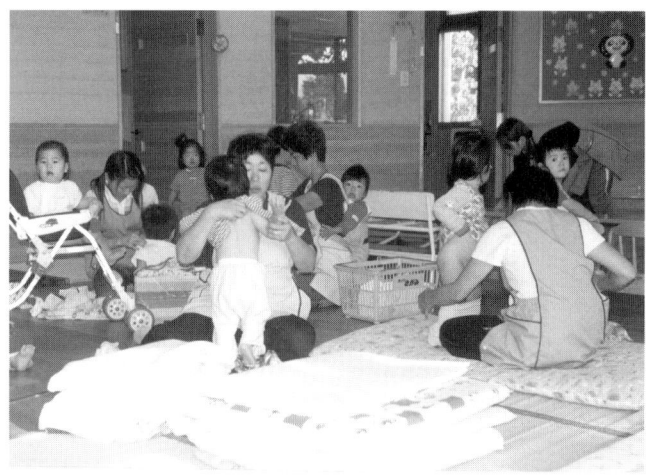

お目覚めと着替え

おやつの時間

(2) 認可外保育施設

児童福祉法の諸基準を満たさず、認可を受けていない保育施設である。しかし利用者の様々なニーズに応えるために、そのサービス内容は認可保育より極めて多様でもある。それゆえその実態は多岐にわたり、国庫補助の対象となるものからいわゆるベビーホテル的なものまで、質的にも大きな差があるようである。補助の対象となる施策としては、次のようなものがある。

a) へき地保育所、季節保育所

山間地や離島などの人口過疎地域では「保育に欠ける児童」数が少なく、認可保育所としての定員基準を満たせない場合がある。そうした地域を対象として開設されたり、農業などの季節的に繁閑のある仕事に従事する地域において一定期間開設される保育所。

b) 事業所内保育所

企業や事業所などで、とくに多くの女性従業員の確保を要する場合に、福利厚生サービスの一環として独自に施設を設けて保育サービスを行うもの。なかでも、病院の看護職員のために設けられる院内保育施設の存在が多くみられる。利用者が企業や事業所関係に限られる点で認可保育所とは異なる。

c) 駅型保育所

駅構内や、近隣のビルの一室などを借りて開設される保育所である。これは、夫婦ともに近郊から都心へと長時間通勤する状況が増えている昨今、保育所への送迎に割く時間が厳しいという事情を踏まえて、通勤途上に利用駅周辺で子供を預けられるようにするものである。これは、1994年度からの厚生省モデル事業の一環の駅型保育試行事業として、こども未来財団を通じて運営費の一部助成を行っており、最近では、JRや私鉄などが開設する例も増えてきている。しかし、親には便利でも子供にとっては、園庭がなく日照・通風といった保育環境面やビル防災や安全上の問題なども指摘されている。

そうした問題に配慮して、これと似たやり方として「駅前保育ステーション（中継基地）方式」があり、埼玉方式などが有名である。これは駅周辺の一室で保育士が乳幼児を預かり、そこから専用バスでそれぞれの保育所へ送迎するというやり方である。

(掲載写真はすべて認可保育所のものである)。

外あそび

室内あそび

表1・2 併設（複合）等の状況

	施設数	入所児童数
認可保育所	22,209か所	1,921,472人
公営保育所	12,723か所	1,006,153人
私営保育所	9,486か所	915,319人
認可外保育施設	9,437か所	222,791人
事業所内保育施設	3,622か所	53,267人
ベビーホテル	1,044か所	25,261人
その他	4,771か所	144,263人

(注)　認可保育所：平成12年12月1日現在
　　　認可外保育施設：平成12年12月31日現在
＊上記、認可外保育施設には、市町村が設置しているへき地保育所（1,238か所）は、含まれていない。

1・2 歴 史

1・2・1 幼稚園

(1) 明治期

　明治政府が，富国強兵や中央集権化を進める施策のひとつとして教育の統括を目指し，その教育の方針を示すものとして1872（明治5）年8月に新たな教育制度「学制」を発布した。その基本理念は国民皆学と就学の義務であり，国民教育制度の基礎をなすものであった。その中には，今の幼稚園に相当する，小学校の年齢に達しない児童のための「幼稚小学校」の規定が含まれていた（学制第22章「幼稚小学校ハ男女子弟6歳迄ノモノ小学校ニ入ル前ノ端緒ヲ教ルナリ」）。しかし，依然として小学校の就学率が低迷するなかでは，幼稚小学校の建設までには至らなかったのが実情のようである。

　わが国の幼児教育施設として最も早いものは，1875（明治8）年12月に京都の小学校（のちの柳池小学校）に，ドイツのフレーベル流幼稚園[*1]を模範として開設された「幼稚遊嬉場」とされるが，これは1年半ほどで廃止されてしまう。

　次いで，1876（明治9）年11月に東京女子師範学校（のちに女高師，現在のお茶の水女子大学）付属幼稚園が創設された。これもフレーベルの幼稚園を規範としたもので，これがその後の我が国の幼稚園発達の基礎となり，我が国幼稚園の発足とされている（図1・1）。しかしその園児は，上流階級など特別な階層の子弟だけとされていて，全く先例のない幼児教育に対して，広く社会的認識を得ることは困難で，幼稚園の普及はなかなか進み難かったようである。

　それでも東京女子師範学校付属幼稚園にならって，明治12年4月鹿児島女子師範学校付属幼稚園，同年5月大阪府立模範幼稚園，さらにこれを模範として大阪では翌年5月に「愛珠幼稚園」などが開設された。明治10年代後半に至ってようやく各地に公立・私立の幼稚園が開設されるようになった。

　その後の幼稚園の普及状況は，
・明治13年：5園／幼児数426人
　　（国立1園／105人，公立3園／311人，私立1園／10人）
・明治18年：30園／幼児数1893人
　　（国立1園／167人，公立21園／1,453人，私立8園／273人）
・明治20年には67園，20年代終わりには200園を越える。

　明治30年代終わり頃からは私立幼稚園が急増する一方で，明治40年3月の「小学校令」の改正で，尋常小学校の修業年限が6年になったことから，小学校建設への対応に追われて，国公立幼稚園設置は遅々として進まなくなる。その結果，明治42年には私立が国公立幼稚園数を上まわることになった（図1・2）。

　こうして事例数が増すに伴い，フレーベル会から幼稚園の制度化についての要望が出され，1899（明治32）年に初

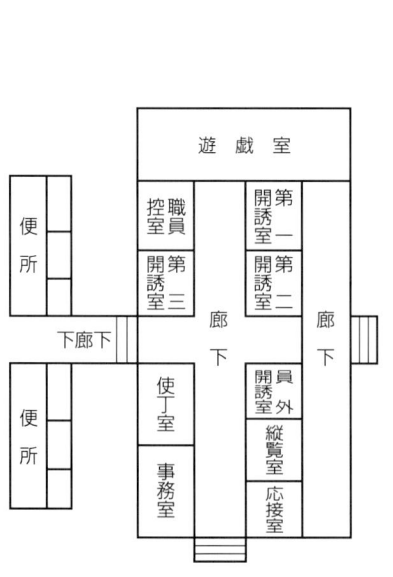

図1・1　東京女子師範学校付属幼稚園
（倉橋・新庄「日本幼稚園史」東洋図書，1934年より）

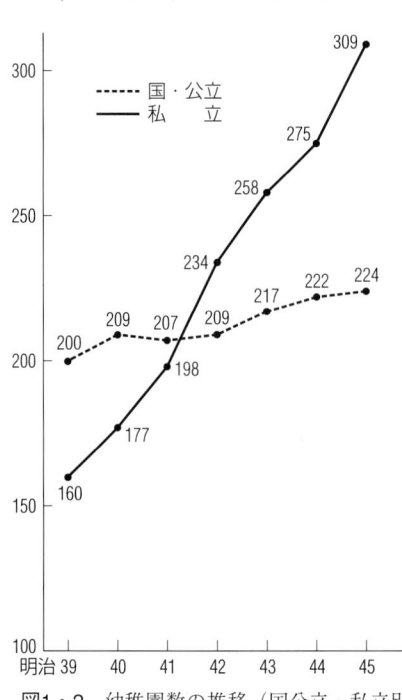

図1・2　幼稚園数の推移（国公立・私立別）

[*1]
　フレデリック・ウイルヘルム・フレーベル（1782～1852）：ドイツの教育者で世界最初の幼稚園の創始者とされる。彼は大人とは異なる児童の世界を発見し，その中での自己活動によって創造力が育まれるという理論のもとに，幼児のための教育遊具（神が子供に授けた「恩物」という）を発明・製作し，1840年に遊戯と作業教育所のための施設をつくり「幼稚園」（Kindergarten）と命名，新しい幼児教育の基礎を築いた。これが今日の幼稚園の原型とされ，その後明治期の日本をはじめ世界に広まった。

の総合的法令として『幼稚園保育及設備規定』が制定された。これによって，それまで範としていた東京女子師範学校付属幼稚園園則に代わって，初めて幼稚園の位置付けが法的に明確にされ，さらに普及への努力が増すことになった。そして1909（明治42）年には，ようやく全県最低一園が置かれる状況に達した。しかしこの法令は，昭和22年の学校教育法が制定されるまでその大綱は変わることなく，幼稚園の定型化をもたらすことにもなった。

(2) 大正～戦中期

大正期に入り，デモクラシー思想が児童中心主義の思想を生み，子供の自発性や個性の尊重が提唱され，幼児教育も自由保育の導入などにより幼稚園は発展をみせて普及が進んだ。そうした動きの中で，従来小学校令の中で規定されているに過ぎなかった幼稚園にも，制度の整備に対する要求が強くなり，文部省は1926（大正15）年4月22日に勅令「幼稚園令」を制定し，同時に「幼稚園令施行規則」を規定した。この「幼稚園令」では，特別の事情がある場合には3歳未満の幼児の入園も可能として，保育所的役割も持たせようとしたがこれは実現に至らなかった。しかしこの令によって各学校と同一の法的位置づけが確立されることとなり，それをきっかけに園数は増加し，5歳児の就園率は1926（大正15）年の6.0％が1941（昭和16）年には10.0％にまで達した。しかし太平洋戦争が始まり戦局が厳しくなると，勤労家庭の幼児を受け入れるために幼稚園の保育所への転用が図られたり，空襲で焼失したりしてその多くが閉鎖に追いこまれ，次第に衰微して行った。

(3) 戦後期

第2次世界大戦後の1947（昭和22）年に制定された学校教育法によって，私立幼稚園は初めて明確に大学までの学校教育体系の一環として認められた。この満3歳から小学校就学始期までの幼児に学校教育を行うことを目的とする幼稚園に対して，保育所，託児所についても，同年12月の「児童福祉法」の制定によって，保育に欠ける満1歳に満たない乳児から小学校就学始期までの幼児の保護を原則とする施設として，両者が位置づけられた。

その後，幼児保育要綱をもとに，幼児教育施設運営の指導書として「保育要領」が刊行され（昭和23年），幼稚園の教育水準の維持と向上のためにその施設・設備の基準を示す「幼稚園基準」が通達された（昭和27年）。さらにその「保育要領」をもとに「幼稚園教育要領」が作成され（昭和31年），その改訂も行われてきた。幼稚園の施設・設備に関する基準についても「幼稚園設置基準」が省令として公布され（昭和31年），その後何度かの一部改正が重ね

られている。このようにして，私立幼稚園の教育課程の基準を示す「幼稚園教育要領」や，施設基準を示す「幼稚園設置基準」なども次第に整備され，戦後の復興と共に，私立幼稚園数も急速に増加した（「幼稚園設置基準」については「参考資料」参照）。

昭和22年頃からの出生児の激増と核家族化の進行に伴い入園希望者が増え，24年以降は幼稚園が急増しはじめ，27年以降には急激な新設が見られる。37年には7,520園，園児約856,000人（就園率約33％）にも及んだ。昭和39年度から幼稚園教育振興7年計画が実施され，就園率は45年度には53.7％に達した。しかし，その普及度や公立と私立の割合などにおいては大きな地域格差が生じている。

平成12年現在，79.1％の園児数を占める私立幼稚園数は8,479園，在園児数1,402,942人（3歳児：340,899人，4歳児：515,934人，5歳児：546,109人）。学級数72,898学級，本務教員：80,448人である（表1・3）。

1・2・2 保育所

わが国の乳幼児保育を担う施設は，1947（昭和22）年制定の児童福祉法によって児童福祉施設のひとつとして位置づけられ，「保育所」という名称に統一されることになった。「託児所」はそれ以前に使われていた名称で，内容的にみて保育所の前身と考えられる。

表1・3　幼稚園幼児数の推移（文部科学省）

区　分	計	国立	公立	私立	私立の割合(％)
昭和30年	643,683	2,961	237,994	402,728	62.6
35	742,367	3,400	228,045	510,922	68.8
40	1,137,733	3,472	297,308	836,953	73.6
45	1,674,625	4,210	397,834	1,272,581	76.0
50	2,292,591	5,575	565,146	1,721,870	75.1
55	2,407,093	6,357	633,248	1,767,488	73.4
60	2,067,951	6,609	507,461	1,556,881	75.3
平成2	2,007,964	6,581	433,242	1,568,141	78.1
7	1,808,432	6,778	361,662	1,439,992	79.6
8	1,798,051	6,827	360,168	1,431,056	79.6
9	1,789,523	6,803	360,630	1,422,090	79.5
10	1,786,129	6,823	359,854	1,419,452	79.5
11	1,778,286	6,911	360,558	1,410,817	79.3
12	1,773,682	6,889	363,851	1,402,942	79.1
男	898,537	3,461	185,214	709,862	79.0
女	875,145	3,428	178,637	693,080	79.2
3歳児	370,237	1,207	28,131	340,899	92.1
4歳児	656,806	2,818	138,054	515,934	78.6
5歳児	746,639	2,864	197,666	546,109	73.1

(1) 明治期

常設的な託児所として『わが国最初といわれる託児所は,赤澤鐘美（アツトミ）が1890（明治23）年に開いた私塾「新潟静修学院」に付属して妻ナカが開いた幼児室と言われる。両親共働きの塾生が,留守宅に残る幼い弟妹を背負って塾に来るのを見て,別室で手芸・歌などを教えた。これが後に夫妻で「守孤扶独幼稚児保護会」と名付け,1908（明治41）年に一般に公開し,日本初の公的児童福祉事業の緒を開いたと言われる。』（新建築学体系編集委員会.新建築学体系32福祉施設・レクリエーション施設の設計.彰国社・1987.11　より）。このように託児所は,ひとつには低所得者層の救済という意味合いが強く,篤志家による慈善的行為に負うところがあった。またそれとは別に,主婦の労働力を得るために託児施設を開設する会社もあって,今日の事業所内保育施設の原型とみることもできよう。例えば,大日本紡績株式会社の工場（東京深川,1894（明治29）年）や,三池炭坑（福岡,1896（明治29）年）などである。さらに代表的なものとして,1900（明治33）年に野口幽香が森島（斎藤）みね子（米国で貧民幼稚園の研究をした）とともに東京麹町の借家で始めた二葉幼稚園がある。6年後には徳永恕（ユキ）が加わりやがて幽香の後を継ぐことになる。そこでの保育は,3歳未満児も受け入れて7〜8時間の長時間保育を行うなど先進的な取り組みがなされた。しかし幼稚園としては認められず,1916年には二葉保育園に改称して文部省の管轄下から離れ,わが国最初の保育園とされている。

(2) 大正から戦中

大正時代には公立の託児所が設立されるようになり,入所対象もそれまでの貧困階層から低所得の一般労働者の子供へと広がりをみせる。そこには都市部に集中してくる労働者階級の生活不安の解消をはかるという意味合いがあった。例えば,1918年の米騒動を契機に1919（大正8）年に大阪市,1920（大正9）年京都市,1921（大正10年）東京市などの公立施設が相次いで設立されている。

(3) 戦後期

戦後におけるさしあたっての課題は,戦災孤児や引き揚げ孤児に対する緊急の保護対策であった。しかし同時に,経済的に困窮する家庭から多くの母親が働きに出たことや,第一次ベビーブーム（1947〜49年）などとも重なり,公的施設の大量供給・整備が急がれる状況にあった。

1947（昭和22）年12月に制定された「児童福祉法」において,旧来の低所得者の児童を対象とした託児所が,児童福祉施設の一つとして親の所得の高低を問わない「保育所」と位置づけられた。ここに幼稚園と保育所の寄って立つ基盤と目的の違いが明確に規定されたのである。それまでにも何度か俎上に登ることのあった「幼保一元化」の動きは,制度的にも再び二元化へと明確化される結果となった。そして1948（昭和23）年12月に制定された「児童福祉施設最低基準」（参考資料）が,その後の保育所の整備・充実に大きな役割を果たすことになる。

1950年代の戦後復興期から1960年代の高度経済成長期を経る間に,わが国では都市部への人口集中と共に核家族化が進行し,さらには女性の社会進出とも相まって,保育に対する需要の増大と多様化が求められるようになった。そうした傾向は1970年代に向けてもますます顕著となり,保育定員を収容しうるだけの施設の整備・拡充策として,1970年度を初年度とする「保育所緊急整備5カ年計画」が立てられ対応にあたった。ところが第二次ベビーブーム（1971〜74）が去り1980年代に入る頃から徐々に出生数減少が進行し始め,施設整備策が功を奏する一方で今度は入所者の減少が始まり,施設の量的問題は一転して多様な要求という質的な課題として浮上してくることになった。

こうした中で,児童福祉法の第24条は「保育所への入所の措置」とされ,保育に欠けると認められる児童については,あくまでも市町村が保育所に入所させ保育する「措置」をとらねばならないことになっていたが,1997（平成9）年の改正で,この条文は「保育の実施」となり,市町村は保護者からの申し込みがあったときには保育しなければならない,と改められている。

1・3 幼稚園,保育所を取り巻く社会状況

1・3・1 進む少子化

図1・3に見るように,1989（平成元）年の我が国の「合計特殊出生率」（女性が一生の間に産む子供の数）が,1966（昭和41）年の丙午（ひのえうま）で大きく落ち込んだ1.58をさらに下回る1.57という史上最低を記録し,いわゆる〝1.57ショック〟として大きな社会問題となった。その後もこの最低記録の更新は続き,1998（平成10）年6月に発表された前年のそれは1.39に,さらに2000（平成12）年の発表で1999（平成11）年のそれは,最低の出生数と相

まって過去最低の1.34となって，「人口置換水準」（人口を維持するのに必要な水準）である2.08を大きく下回り，低下傾向になかなか歯止めがかからない状態が続いている。

2002（平成14）年1月30日に，国立社会保障・人口問題研究所が公表した，2050年までの人口変動を予測した「日本の将来推計人口」（図1・4）によると，日本の総人口のピークは，前回（1997年）の予測よりも1年早まって2006年となり，その後は減少に転じるとし，2050年の「合計特殊出生率」の推計値も，前々回の1.80から前回に1.61に引き下げた値を，さらに1.39へと大幅に下方再修正されることとなった。

こうした事態に関して，新聞記事（2002年1月31日付読売新聞）には，「仕事に育児…今でも手一杯」，「1人しか産めない」という見出しのもとに「晩婚化，生涯未婚率の上昇，子供が0か1人のカップルの増加一。都会の保育園で延長保育を利用する母親たちは『子供はもっとほしい。だけど…』と，子育てをしながら仕事もする生活の中で産むに産めない現実を口にした。」とある。そして「厚生労働省によると，全国22,195の認可保育所のうち，2時間以上の延長保育を行っているのはわずか260か所に過ぎない」ということも併せて報じている。

1・3・2 エンゼルプラン

「1.57ショック」によって，子育てに対する社会的支援の必要性が緊急課題として取り上げられ，以来，止まるところを知らない少子化の進行に対応するために，国をはじめとして，いくつもの提言やキャンペーン等が展開され，様々な施策も実施されてきている（表1・3）。そうした流れの中で，1994（平成6）年12月に，文部・厚生・労働・建設の4大臣の合意のもとに，子育て支援社会の構築を目指す「今後の子育て支援のための基本的方向について」（エンゼルプラン）が策定された。その施策の具体化のため，ほぼ同時に「当面の緊急保育対策等を推進するための基本的考え方」（**緊急保育対策等5か年事業：1995（平成7）年度～1999（平成11）年度**）が策定された。

さらにその継続のために，1998年12月に「有識者会議」で取りまとめられた「夢ある家庭づくりや子育てができる社会を築くために」と題する提言を踏まえて，1999（平成11）年12月の閣僚会議で「**少子化対策推進基本方針**」が決定された。それは，政府が中長期的に進めるべき総合的な少子化対策の指針として策定されたもので，基本的な考え方・基本的な視点とともに，とくに重点的に取り組む必要がある次のような基本的な施策が策定された。

① 固定的な性別役割分業や職場

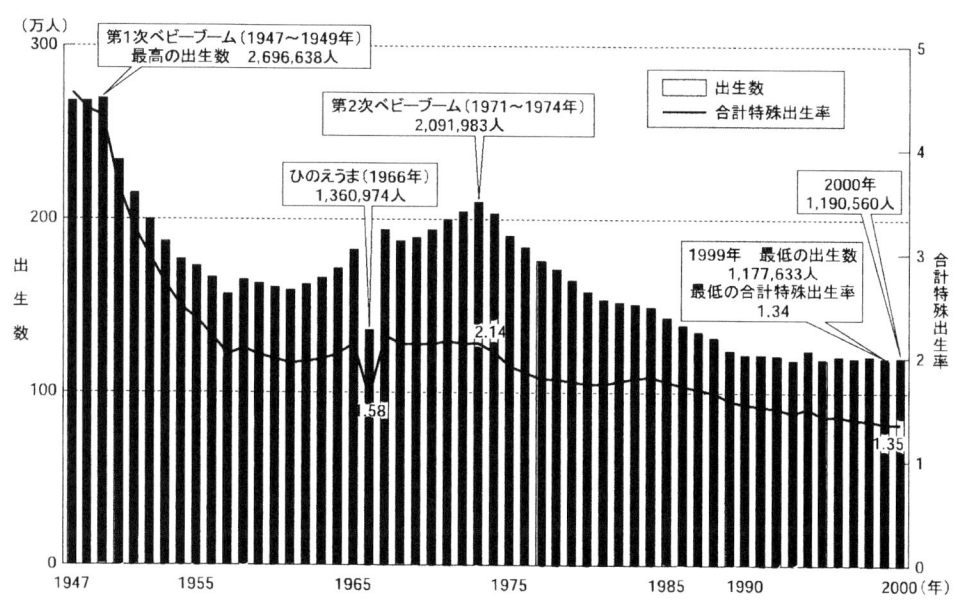

図1・3 出生数および合計特殊出生率の年次推移
（資料：厚生労働省大臣官房統計情報部「人口動態統計」）
註 2000年は概数

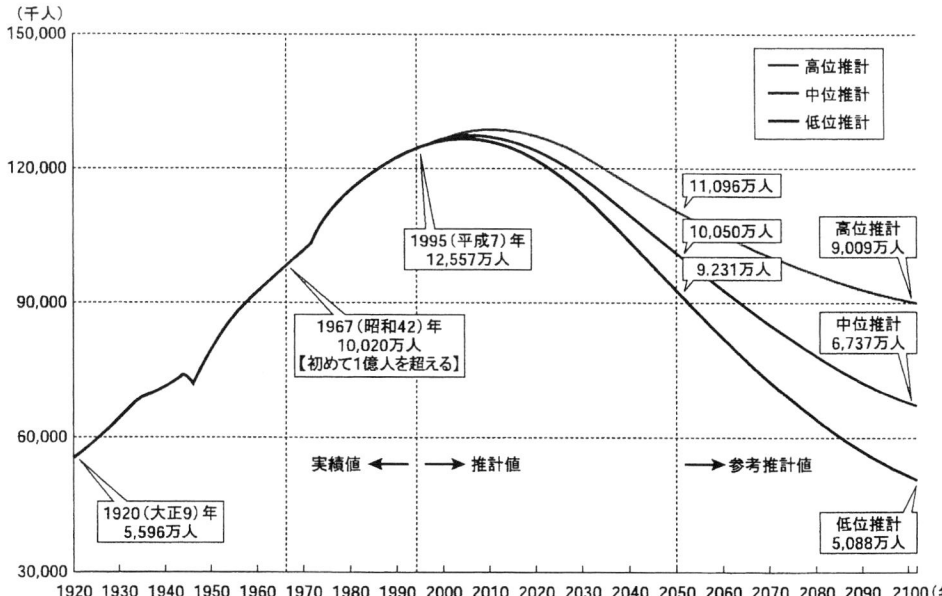

図1・4 わが国の総人口の見通し
（資料：国立社会保障・人口問題研究所「日本の将来推計人口（1997年1月）推計」）

優先の企業風土の是正
② 仕事と子育ての両立のための雇用環境の整備
③ 安心して子供を産み，ゆとりをもって健やかに育てるための家庭や地域の環境づくり
④ 利用者の多様な需要に対応した保育サービスの整備
⑤ 子供が夢をもってのびのびと生活できる教育の推進
⑥ 子育てを支援する住宅の普及など生活環境の整備

1・3・3 新エンゼルプラン

このように少子化対策については，「エンゼルプラン」や「緊急保育対策等5か年事業」等にもとづきその推進を図ってきたが，それに続く「少子化対策推進基本方針」において特に重点的に取り組むことが必要とされた。①から⑥の各分野の施策を，具体的・計画的に推進するために，ほぼ同時に，大蔵・文部・厚生・労働・建設・自治の6大臣の合意により，平成12年度を初年度として16年度までに「重点的に推進すべき少子化対策の具体的実施計画について」（**新エンゼルプラン**）が策定された。その施策目標の第一番目の項目には《1.保育サービス等子育て支援サービスの充実》があげられている。この項目は，とくに本書にも関わり深い部分であり，その内容としては次のようなものがある。

(1) 低年齢児の保育所受け入れの拡大（とくに需要の多い0～2歳児） [58万人⇒68万人]
(2) 多様な需要に応える保育サービスの推進
　①延長保育の推進（通常の11時間を超える保育）
　　　　　　　　　　　　　　　　[7,000ヵ所⇒10,000ヵ所]
　②休日保育の推進（休日や祝日の保育）
　　　　　　　　　　　　　　　　[100ヵ所⇒300ヵ所]
　③乳幼児健康支援一時預かりの推進（病気回復期にある乳幼児の保育） [450市町村⇒500市町村]
　④多機能保育所等の整備（多様なサービスの提供）
　　　　　　　　　　　　　　　　[1,600ヵ所⇒2,000ヵ所]
(3) 在宅児も含めた子育て支援の推進
　①地域子育て支援センターの整備（育児相談や育児サークル支援等を行うセンター）　[1,500ヵ所⇒3,000ヵ所]
　②一時保育の推進（専業主婦家庭の休養・急病や育児疲れ解消，パート就労等に対応した一時預かり）
　　　　　　　　　　　　　　　　[1,500ヵ所⇒3,000ヵ所]
　③ファミリー・サポートセンターの整備（地域において子育ての相互援助活動を行う会員制組織）
　　　　　　　　　　　　　　　　[62ヵ所⇒180ヵ所]
(4) 放課後児童クラブの推進（労働等により保護者が昼間家庭にいない小学校低学年児童の放課後対策）
　　　　　　　　　　　　　　　　[9,000ヵ所⇒11,500ヵ所]

さらに，この「新エンゼルプラン」を踏まえて「**特別保育事業実施要綱**」を定め，2000（平成12）年4月1日から実施するとの通知がなされた。

これらによって，必要が生じた場合に利用できる多様なニーズに応える保育サービスのみならず，在宅の乳幼児も含めた支援策が講じられることになった。

こうした1990年代の少子化に対する対応・取り組みは，親の就労状況の変化（とくに女性の雇用者の増加）や，核家族化等による家庭や地域の養育環境の変化などから生じる保育需要の多様化に対して，いかにきめ細かく対応するかが一つの大きな目標となっていると見ることができよう。

1・3・4 幼稚園の取り組み

上記のように，1990年代に入ってからの保育所に関する様々な取り組みに対して，幼稚園に関する施策はやや遅れ気味ではあったが，1993（平成5）年3月に，幼稚園の教育上必要な施設機能の確保のための施設計画・設計上の留意事項を示す初めての学校種別の「**幼稚園施設整備指針**」が制定された。

そして1998（平成10）年3月には「**幼稚園と保育所の施設の共用化等に関する指針について**」（文部省初等中等教育・厚生省児童家庭局長連名通知）が出された。これは，近年保育ニーズの多様化を背景に，地域の実情に応じた幼稚園・保育所の施設の共用化等，弾力的な運用の確立が求められているとして，「…，当面，幼稚園と保育所を合築し，併設し，又は同一敷地内に設置するに当たっての施設の共用化等に関する取り扱いを中心に検討を行い，…」という趣旨のもので，内容的には，共用化された施設における基準面積，職員数，園具・教具・用具，保育内容や施設の維持保持・管理等について述べられている。

さらに，2001（平成13）年3月には文部科学大臣決定として「**幼児教育振興プログラム**」が策定され発表された。
その内容を要約すると
第1　主旨
幼児教育の振興に関する施策を効果的に推進するため，幼稚園教育の条件整備に関する施策を中心とする総合的な実施計画として本プログラムを策定する。
第2　実施期間
　　　平成13年度から平成17年度（5年間）
第3　基本的考え方

（その骨子は）入園を希望する全ての3歳児～5歳児の就園を目標に整備を進めること。そのための施策として，地域の幼児教育センターとしての役割や機能の充実，幼稚園と小学校の連携の推進，保育所との施設の連携の一層の推進，などが掲げられている。

　　第4　具体的施策及び振興
　　　　1．幼稚園教育の振興
　　　　　（1）幼稚園の教育活動及び教育環境の充実
　　　　　（2）幼稚園における子育て支援の充実
　　　　　（3）幼稚園と小学校の連携の推進
　　　　　（4）幼稚園と保育所の連携の推進
　　　　2．以下略
等となっている。

　さらに2002（平成14）3月には，1993年制定の「幼稚園施設整備指針」について，その後の社会環境の変化や幼稚園に求められる多様なニーズ等の課題に対応すべく改訂が行われ発表された。その一部は2・1・2および「参考資料」に掲載してある（なお，全文の入手は文部科学省のホームページで閲覧やダウンロードが可能である）。

　その内容は，これからの幼稚園施設に求められる多様な機能についての指針を示し，「設計者はそれらを参考に，具体的なアイデアを盛り込んで各地域に応じたデザインを提案すること」が求められている。その点では，これからの幼稚園施設の計画・設計に対して極めて示唆に富む内容となっている。

1・3・5　保育一元化について

　「保育一元化（論）」とか「幼保一元化（論）」などといわれ，異なる所管と制度のもとにある幼稚園と保育所という異なる施設において，幼児が異なる保育を施されている状況は望ましくないとして，両者の一体化を図ることを目指して制度の見直しを行うべきだとする考え方である。その現行制度による幼稚園と保育所との差異については，すでに表1・1に対照的に示してある。こうした一元化論に関する考え方や意見は戦前・戦中からあって，たびたび議論に登ることはあったが，明確な方向性が示されないままに今日に至っている。

　ところが近年の実態では，幼稚園が次第に低年齢幼児を対象とするようになったり，より遅い時間まで保育する場合（「延長保育」とか「預かり保育」）などが見られ，一方保育所の方は，地域相談活動の法制化や「一時保育」とか「子育て支援事業」などで，入所してない幼児を対象にするようになってきており，その内実は徐々にではあるが互

表1・3　「1.57ショック」以降の主な施策など

保育所関係

- 1994（平成6）年12月16日（文部・厚生・労働・建設　4大臣合意）
「今後の子育て支援のための施策の基本的方向について」（エンゼルプラン）の策定。

- 同年同月18日（大蔵・厚生・自治　3大臣合意）
「当面の緊急保育等を推進するための基本的考え方」
緊急保育対策5ヶ年事業）
エンゼルプランに示された，保育サービスの全国的な整備目標を具体的な数値で示す。1995.4から1999年度までの実施。次の新エンゼルプランの発表で終了。

- 1999（平成11）年12月17日（少子化対策推進関係閣僚会議）
「少子化対策推進基本方針」

- 同年同月19日（大蔵・文部・厚生・労働・建設・自治　6大臣の合意）
「重点的に推進すべき少子化対策の具体的実施計画について」
（新エンゼルプラン）
上記方針に基づく具体的実施計画として策定。

- 2000（平成12）年3月29日（厚生児童家庭局長通知）
「特別保育事業実施要綱」を定める。
上記「新エンゼルプラン」を踏まえ，同年4月1日から実施（2000～2005年度の5ヶ年）。

幼稚園関係

- 1993（平成5）年3月
「幼稚園施設整備指針」の策定。

- 1998（平成10年）3月10日（文部省初等中等教育・厚生省児童家庭局長連名通知）
「幼稚園と保育所の施設の共用化等に関する指針」

- 1998（平成10年）12月
「幼稚園教育要領」の改訂

- 2001年（平成13年）3月　（文部大臣決定）
「幼児教育振興プログラム」の改訂。
（2001～05年度）

- 2002年（平成14年）3月
「幼稚園施設整備指針」の改訂

いに近づきつつあるようにも見える。さらに，それを助長するように，「特別保育事業実施要綱」によって，幼稚園と保育所の設置者の相互乗り入れが2000年4月からできるようにもなった。こうして，両者間の境界は一見次第に低くなりつつあるようにも思われる。

　しかし幼保一元化とは，言うまでもなく，本来「あくまでも子供の立場に立って，真に望ましい保育のあり方とは何か」を踏まえたうえでの一元化への取り組みでなければならないはずである。ただ単に，受け入れる対象・方法や施設を似たものにすることではことではないだろうし，ましてや，廃統合とか，幼・保施設の併設や一体的経営などが，経営上の問題や園児獲得の具にすり替えられるようなことがあってはならないだろう。

第2章
基本計画

2・1 計画にあたって

2・1・1　はじめに

　幼稚園や保育所の計画にあたっては，設計者は当然のことながら園の教育方針や考え方を良く理解し，あわせてその園を利用する人たちの立場にたって新しい園舎のあり方を提案することを心掛けなければならない。実際，各園により教育方針や保育の仕方も違うので，建替えなどの場合には一日体験入園してみるなど保育の現場を見たり体験をしてみると，1日の動きや子供たちがどのように行動するのかがよく理解できよう。とくに子供の気持ちと目線からの体験・観察は重要である。それぞれの園にとって，新しい園舎を建てるということは一大事業であるし，ひとつの夢でもあるので，情熱と誠意をもって計画・設計を行うことを大切にしたい。

　ところで幼稚園に関しては，2002（平成14）年3月の「幼稚園施設整備指針」の改訂によって，これからの計画・設計にとって，極めて重要で示唆に富む基本的考え方が示されているので，まず最初にその要点を掲載しておくことにする。

2・1・2　幼稚園施設計画の基本的考え方 [*1]

「文部科学省幼稚園施設整備指針総則」の骨子・概要

　文部科学省大臣官房文教施設部では，平成5年3月幼稚園施設整備指針を制定し，さらに平成14年3月には時代の変化，社会的要請に応えて改訂を行った。ここでは，以下のように幼稚園施設計画の基本的考え方を提示している。その内容は今後の全国の一般幼稚園施設の計画・設計に際しても示唆に富む有効なものである。これらを参考に地域・地区の特徴，住民のニーズを踏まえ，魅力のあるデザインを提案することを期待し，その第1章総則の骨子・概要を示すことにした（その目次の詳細は資料編参照）。

　そこでは，はじめに

　「都市化や少子化の進展など社会状況の変化により，幼稚園に対しては満3歳児入園の確保，「預かり保育」，子育て支援活動等，多様なニーズに対応した地域の幼児教育センターとしての役割を果たすことが求められてきた。

　また幼稚園教育要領の改訂（平成10年12月）や幼児教育振興プログラムの策定（平成13年3月）がなされることとともに，幼稚園の施設面では安全・防犯対策，バリアフリー，自然環境との共生等新たな課題への対応も求められてきている。そこには，

・幼児期の発達が身近な人やものなどの環境との関わりの中で直接的，具体的な体験を通して促されることから，幼児の主体的活動としての遊びを促し，幼児期にふさわしい生活が展開されるようにするとともに自然や人，ものとの触れ合いの中で生きる力や豊かな感性を育てる場として幼稚園施設を整備することが重要であるとの認識に立って，幼児の主体的な活動を確保する施設整備，安全でゆとりと潤いのある施設整備，家庭や地域との連携した施設整備の今日的な課題や地域性を考慮し，設置者の創意工夫を生かした魅力ある施設整備のための具体的な留意事項を提示している」。

　第1章総則では，
第1節【幼稚園施設整備の基本的方針】として，次の3つの事項を示している。
・自然や人，ものとの触れ合いの中で遊びを通した柔軟な指導ができる環境の整備が求められること。
・健康で安全に過ごせる豊かな施設環境の確保が大切であること。
・地域との連携や周辺環境との調和に配慮した施設の整備

が求められること。
である。

第2節【幼稚園施設整備の課題への対応】として次の3事項を示している。

1）【幼児の主体的な活動を確保する施設整備】のためには、まず、**自発的で創造的な活動を促す計画**が求められ、幼稚園児の発達にふさわしい十分な遊び場の確保、多様な活動に対応する多目的な変化のある空間の計画の有効性を示し、**多様な自然体験や生活体験が可能となる環境の必要**から、外部空間に対する関心や接近性を求める工夫、内部空間との緊密性を大切にした半屋外空間の計画の意義や**人との多様な関わりを促す工夫**として空間的な対応の有効性を提案している。また、**多様な保育ニーズへの対応**としてはチーム保育に対する多目的な空間の配慮や3歳児教育の要請に応える設計上の配慮の必要性を示している。

2）【安全でゆとりと潤いのある施設整備】では、**日常生活の場として子供たちの生活にゆとりと潤いのある施設を計画すること**を目標に、人体寸法や心理的影響に配慮し、多様な教育内容、保育形態に対応する諸室空間の設計を行うことを基本に、健康に配慮した施設として、施設内の快適環境、保健衛生、とくに室内空気汚染の原因となる化学物質の発生のない材料の採用を重視することを示している。また、**安全性・防犯性**については、園施設の内外について、幼児の多様な行動に対する十分な安全性、防犯性の確保を施設面、環境・設備面さらに管理面から総合的に計画すること、障害のある幼児や教職員、保護者そして施設開放利用者のため、さらに複合機能としての高齢者施設等のためのバリアフリー化を実施すること等に留意し、地域・地区の特色を生かした計画とすることが大切である。

3）【家庭や地域と連携した施設整備】の要件として、幼稚園施設計画については、家庭と連携した地域幼児学習環境を創出するため、教職員、保護者、地域住民等の参画によって総合的に計画する効果を期待して、地域の様々な人材の活用など地域教育活力の導入を促すための施設諸室の計画が必要であり、また地域の教育関連施設の整備状況、とくに保育所や小学校との連携を視野に入れた文教施設の情報ネットワーク化構築も期待したい。

【預かり保育】への対応として子育て支援等の観点から、通常の教育時間の前後や長期休業期間中などに地域の状況や保護者の要望に応じて、希望する者を対象に行う教育活動としてのいわゆる「預かり保育」に対する要請が高まっている状況に留意し、幼稚園施設計画においても預かり保育の独自の活動、例えば午睡やおやつ等の時間の確保、そして長時間滞在することに配慮した、家庭の延長を感じさせる保育室の計画などの対応が望まれている。

子育て支援活動への対応として、地域の幼児教育センター機能の充実が大切であり、そのための諸室、例えば子育て支援室、PTA室、乳幼児を伴う保護者利用スペース等の計画が期待されている。

幼稚園開放のための施設・環境として幼児や地域住民が共同利用できる計画的な対応が求められる。幼稚園と保育所との連携については、施設相互の関連に配慮し、活動や行事など幼児たちが交流し、幼児の教育・保育の場として十分に機能させることができるような空間計画、配置計画が望まれる。施設の共用化の対象空間として遊戯室、調理室、管理諸室、屋外環境等があり、地域の特性を活かしながら円滑な共用化から可能な計画が望ましい。そのためにも幼稚園教員と保育士の連携・協力を図る空間的準備も望ましい。複合化の対応については、幼稚園との複合化の対象となる施設によって、幼児の教育環境に障害や悪影響を及ぼす施設との合築は避けなければならない。複合化可能な対象として保育所、小学校、社会教育施設さらに児童館等福祉施設、高齢者福祉施設等との複合化計画においては幼稚園における幼児の教育と生活に支障を生じないことを基本にして、施設機能相互の利用相乗効果を高め教育環境の高度化、総合化を図る計画とすることが大切である。

さらに、

第3節【幼稚園施設整備の基本的留意事項】として、
・総合的・長期的な視点からの計画策定
・的確で弾力的な施設機能の設定
・計画的な整備の実施
・長期間有効に使うための施設整備の実施
・関係者の参画と理解・合意の形成
・地域の諸施設との有機的な連携
・整備期間中の教育環境の確保
について考慮・検討する必要がある。

＊1
　幼稚園施設整備指針（文部科学省大臣官房文教施設部）の内容を同省文教施設部の許可を得てその骨子・概要を編者の文責でまとめた。

写真2・1　園庭

2・2 配置計画

本章で対象とする施設・設備等に関しては，特に断りのない限り幼稚園と保育所に共通するものとして述べている。

2・2・1 敷地

幼稚園・保育所は，地域と密着した最も重要な地域施設であることから，安全でゆとりがあり，保健衛生上にも十分配慮された立地環境であることが望ましい。
・地震，洪水，地滑り・崖崩れ等自然災害に安全であるばかりでなく，地中の危険な埋蔵物や汚染土壌がないことが重要である。
・一年を通じて，必要な日照，良好な空気，水が得られ，緑の豊かさも求められる。
・社会的にも風俗営業等が周辺に立地しないことが重要である。また交通安全が確保されるとともに，振動，騒音，ホコリ等にも対処できる園地内施設配置計画が大切である。

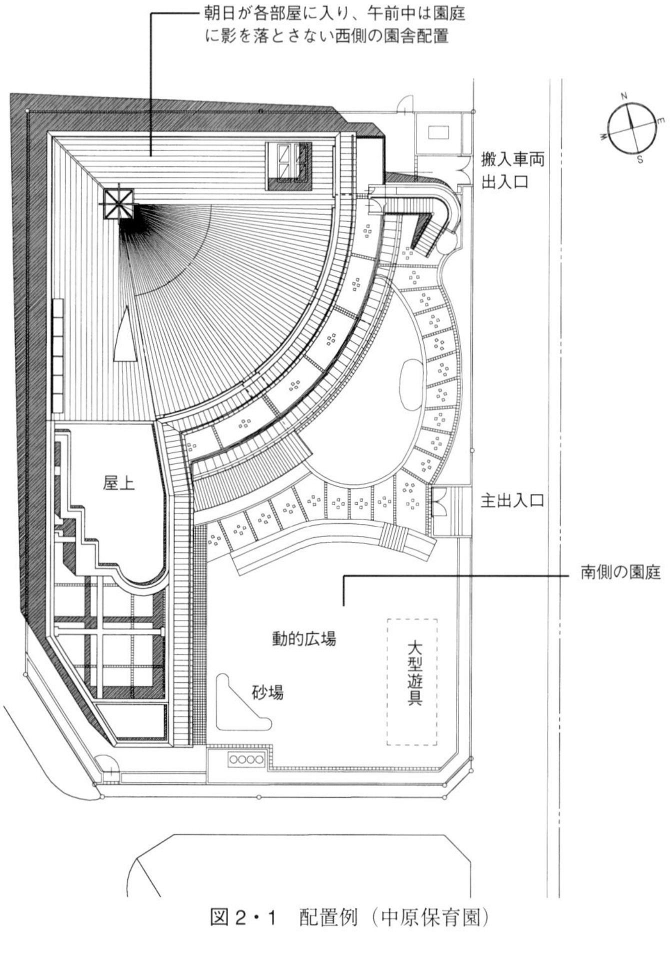

図 2・1　配置例（中原保育園）

2・2・2 園舎と園庭

配置計画を進めるにあたり，敷地の立地条件や周辺の環境，広さおよび形状と計画する建物の規模などが条件となることはいうまでもない。特に，園舎を平屋にするか，多層にするかは配置を決めるうえで大きな要因になるので，敷地との兼ね合いと使い勝手も含めて，十分に検討する必要がある。

建物の位置を敷地の南側に寄せるか北側にするかは当該敷地条件と隣接敷地条件によっても変わるが，それぞれ一長一短がある。敷地の南側に建物，北側に園庭とした場合，保育室を南面させることはできるが北側の園庭に影をおとすことになり，雨が降ったあとにできた水溜りなどが冬に凍ってしまうこともある。一方，北側に園舎，南側に園庭というプランでは廊下の位置が問題とはなるが，概ねメリットの方が多いということが言える。しかしあくまでも周辺の状況（近隣建物，騒音の出・入，アクセス，景観等）を踏まえてその敷地の特性を十分分析した上で建物の位置を決定すべきである。

基本的には，幼稚園も保育所も，保育室は日当たりがよく風通しのよい場所に置くべきであることは言うまでもない。幼稚園は午後の2時ぐらいで子供たちは帰るので，少なくても昼までは保育室に太陽の光がはいるようにするべきであるし，保育所にあっては一日中園にいるので，その間はできるだけ保育室に日が当たるようにすることが求められる。

写真 2・2　南側外観

2・2・3 近隣との関係

幼稚園は園バスで園児の送迎を行うことが多いが，保育所は最近マイカーでの送迎が多くなってきており，しかも朝夕に集中するため路上駐車などで近隣に迷惑をかけるケースも増えている。幼稚園や保育所は地域に密着した施設であるべきで，このような近隣に対する問題は極力なくすよう様々な面での配慮が必要となる。敷地内かもしくは敷地の近辺にできる限り駐車場を確保することが望ましいが，敷地内に設ける場合は車と人の動線を分け，歩行者の安全をしっかり確保すべきである。

給食や食材の搬出入などのサービス用アプローチを設ける場合にも，園児の動線と交わることがないように十分に配慮する。

住宅密集地に建てるケースもあるが，そのような周辺環境の場合は特に，日影や騒音，プライバシー等が問題となりやすいので，敷地境界から建物までの離れや空調室外機の場所などに注意する必要がある。

いずれにしろ，園の使い勝手だけでなく，周辺地域に対する影響も十分に配慮した上で園舎配置計画を行うことが大切である。

2・3 平面計画

2・3・1 全体計画の基本的要点

幼稚園の平面計画では，多様な保育形態および幼児の多様な生活活動に応じ，必要な諸空間を準備し，その関連性，利用程度等を考慮した空間構成をすることが大切である。

子供たちの興味関心によって自主的な活動が展開されるよう諸室・空間の園内での位置関係を配慮し，さらに園室内から半屋外空間そして屋外空間へと連続性のあるものとしたい。

このような柔軟で多様な活動に応える諸室・空間の規模と形態はその主たる機能（はたらき）に応じたものであることが大切である。これら空間を目的に応じて自由に変えることのできる全体構成と単位空間の形状，天井高，開口部，間仕切詳細等の配慮が求められる。

園舎全体の内部空間が環境的に著しい格差を生じないように単位空間のはたらきに応じた適切な環境性能を確保できるよう，採光，通風・換気，音響等に配慮し，また空調等暖冷房設備の計画を当初から計画したい。

平面計画は，園舎の中で展開される一日の生活の流れにそったものであることが大切である。保育室の利用，遊戯スペースの活動等個人や集団の生活が園舎全体の中でスムーズに流れるよう，また避難の際にも安全であるよう動線を明解にする必要がある。

2・3・2 所要室と位置の検討

幼稚園と保育所の計画・設計においては，設置基準や最低基準等により様々な部屋が必要となるが，その他の部屋も含めて，まず必要となる部屋をリストアップし（表2・1），それぞれの部門相互と部屋間のつながりを考慮したゾーニングおよび動線の検討を行う。また，幼稚園では，子供たちが帰った後や休日に地域開放をする園も増えているので，この段階で地域開放をする予定のある部屋の配置も考慮しておく必要がある。配置計画でも述べたように，

表2・1 必要諸室

		室名	
		幼稚園	保育所
設置基準・最低基準	保育部門	・保育室（35人以下/学級）※	・乳児室又はほふく室（乳児室:1.65m²/1人, ほふく室:3.30m²/1人）
		・遊戯室	
		・便所	・保育室又は遊戯室（2歳以上 1.98m²/1人）
		・運動場 2学級以下：330+30x（学級－1）m², 3学級以上：400+80x（学級数）	・便所
			・屋外遊戯場　各3.30m²/1人（2歳以上の幼児）
	管理部門	・職員室	・医務室
		・保健室	・調理室（下処理室,食品庫,休憩室,便所を含む）
その他	保育部門	・図書室	・一時預かり保育室
			・子育て支援センター
			・沐浴室（2歳児未満）
			・図書室
	管理部門	・会議室	・事務室
		・更衣室	・調乳室（2歳児未満）
		・倉庫	・配膳室
			・更衣室
			・休憩室
			・倉庫

※1学級：80m²，2学級以上：320+100×（学級数－2）m²

その敷地状況によって，保育室の位置や玄関の位置などの平面計画に大きな影響があるので，内部だけでなく周辺の状況もよく考慮し平面計画を行うことが大切である。

上下足：子供たちの上下足の履き替えを玄関で集中で行うのか，あるいは，各保育室の前で行う分散式にするか，園舎が2階建てとなる場合1階を分散，2階を集中で行うなど様々な方法がある。新設ならともかく，建替えの場合は今まで園が行ってきた方法にも配慮しながら，一番使いやすい方法で履き替えをすることが望ましい。上下足の履き替え位置と方法は，門も含めて園児のアクセス動線の計画，ひいては全体の平面計画にも大きな影響を及ぼす重要な要素である。

1階と2階：保育所において園舎を2階建にする場合は，0，1歳児の部屋を1階にするか，2階にするかは意見が各園によって分かれるところなので，園と考え方をよく相談して決定すること。1階に乳児室を置いたときのメリットとして，保護者の乳児の受け渡しがスムーズに行えることと，緊急時の避難を含め散歩など外に出やすいという点があげられる。その一方，日当たりが2階よりは悪いこと，園庭の音の影響を受けやすいことなどがあげられる。また，2階に乳児室を置いた場合のメリットとしては，運動量の多い年長の子供たちの保育室を乳児室と離して1階に置くことができ，落ち着いた環境をつくれること，日当たりが良いことがあげられる。デメリットとして，避難のしづらさ，保護者が2階まで乳児を連れてこなければならない等移動に関する内容が多い。2階に乳児室を置いた場合は，緊急時や自然の光や風に触れる機会をもたせるという点からも，部屋からすぐ出入りができるルーフバルコニーなどを設置することが望ましい。いずれにしろ一長一短があるので園と綿密に打合せを行い決定すること。

保育室：園庭とのつながりを考慮し，特に年長の保育室は外に出やすい位置が良いだろう。また配置計画でも述べたように，基本的には南面させることが重要だが，幼稚園ではやむを得ない場合は東向きでも差支えはない。

遊戯室：南面させることができればそれに越したことはないが，保育室ほど方位を気にしなくても良い。ただし，地域開放やお遊戯会，バザーなど子供たち以外の利用も考えられるので，玄関付近や園庭に面した場所にあるほうが使い勝手が良い。

事務室やその他管理諸室：特に事務室，職員室は外来者の応対や園庭の管理の点から，玄関付近および園庭が見渡せる位置が望ましい。また，印刷室や湯沸し，教材庫などの部屋に通じる動線をできるだけ短くしコンパクトな計画の方が職員の負担も少なく，教材などの管理もしやすい。

幼稚園，保育所は，子供たちが家庭以外で生活をする最初の場所であり，様々な体験をする場でもある。必要諸室以外に，「アルコーブ」や「デン」といったプラスアルファの要素を組み込み，楽しく学び遊べる空間をつくることも大切である。

平面計画を進める上で，あまり既成概念にとらわれず，子供たちが自由にのびのびと動きまわれる空間をつくることが子供たちの成長を助け，なおかつ楽しみのある空間へとつながるので，遊びの心も忘れないよう計画を行いたいものである。

2・4 立面計画

幼稚園や保育所に限らず，建築は街を形成するファクターのひとつであり，個人の趣味趣向のみでその形態や色彩を決めて良いというものではない。特に幼稚園や保育所は地域密着型施設としてその地域性を考慮し，むしろ街並みに溶け込むようなデザインが望ましい。

建物はまず外見で判断されるが，一目で幼稚園や保育所だとわかるデザインもあれば，それらしくないデザインもある。施主の思い描くイメージと設計者の考えるイメージがうまく合致していれば苦労も少ないが，なかなかそうもいかないのが実情である。しかしお互い納得のいくまで打合せを重ね，良い方向性を導いていくことが大切である。

外観に関して，特に保育所では日が暮れてからも利用するので，夜の雰囲気も考慮したデザインを心掛けたい。

外装に使用する材料としては，まず安全であることが重要である。特に子供の手に触れる個所には，突起の少ない仕上げを選ぶ必要があると同時に，できるだけメンテナンスが容易で耐久性のある材料を選定すること。

色彩計画を行う上で重要なことは，先にも述べたようにその地域になじむような色の選定を心がけたい。しかし，基本的には子供たちが主役の建物であるので遊び心も忘れないようにすること。

幼稚園や保育所は子供たちが家の外で過ごす初めての建物となるので，良い思い出としてどこか記憶の片隅に残るようなデザインをしていきたい。

第2章 基本計画 19

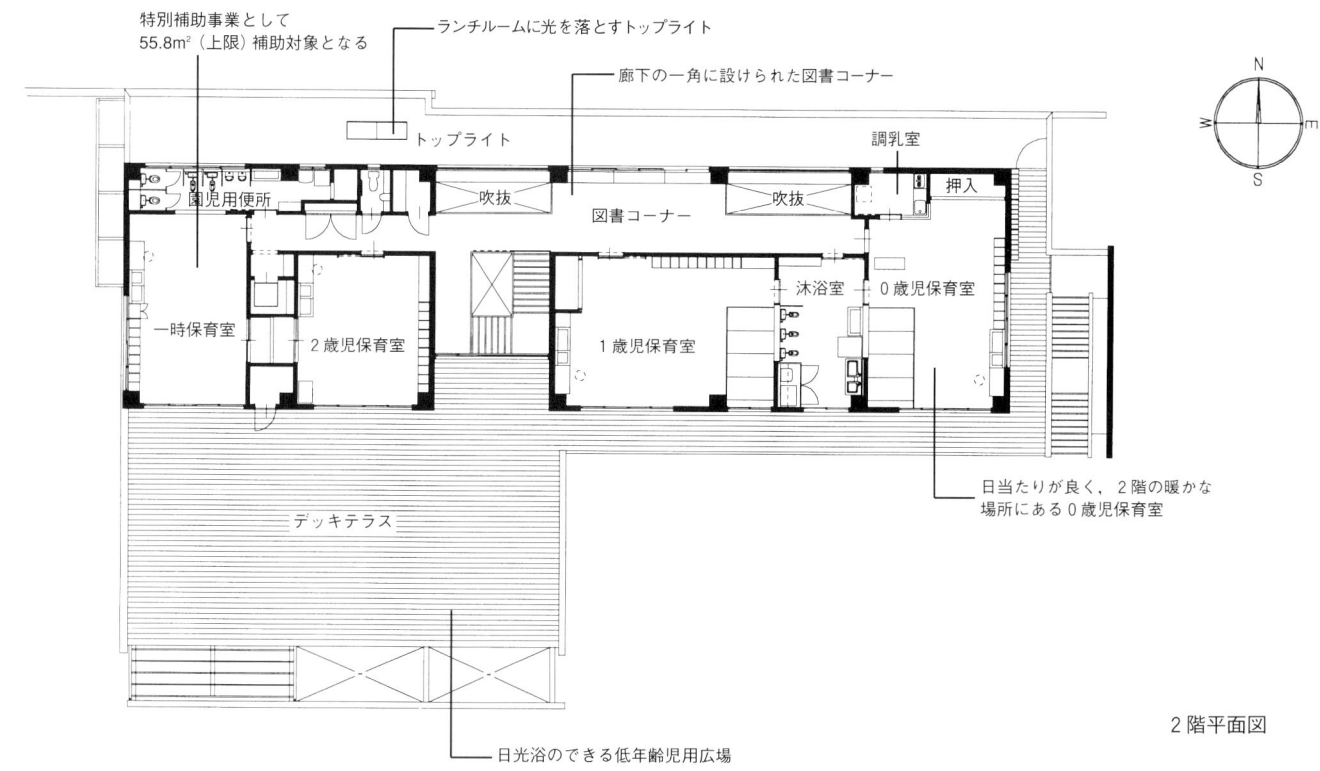

2階平面図

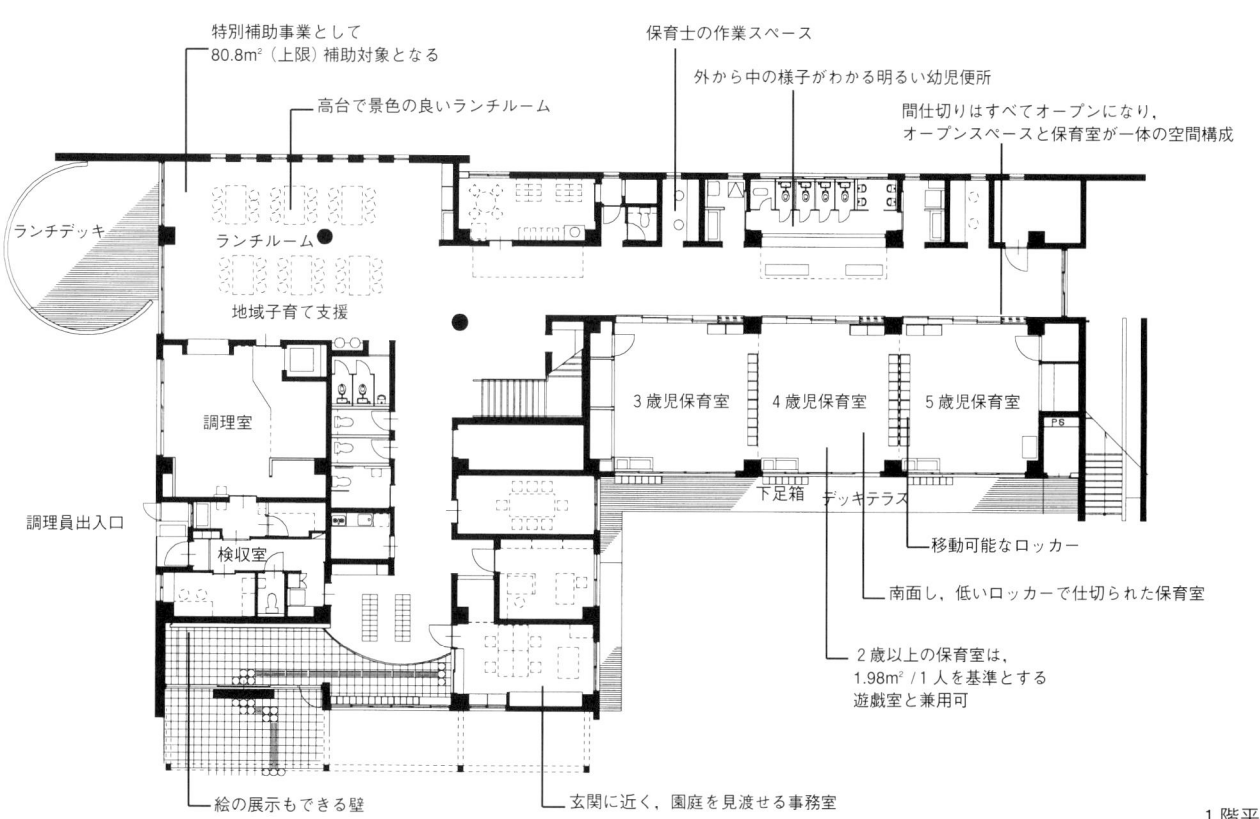

1階平面図

図2・2 平面の例（釜利谷保育園）

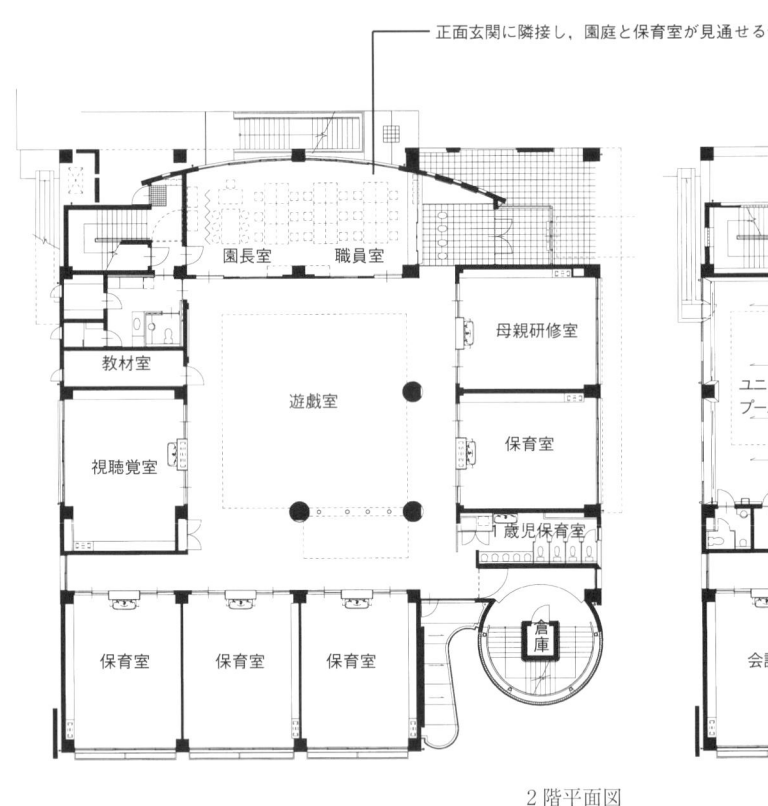

2階平面図

正面玄関に隣接し、園庭と保育室が見通せる位置

3階平面図

1階平面図

図2・3 平面計画（横浜黎明幼稚園）

写真2・3 園舎

写真2・4 園庭より園舎を見る

2・5 各部設計

2・5・1 所要室

　幼稚園と保育所の所要室の中には，両者に共通するものも多々あるので，ここでは併せて述べてある。

　ただしどちらかのみに特有の部屋については，その旨記載し，また幼稚園では「先生」，保育所では「保育士」としてある。

1）乳児・ほふく室（0，1歳）

　2歳に満たない乳幼児を入所させる保育所では，乳児室またはほふく室とともに医務室および便所を設け，これらを乳幼児のための領域として独立させることが望ましい。

　0，1歳児は2歳児から上の子供たちに比べて外に出ることが少なく，ほぼ朝から夕方までの時間を室内で過ごすことになる。そのため特に保育所では，家の延長としての環境や雰囲気を大切にしたい。また採光，通風にも十分配慮して，できるだけ自然の光と風に接することができるよう工夫をすることが大切である。

　一般に乳児室とほふく室を兼用する場合が多い。乳児室の面積は乳児または2歳未満児は一人につき1.65m²以上が必要である。またほふく室の面積は，乳児または2歳未満児は一人につき3.3m²以上必要である。これら諸室には保育に必要な用具を備えることも求められ，これらを収容することのできるスペースを十分に確保する必要がある。

　保育所は「お昼寝」があるが，園によって寝かせ方も様々である。ふとんやベッドあるいは簡易ベッド等，使用するものによりその収納や設置スペースを考える必要があり，園児の寝かせ方は計画に先立ち園とよく打ち合わせをしておく必要がある。

　また，ほふくスペースとして部屋の一部に畳のスペースを用意する場合もある。他の保育室もそうだが，できるだけ園児の数の変化に対応できるようフレキシビリティーを持たせたプランニングをしておくと良い。可動間仕切や家具で部屋を間仕切る方法もあるが，家具で仕切る場合は高さ1m程度にし，大人の視線を遮らないようにしておくと空間に広がりを持たせられると同時に，園児たちも見渡せるので安全面でも望ましい。

　基本的に，登園時には保護者が子供たちを部屋まで連れてきて保育士に引き渡すケースが多いので，乳児室の前面は多少広めのスペースを確保しておきたい。また，おむつ

写真2・5　乳児室

写真2・6　乳児室（0歳児）

写真2・7　乳児室

写真2・8　乳児室

等の汚物を保護者に持ちかえってもらう場合は，各自の汚物入ロッカーを直接廊下側から取れる場所に設置すると使い勝手が良い。乳児室内にその設置が困難な場合は沐浴室に設置すると良い。

＜仕上げ＞

床の仕上げに関して，乳児室は床暖房を採用するケースが多く，衛生面，耐久性を考慮すると木質系の材料を採用すると良い。また，子供の手が届く範囲は木質系の材料を使用しできるだけ温かみが感じられるようにすることが望ましい。

子供の泣き声は想像以上に大きいので，天井には吸音材を用いると良いだろう。

写真2・9　保育室

2）保育室（2歳以上）

2歳児より大きくなると行動範囲が広がり，保育士の負担もそれなりに大きくなる。先に述べた乳児室も同じだが，子供にとっても大人にとっても無理のない空間づくりが必要である。仕事＝保育のしやすさが良い保育につながるといっても過言ではない。また，食事や昼寝，お遊戯など集団行動を学ぶ場でもあるが，個人を尊重することも忘れてはならない。単なる教育や保育の場としての保育室ではなく，個人の可能性を伸ばせるような豊かな空間づくりを心掛けることが大切である。

写真2・10　保育室（5歳児）

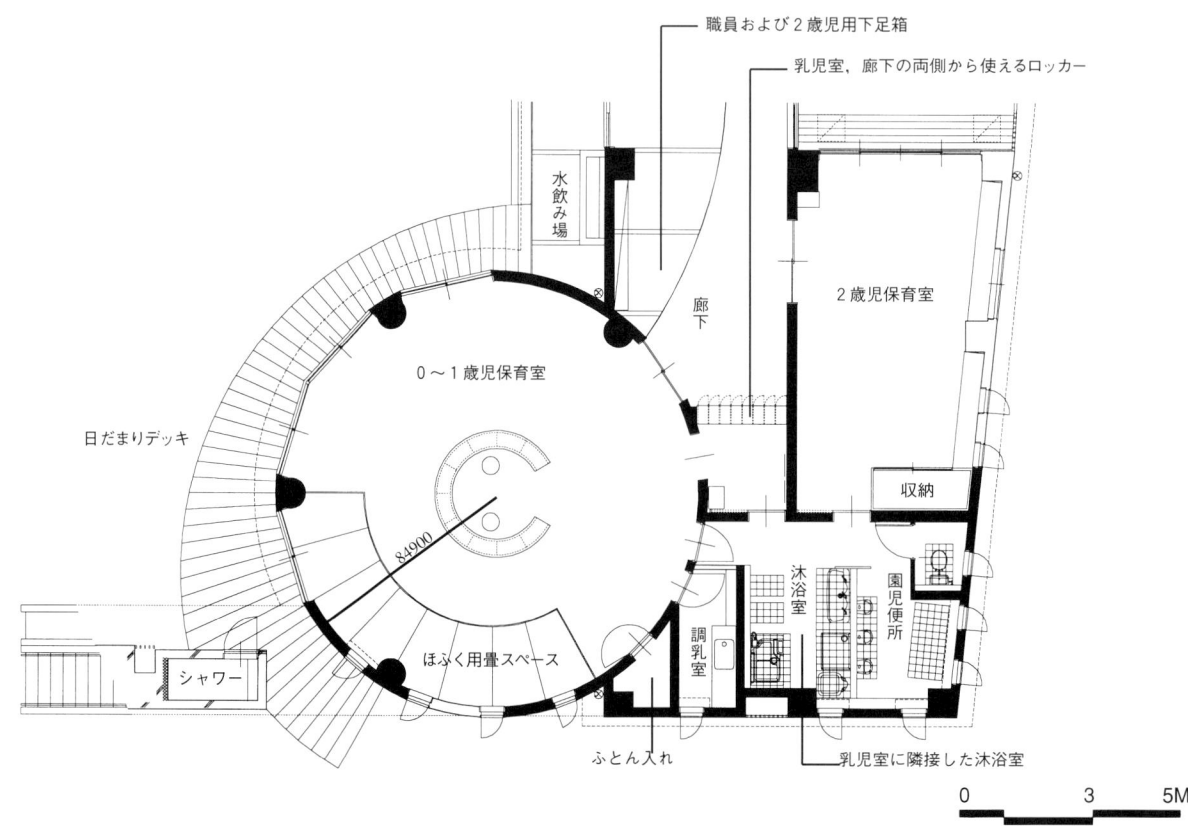

図2・4　乳児室プラン（清水保育園）

保育所，幼稚園ごとに基準はあるが，子供の行動範囲が広いことと，ロッカーやピアノ等を置くスペースを考慮すると，基準面積より多少ゆとりのある広さにしたい。保育室内には様々な備品等を置くが，幼児用のロッカーは園によって使い方が異なるので園とよく打合せを行い，各園の使い勝手の良いものを用意する。また，幼児用の手洗いを室内に設けるが，部屋を使う園児の年齢にあわせたものにする。幼児用の机は個人用より2～4人用程度にするケースが多い。室内に保育士がちょっとした作業ができるようなデスクコーナーを設けておくと使い勝手が良い。部屋の形状は，正型であればロッカー等の収まりも良いが，多少Rのコーナーや凸凹をつけ空間に変化を持たせることが子供の活動を広げることにもつながる。

　保育所における保育室の面積規模は，2歳以上では一人につき1.98m²以上を必要としているが，上述のように近年幼児の生活の多様化，家具・備品等の充実とあわせて，遊戯室とともに面積拡大のニーズがあり，これが結果として，総合的に望ましい室空間をつくりだすことにつながっている。それは特に多様な保育・教育方法に対応できるとともに，保育用具や遊具等を弾力的に配置できるためや作品や資料の掲示スペースや展示空間，持ち物の収納空間を確保することなどが求められるようになったことによる。

　3歳児が活動する保育室はシャワー設備・給湯設備などの利用を考慮した計画が望ましい。また屋外空間，半屋外空間との連続性を大切にしたい。

＜仕上げ＞

　仕上げは乳児室と同じく，できるだけ肌の触れる部分に関しては木質系の材料を選定し，暖かい雰囲気を出すこと

写真2・11　保育室（3～4～5歳児）

写真2・12　遊戯室

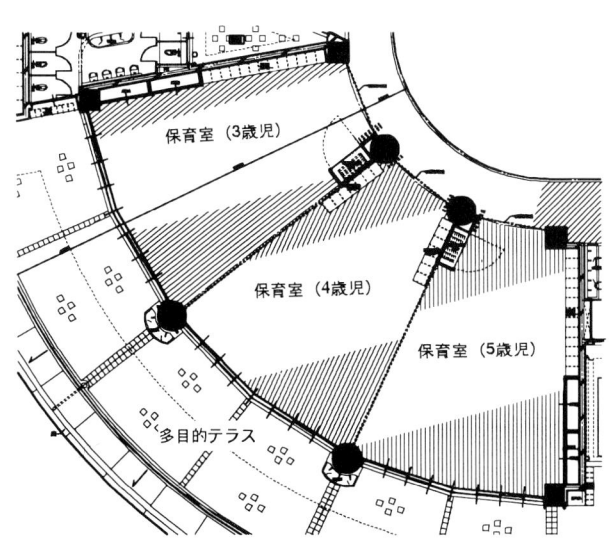

図2・5　2歳児以上保育室（中原保育園）

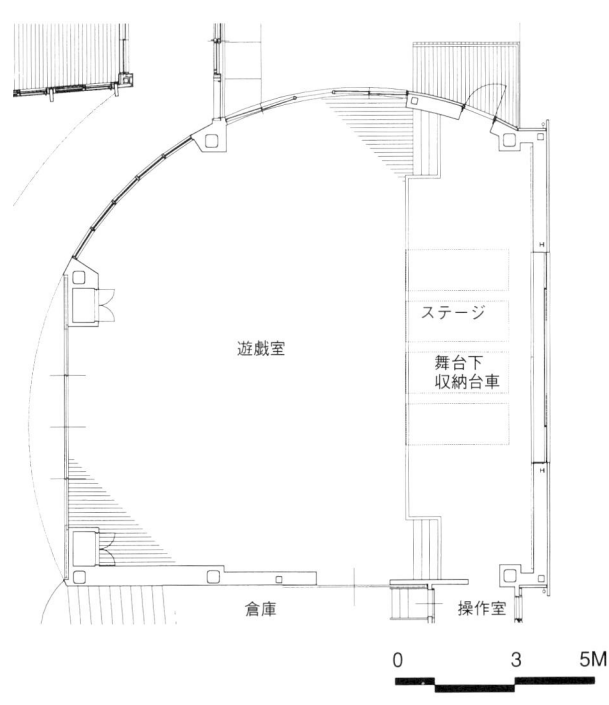

図2・6　遊戯室（妙厳寺幼稚園）

が望ましい。また，手洗いの前の床は必ずと言って良いほど濡れるので，耐水性がありなおかつすべりにくいものを使用する。

壁の一部や天井には吸音材を用いた方が良い。

3）遊戯室

遊戯室は文字通りお遊戯的な使われ方が中心だが，その他入園式，卒園式，お誕生会，お遊戯会，雨の日の遊び場など年間を通して様々な催しがあり，かなりの頻度で使われると考えてよい。まず，どのような使い方をするのかを園とよく打合せを行うことが大切である。バザーなどで地域に開放する場合があるため，幼児と大人の使い勝手を考慮した空間作りをする必要がある。

その位置については，保育室との結びつきや雨天等の場合の利用のことも十分に考慮し，その規模とともに適切に計画・配置することが大切である。

特に保育室やホールと連続して計画する場合には，幼児の日常動線などの条件を考慮して計画する必要がある。全体として，年齢の異なる幼児がそれぞれの年齢集団で，または時には異年齢集団が一体となって利用することも考慮して，それぞれに特色がでるコーナーをつくるよう，その形状についても留意したい。

遊戯室は上記のような様々な使われ方が予想されるので，舞台に関しては，まず設置の有無，設置する場合は固定もしくは可動にする必要があるかを園と打合せを行い決定する。保育所は保育室と遊戯室を兼ねるケースが多く，兼用する場合は可動の舞台にする場合が多い。幼稚園では遊戯室は独立した部屋とすることが多く，舞台も固定式となる場合が多い。可動式の場合は収納方式の様々なタイプが各メーカーから出ているので，保育士の使い勝手がよく，安全なものを採用すること。また，固定式の場合はステージ下部を収納スペースとして利用できるので，収納台車等を設置すると椅子やマットなど備品を収納することができる。ステージの高さはおおむね600～800mm程度が適当であろう。あまり，舞台が高すぎても親密感がなくなるし，落下した時の危険が大きくなる。しかし逆に低すぎると，後ろから見えなくなるので高さには注意を要する。

＜仕上げ＞

遊戯室は多様な使われ方が予想されるので，床材については木質系の耐久性のある材料を選択しておきたい。コストに余裕があれば無垢材を使用したいところだが，そうでなければ単板が3mm以上の木製複合フローリングでも問題はないだろう。また，壁は園児の手が届く範囲は木質系の材料で仕上げるのが望ましい。天井に関しては，吸音材を用いて音の反響対策を講じておきたい。

写真2・13 遊戯室

写真2・14 遊戯室

写真2・15 幼児便所

写真2・16 幼児用大便器

写真2・17 幼児用小便器

4) トイレ

トイレに関しては，使いやすく清潔であることと，安全であることが第一条件である。子供のみでなく先生にとっても使いやすいことが大切である。

3歳より大きくなると自分で用をたすことができるようになるが，水を無駄使いしないことを覚えたり，自分の用をたした後は自分で水を流すといったようなマナーを学ぶ場でもある。それだけに楽しくトイレに行けるような空間づくりをすることが大切ある。

まず，男子と女子を分けるか否かを園と相談し決定する。宗教的な理由から男女別といったこともあるが，概ね男子と女子を一部屋にすることの方が多い。便器数については，以前は幼稚園設置基準のなかに定められていたが現在は任意で数を決定してもよい。

小便器のスイッチにセンサー式を要望する園もある一方で，自分で水を流すことを覚えるために手動式にしたいという園もあるので，園の方針を十分理解し打合せを行い機器の選定をするべきである。大便器用のトイレブースは，（隣との間仕切は h＝1900でも良いが）圧迫感や恐怖心を起こさせないよう，前面の扉は安全面からも保育士が開けられる程度の高さにしておく必要がある。また，手洗いの高さも保育室同様に，主に使う子供たちの年齢を考慮した高さのものを設置するようにしたい。ユーティリティーのようなスペースが確保できれば別だが，便所に洗濯機を置くケースもあるので，事前に園と相談するとよい。

＜仕上げ＞

以前はタイル貼といった湿式で仕上げる例が多かったが，目地にカビが生えたり滑りやすいといった理由で，最近はビニル床等の乾式で行う園が増えてきている。しかし清掃のしやすさはタイル貼の方が水で流せるので良いということもあるので，どちらにするかは園とよく相談をして決定する。2階に便所を設ける場合は床下地に防水を施すことを忘れないようにすること。また，1階の便所下は配管ピットにしておくと，詰まったときにメンテナンスもしやすい。

いずれにしろ，採光，通風は必ず確保すること。暗くジメジメしたトイレでは，子供だって行きたいという気持ちが起こらなくなるであろう。

5) 沐浴室（保育所）

0，1歳児は沐浴と便所を兼ねることが多く，乳児室に隣接させ直接入れるように計画をする。沐浴中は乳児一人に保育士ひとりがかかりきりになるため，乳児室と沐浴室のお互いがよく見渡せるようにしておくと良い。汚物用の各自のロッカーは保育室内もしくは沐浴室内に設け，父

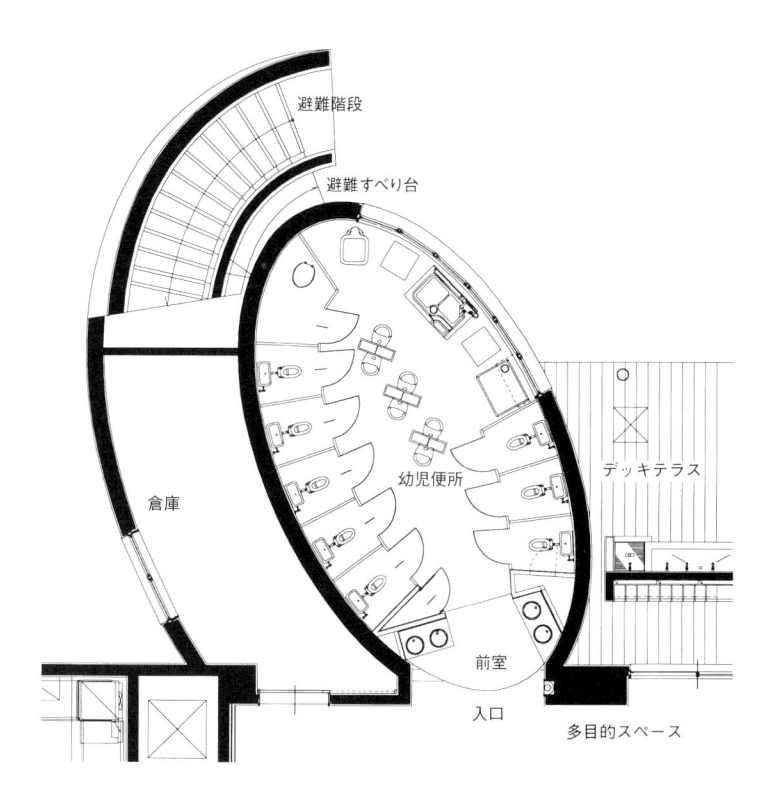

図2・7 幼児便所（比々多保育園）

写真2・18 調乳室

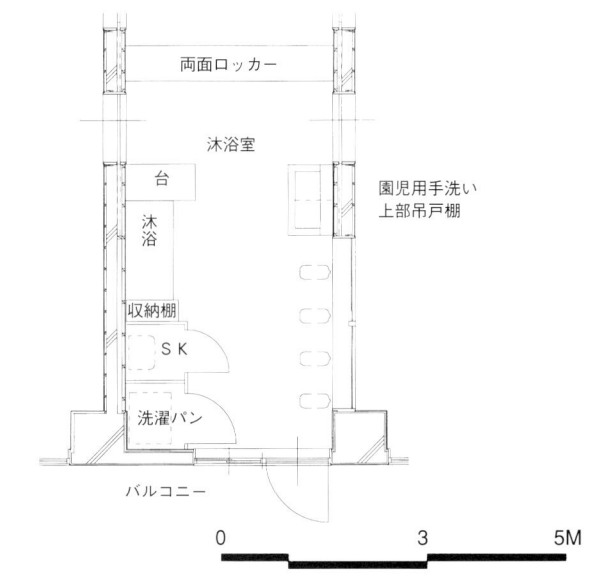

図2・8 沐浴室（明徳釜利谷保育園）

母が直接廊下から取り出せるようにしておくと使い勝手が良い。沐浴セットのほか，汚物流しや乳児用便器，収納などが必要となるが，保育士の使い勝手の良い機器をよく相談して決めること。特に乳児は世話が大変なので，なるべく保育士の負担にならないような配慮をすることが大切である。

＜仕上げ＞

基本的には便所同様だが，乾式にするか湿式にするかはそれぞれ園の考え方もあるので，よく園と打合せを行い決めなければならない。

6）調乳室（保育所）

調乳室は主に乳児のミルクや離乳食をつくる場所で，乳児室に隣接させ，直接乳児室より入れるように計画をすると良い。2階に保育室を設置する場合は，スペースにゆとりがある場合は別として配膳室と兼ねるケースが多いが，基本的に子供が入らない部屋なので，扉には施錠等の工夫をする必要がある。単独で調乳室をつくる場合は通常の湯沸室程度の広さがあれば十分だが，配膳室と兼ねる場合は配膳台や収納が必要となるため，少し余裕をもって計画をすること。専用の調乳ユニットも製品としてあるが，ミニキッチンでも十分用は足りる。

＜仕上げ＞

水を使うので床は滑りにくくメンテナンスのしやすい材料（例えばビニル床等）を選定すること。壁も同様に汚れが付きにくく，ふき取りのしやすい材料を使うとともに，下地のボードは耐水性の物を使用する。天井は湿気に配慮し，耐水性のボードにペンキやビニルクロス等で仕上げるのが良いだろう。

7）玄関

玄関はその園の顔であると同時に，園児の登・降園をはじめ保護者やお客様など，様々な人が利用する場でもある。平面計画でも述べたが，園児の昇降が集中型か分散型かでおのずと玄関スペースの考え方が変わるので，園と昇降方式を十分に打合せしておく必要がある。いずれにしろ事務室か職員室に近接させ，出入りする人の管理をしやすくすることがセキュリティの上で大切である。

保育所は登・降園の時間に多少バラつきがあるが，幼稚園は園バスで園児の送迎をしている園が多く，登・降園の時間が集中しやすい。雨の日に限らず，園舎内で園バスを待たせる場合があるため，玄関エントランスホールの広さはその定員数を考慮し，十分なスペースを確保する必要がある。また，送迎に来た保護者の"待ち"のスペースとして，ベンチや談話コーナーを設置するのも良いだろう。

写真 2・19　幼児用シャワー

写真 2・20　沐浴室。奥が汚物用のロッカー

写真 2・21　エントランスホール

写真 2・22　デッキテラス

写真 2・23　階段下の図書コーナー

玄関は出入りだけの空間ではなく，園と保護者，お客様との情報交換の場でもある。保育の内容や行事，給食の献立や各種連絡事項など，掲示物は非常に多いので掲示板や掲示用クロス等を設置することを忘れてはならない。プラスアルファの要素として，園児たちの描いた絵等を飾れるギャラリーのようなスペースがあるのも良いだろう。

　集中型の昇降にする場合は，エントランスホールに園児用の下足箱を用意する必要がある。下足箱は，土間側に設置し，すのこを敷くなどして，土や砂を上足側に上げない工夫がいる。来客用にも何足かの下足箱を用意しておきたい。また，傘立ても園児用，来客用のものが必要となるので置くスペースを考慮して設計をすること。

＜仕上げ＞

　床の仕上げはメンテナンス，耐久性，安全性を考慮すると磁器質タイル等を使用することが多い。タイルを使用する場合，目地は深目地にしないよう注意が必要である。また，玄関の床等は特に汚れやすいので水を流して清掃することが多いため，排水溝を設置しておくことが望ましい。腰壁や巾木も耐久性，耐水性のある材料を選択したい。

8）廊下，ホール

　廊下やホールは部屋をつくっていく上で必要不可欠な空間であるが，それぞれの機能を限定しないで，図書コーナーや子供たちの描いた絵を飾るスペースを設える等，多様な空間づくりをすることを心がけたい。階段の下や，ちょっとしたくぼみなどが子供たちにとって思いがけない遊び場になったりするものである。あそぶ空間やたまる空間も設け，変化に富みながらものびのびとした園舎にしたい。

　また，保育室の前に庇を設け，半屋外のいわゆる縁側空間をつくることによって，雨の日でも遊ぶことができかつ通風を確保することができる。日本の伝統的空間でもある縁側空間をうまく利用したい。いずれにしろ，子供たちが雨の日でも自由に動きまわれる空間をつくる工夫をすることが大切である。

＜仕上げ＞

　廊下やホールは特に保育室などと仕上げを変える必要はなく，部屋のひとつという考えで仕上げ材を決定したい。また，絵などが飾れるようにピクチャーレールを設置すると良い。縁側は裸足で出ることも考慮し木質系のデッキを使用すると良いが，ささくれが出る材質の物もあるので注意して選ぶこと。

9）図書スペース（コーナー，室）

　幼稚園，保育所の図書スペースは，小中学校などのいわゆる図書室とは多少ニュアンスが違うということを，あら

写真 2・24　廊下の展示例

写真 2・25　図書コーナー

写真 2・26　事務室

写真 2・27　調理室内でワゴンに食事を載せ，廊下に直接出せる

かじめ意識しておく必要がある。それぞれの園で読書という行為をどのようにとらえているかによって，図書スペースのしつらえもおのずと変わってくるため，園との検討が必要である。

図書スペースを他の空間と隔離するか否かそれぞれに特徴がある。ある園では廊下やホールにベンチと書棚を設け，好きな場所で好きな本を読めるようにしたものもあり，またある園では遊戯室の2階部分にあたるギャラリーを図書コーナーとしてつくったケースもある。完全に部屋として囲わず，本棚などでコーナーをつくったり，床のレベルに変化を持たせる工夫をし，空間の連続性を考慮しながら，ちょっとした溜まるスペースをつくり図書コーナーとしても良いだろう。基本的には園の目的にあった空間をしつらえることが大切だが，どちらかといえば図書スペースはフレキシブルで開放的な空間であってもよい。子供たちが本を読んだり，絵本を見るといったことが特別なことではなく自然に行える場をつくることが大切である。

また，降園のときに子供たちが保護者を待つ場として，図書コーナーなどを利用するのもひとつの方法であるため，エントランスホールの近辺に図書コーナーを設けても良い。天井は保育室ほど高さを必要としない。スケール感を考慮して決めることが大切である。いずれにしろ，図書コーナーは基本的には静の空間ということに注意して計画をしたい。

図書スペースを専用室として計画する場合は，図書，各種設備・機器，教材等を効果的に配置収納し，利用しやすいように面積と形状を計画することが大切である。また情報化に対応する教育機器を導入したり，読み聞かせのためのスペースを図書室やコーナーに設けることも同時に考えたい。

全体として図書コーナーや図書室は，図書，AV機器，情報機器，教材等を，それらを利用する幼児童のいる保育室等の周辺に計画的に配置することに留意する必要がある。

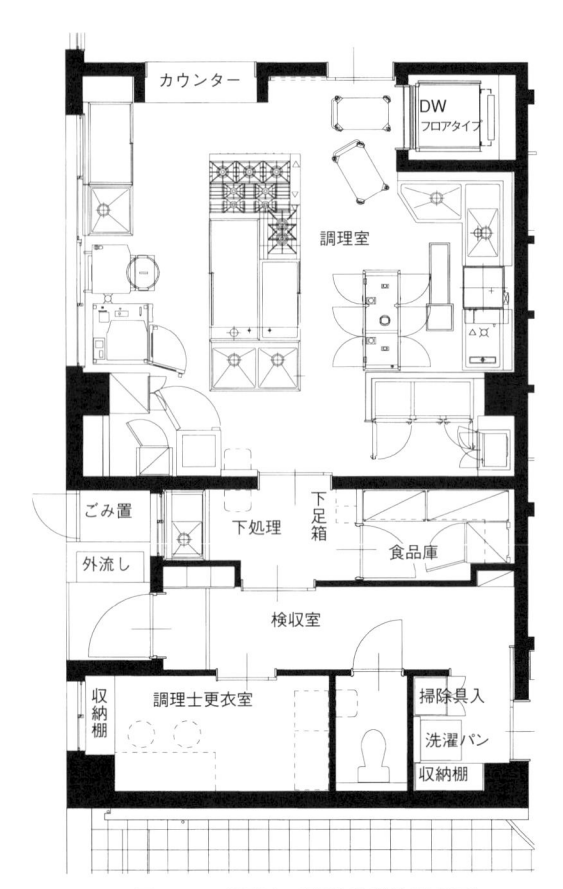

図2・9 調理室（明徳釜利谷保育園）

表2・2 調理室

No.	品名	形状寸法(単位：mm)		
		W	D	H
01	1槽台付シンク	(1050)	(600)	(800)
02	庫内棚	(910)	(460)	1900
03	庫内棚	(1220)	(460)	1900
04	冷凍冷蔵庫（家庭用）	600	698	1798
05	脇台／置台	(900)	(550)	800
06	包丁俎板殺菌庫	600	500	1030
07	電子レンジ	490	376	300
08	冷凍チルド冷蔵庫	1500	650	1905
09	ヨーグルトメーカー	440	450	770
10	検食保管庫	655	680	1670
11	2槽シンク	1350	750	800
12	調理台	1200	600	800
13	ローレンジ	600	600	450
14	XYガステーブル	1200	750	800
15	調理台	1800	750	800
16	戸棚	(600)	(600)	1800
17	ガススチームコンベクションオーブン	900	900	1360
18	ガス自動炊飯器	718	700	1290
19	1槽シンク	750	750	800
20	調理台	(1200)	750	800
21	電磁調理器	300	450	115
22	脇台	(750)	(380)	800
23	UTSカート	759	461	800
25	浸湯付ソイルドテーブル	(1700)	(1380)	820
26	自動食器洗浄機	600	650	1385
27	クリーンテーブル	900	750	820
28	食器消毒保管庫	1490	550	1850

写真2・28 調理室

＜仕上げ＞

　子供たちが椅子に座って本を読むということはまったくないとは言えないが，決して多くはない。大抵は床に寝そべって本を読んだりすることが多いので，床の仕上げとしては木質系のフローリングやカーペットなどを使用するのが望ましい。また，コストに余裕があるのならば，床暖房を採用したい。壁や天井の仕上げも他の部屋とは多少変えてみるのもよいだろう。

10）食事スペース

　健康で豊かな食習慣を身につける上で，保育室とは別に食事のための空間を計画することも大切である。食事の場所として家庭的雰囲気のある落着きと楽しさを持ち，手洗い場など衛生上の諸設備との関係に配慮する。食卓，椅子など家具を自由に配置できるゆとりある面積と形状が望ましい。仕上げは清潔を保持できるものとする。

11）調理室（保育所）

　保育所には必要な部屋である。基本的に子供たちが入らない部屋であるため，実際調理室で働く人の使い勝手のよいつくりをするべきである。園の収容人数や設置する厨房機器により広さは変わるが，できるだけ整形で凸凹がない方が使い勝手からは望ましい。

　厨房機器については調理士の方とよく打ち合わせを行い，必要な機器で使い勝手のよいものを選びたい。

　調理室は得てして閉鎖的になりやすく孤立しやすい傾向にある。外部に面する窓だけではなく，廊下やランチスペースに隣接していれば，そこに面する窓をつけることにより調理室も開放感が得られ，あわせて子供たちも中を覗くことができ良い勉強にもなるだろう。

　出来た食事を出し入れする開口にはカウンターを設置し，奥行きや高さは園児が自分で受取れる寸法にしておくこと。また，各保育室で食事をする場合はワゴンに食事を載せて運ぶケースもあるので，調理室付近にワゴンを収納できるスペースを確保しておくことが望ましい。

　また，園舎を2階建てにする場合は，2階まで運ぶ小荷物専用昇降機（ダムウェーター）を設置する必要があるが，台車が載るようなフロアー式が必要か否かは園との打合せにより決定すること。

　調理室内には，調理室の他に休憩室，専用便所，下処理室，食材庫などを設けるが，汚染作業区域と非汚染作業区域を明確に分けておく必要がある。

＜仕上げ＞

　床に関しては，以前は湿式で行うケースが多かったが，最近は衛生的な面と職員の足にかかる負担を軽減するといった意味で，乾式で仕上げる場合がほとんどである。また，壁は湿気およびメンテナンスを考慮し，耐水石膏ボードもしくは，フレキシブルボードにタイル貼か，塗装仕上げとしておく。天井も同様に湯気が上がるため，フレキシブルボードに塗装仕上げなどがよいだろう。

12）事務室ほか管理諸室，医務室

　事務室および職員室の広さや形状を決めるにあたり，先生や保育士各自のデスクを置くか否が大きく影響する。一般的に保育所では，保育士は各保育室に居ることがほとんどなので，職員室に各自のデスクを置くということはあまりない。むしろ，保育室に自分のデスクがあることのほうが多い。一方，幼稚園に関しては，保育室にデスクを置くか，職員室に各自のデスクを置くかは半々くらいである。各自のデスクは置かないまでも，全員で打合せができるようなテーブルを置いている園もあるので，よく園側と打合せをすることが必要である。

　また，職員室には机や収納の他にコピー機や電話機，ＦＡＸ，放送機器，および電気の総合盤など様々なものが置かれるので，それらのスペースも考慮した平面計画を行うこと。その他行事予定表や連絡先など掲示物も多いので，閉鎖的にならない程度に壁面を残しておくのが望ましい。

　応接室は，保護者などのこみいった相談などをする可能性もあるので，部屋として落着いた空間にしておきたい。但し，スペースにゆとりのない場合は園長室と兼ねても問題はないだろう。

　医務室については，職員室内の一角に設けるか，もしくは単独で部屋を設けることとなるが，部屋とする場合は職員室から目の届くようにしておく必要がある。医務室内には，ベッド（子供用）と薬などを入れておく収納を設置すること。

＜仕上げ＞

　職員室回りは特にこれでなければということはない。ただし，湯沸し室など水回りは湿気を考慮した仕上げ材とすること。また，倉庫の床は耐久性のある材料を使うことが望ましい。

13）保健室

　健康診断，応急処置，休養のために利用される保健室は，良好な日照，採光，通風を確保し，職員室や手洗い便所にも近いところに配置し，外傷や急な病気のために速やかに救急搬出できる屋外に通ずる専用の出入口を設ける必要がある。

　職員と保護者の相談のスペースが用意されることも望ましい。

2・5・2 家具・造作

　幼稚園・保育所では，大きく分けて大人用と園児用の2種類の家具が入ることになるが，特に園児用の家具については安全性と耐久性のあるものにしておく必要がある。園舎を建替える場合は，以前から使っていた形状が使い勝手も良いということもあるので，園と綿密に打合せを行い形状を決定すること。

　また，造り付けか，あるいは後から備品として家具を入れるかで部屋の寸法的な問題も出てくるので，設計の初期段階で方向性を出し平面計画にも反映させることが大切である。とくに園児用の家具寸法は，乳幼児の身体基本寸法を踏まえて検討すべきである（図2・10）。

1）保育室
① 園児用ロッカー

高さは概ね1m以下とし1ますを2～3人で使用するケースが多い。側板には洋服が掛けられるようにフックを2～3ヵ所程度設置しておく。

　また，可動式とする場合は大きくても幅を1800mm以下とし，ストッパー付きのキャスターを使うこと。園児が勝手に動かせない工夫をしておくことが大切である。また，転倒に対する安全措置も講じておくこと。

② 机・椅子

　園児一人一人に机を置く園は少なく，4～6人程度で机というよりはテーブルといったものを使用することが多い。折りたたみ式のものの方が部屋を広く使う場合に使い勝手が良い。

　椅子は逆にベンチ式ではなく一人ずつの物を使用することが多いが，背もたれ付きのものが良いだろう。机，椅子とも木質系のものがあたたかみがあるので望ましい。

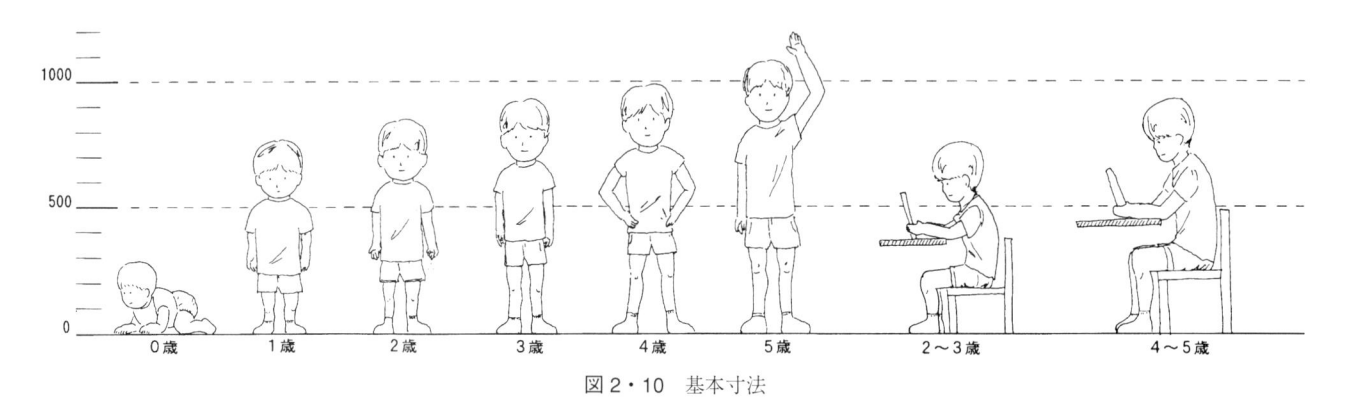

図2・10　基本寸法

写真2・29　園児用ロッカー

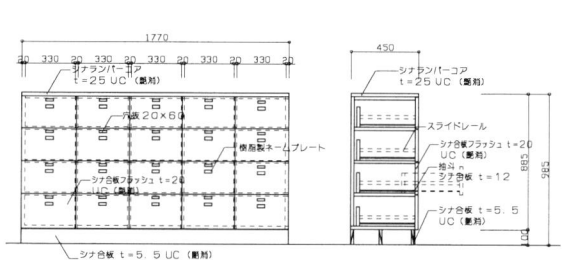

図2・11　1歳児保育室ロッカー

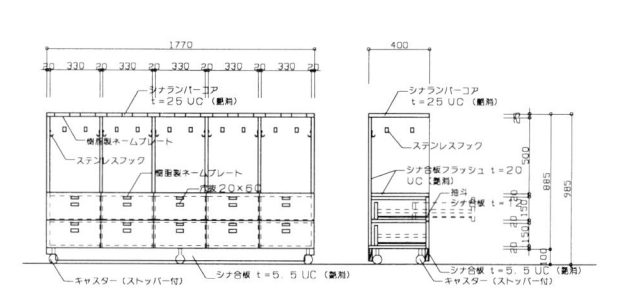

図2・12　保育室（3、4、5歳児）可動棚

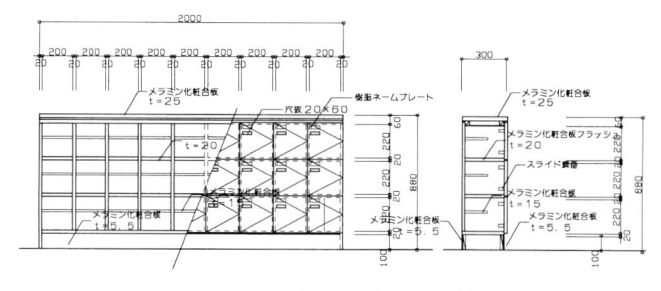

図2・13　玄関　園児用下足箱

③ ふとん収納（保育所）

保育所ではお昼寝があるため，布団もしくはベッドが必要となる。収納については一般的な家庭にあるような押入でも問題はないが，大人用の布団よりも園児用は小さいので寸法には注意をすること。

④ その他

保育室内には，教材やおもちゃ，紙類などを置くことも考えられるので，保育室内にどのようなものを置くかを園と打合せを行い機能的に収納できるような工夫をする。

2) 乳児室

① 乳児用ロッカー

乳児用のロッカーは保育室の物とは違い，各個人用の引出しタイプのものを使うことが多い。

廊下などから直接おむつや着替えを出し入れでき，乳児室内からも取出せる収納が望ましい。使い方は，朝保護者が乳児を連れて来た際に，おむつや着替えをこの収納に廊下から直接入れ，保育士が部屋の中側から直接取出し，各自のロッカーにしまうといった具合であるが，詳細は各園と打合せを行うこと。

② ベッド

乳児用のベッドは可動式で，転落防止の柵がついているものを使用する。

③ 机・椅子

乳児用は椅子と机が一体となっているタイプが離乳食をあげたりするため使い勝手が良いようである。いずれのものも折りたたみ式のものが収納のためにも望ましい。

3) 事務室他

幼稚園や保育所では，数年保管をしなければならない書類が結構多いことと，その他にも紙類や教材など，とにかく物が多いことがどの園についても言える。それらのものが合理的に収納できるようなものをよく園と打合せて決めること。

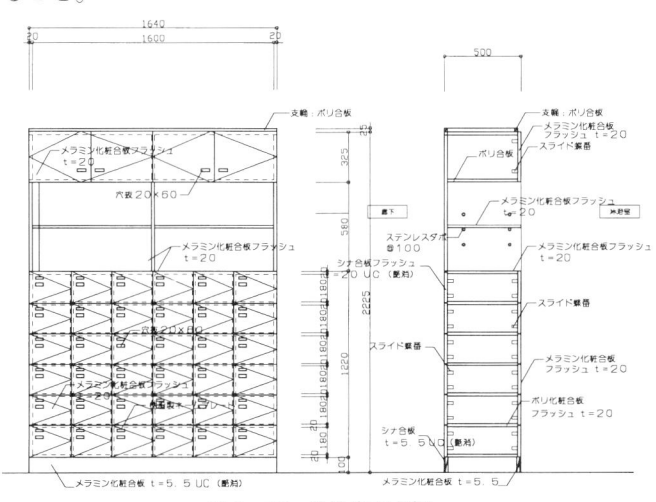

図2・26 沐浴室両面棚

写真2・30 ふとん収納

写真2・31 家具1

写真2・32 下足箱

写真2・33 乳児ロッカー　　写真2・34 汚物用ロッカー

2・5・3 安全計画

　幼児施設は他の施設とは違い，特に安全に対する配慮を必要とする。保護者は大切な子供を預けるわけで，安心して預けられる施設であることが重要である。また，子供は思いもよらぬ行動をとるので，様々な行動パターンを予測して対策を講じておく必要がある。

1）全体

　外部より不審者が侵入できないようにしておくことが大切である。また，園舎内および園庭において，死角を極力なくすようにすること。死角がある場合は監視カメラ等の導入も検討する必要がある。

2）開口部周り

　園児が開閉できる部分については，指を挟む危険があるので各建具には指はさみ防止対策を講じておく必要がある。外部に面する金属建具用のものでは，ゴム製のものと防火戸用に可倒式のものがあるので，必要に応じて設置をしておくこと。

　また，2階などで腰高さの建具には手前に収納があるなしに係らず，転落防止用の手摺を設置しておくことが望ましい。

　ガラスの種類および厚さについては，園児が衝突する危険性のある部分では，基本的に強化ガラス（4mm程度）か網入りガラス（6.8mm）を使用すること。ただし，強化ガラスに関しては，面で受ける衝撃には強いが，点で受ける衝撃には弱いことに注意するべきである。

　内部，外部ともに勝手に園児を外に出したくない場所では，園児の手が届かない場所にも施錠ができるようにしておくと良い。基本的に，内部の建具については引戸を採用することが望ましい。

3）壁面周り

　柱の角やその他出隅部分には，転んだり衝突して顔などを切らないように面を取っておく必要がある。できるだけ，壁面からの突出がないように計画することが，園児にとっても先生や保育士にとっても安全である。

4）手摺

　内部の吹抜けや外部のバルコニー部分には手摺を設けるが，重大な事故にもつながる場所でもあるので十分な安全対策を講じておく必要がある。基本的には，手摺子は縦格子とし高さ1100mm以上，間隔は90mm以下とすることが望ましい。

　また，足がかりとなるようなものが高さ650mm以下にならないように注意をすること。屋上に園児を上げる場合は手摺は1500mm以上としたほうが良いだろう。

5）階段周り

　園舎を2階建てとする場合の階段は，昇り降りしやすく安全であることが最低条件だが，空間の変化を楽しめるような演出も忘れないでいたいものである。

　階段の寸法については，踏面は250mm以上，蹴上げは150mm以下が望ましい。また，手摺は園児用は踏面より650mm程度あればよい。保育所はもとより，今後幼稚園

写真 2・35　監視カメラ

写真 2・37　指詰め防止

写真 2・36　鍵

写真 2・38　転落防止

写真2・39　サッシュコーナーガード

写真2・40　手摺

写真2・41　階段

写真2・42　転落防止（階段）

でも低年齢化する可能性があるため，階段の降り口のところに転落防止用の扉（高さ1000mm程度のもの）を設置しておくことが望ましい。

6）内装材

シックハウスは，住宅だけでなく学校や幼稚園，保育所にも共通する問題であるということをよく認識しておく必要がある。

化学物質汚染対策として，適切な建材の選定は欠かせないが，同時に通風および採光を確保することも大切である。

塗装を施す場合も，できるかぎり自然系塗料を用いること。また，合板や壁装材に用いる接着材についても，ノンホルマリンタイプのものを使用すること。MSDS（製品安全データシート）等を用いて，現場において製品の危険度や毒性物質が含まれていないかを確認するとともに，工事中の十分な換気等を行うことが大切である。竣工後，有害物質の濃度検査を行い，基準値がクリアされていることを確認して施主に引き渡しを行うこと。

表2・3　個別物質の室内濃度指針値

個別物質の室内濃度指針値

揮発性有機化合物	室内濃度指針値	設定日
アセトアルデヒド	48μg/m³（0.03ppm）	2002.1.22
フェノブカルブ	33μg/m³（3.8ppb）	2002.1.22
ホルムアルデヒド	100μg/m³（0.08ppm）	1997.6.13
トルエン	260μg/m³（0.07ppm）	2000.6.26
キシレン	870μg/m³（0.20ppm）	2000.6.26
パラジクロロベンゼン	240μg/m³（0.04ppm）	2000.6.26
エチルベンゼン	3800μg/m³（0.88ppm）	2000.12.15
スチレン	220μg/m³（0.05ppm）	2000.12.15
クロルピリホス	1μg/m³（0.07ppm） 但し小児の場合は0.1μg/m³（0.007ppm）	2000.12.15
フタル酸ジ-n-ブチル	220μg/m³（0.02ppm）	2000.12.15
テトラデカン	330μg/m³（0.04ppm）	2001.7.5
フタル酸ジ-2-ブチル	120μg/m³（7.6ppb）（注1）	2001.7.5
ダイアジノン	0.29μg/m³（0.02ppb）	2001.7.5
総揮発性有機化合物量	暫定目標値 400μg/m³	2000.12.15

注1：フタル酸ジ-2-エチルヘキシルの蒸気圧については多数の文献値があり，これらの換算濃度は0.12～8.5ppb相当である。

2・5・4 外部空間の計画

　子供たちにとって遊ぶということは，食事をとることや寝ることと同じように成長には欠かせない行為である。他の子供たちとの遊びを通じて協調性や自立心を養い，同時に集団でのルールを学ぶ場ともなる。また，自然に触れる機会が少なくなった今の子供たちにとって，自然の多い園庭は貴重な場となるだろう。敷地の許す限りできるだけ広く園庭を確保したいのはどの園でも同じだが，郊外の園ならまだしも，都心で住宅地の中に建てる園などでは，最低基準ぎりぎりの広さが精一杯というのが現状である。その限られた面積のなかで，いかに良い空間をつくりだしていくかが外部空間計画のポイントとなってくる。

　事前に，園庭をどのような目的で使うかを園と綿密に打合せを行い，計画の方向性を見出していくことが大切である。ある園では，運動会は近くの小学校などのグランドを借りることにして，園庭は遊具や緑を主体とした空間とし，遊ぶスペースを優先させたこともある。グランドとしての利用が年に数回程度ならば，そのように割り切ることも良いのではないだろうか。先にも述べたように，自然に触れる機会をつくるという点で「ビオトープ」のような環境をつくることは，そこに息づく生物や植物に接し，生き物の大切さを学ぶ良い機会ともなる。園庭の片隅にでも，できればそのような自然と接することのできるスペースをつくりたいものである。

　園庭に必要なものとしては，一般的に大型遊具や砂場，遊具をしまう倉庫，足洗い手洗い場などがあげられる。また，砂場の上などはパーゴラ等で日差しを遮れるようにしておくことも大切である。また，池などを造るときは水深を浅くするなど安全対策には十分気をつけるべきである。

　外部空間の計画については以下の基本事項を考慮したい。
・園舎のはたらきとともに屋外の保育・教育活動を守る環境としてすべての屋外空間構成を考える必要がある。
・幼児の心身の発達・行動特性を考慮し，自発的・自主的な生活活動が安全かつ多様に展開できるような空間としたい。
・乳幼児や3歳児の利用の際には，特に保育室に連続した専用の屋外空間を設けることも大切である。
・自然は厳しさと豊かさを同時にもつ環境である。発達途上にある幼児の自由な自然体験を豊かにできるよう，樹木・芝生・土面等をそのまま生かしながら安全に再構成することが大切である。
・園舎と外部空間とを連続させることによって，子供たちの集団活動や個別の自主的な活動が多様に展開できるよう

写真2・43　大型遊具

写真2・44　ぶらんこ

写真2・45　大型遊具

に計画することが大切である。このためには，園舎と外部空間を結びつける半屋外空間を当初より計画することが有効である。

・外部空間として，運動スペース，遊具のある遊び場（砂場，水遊び場を含む），動植物の飼育・栽培，ビオトープ，憩い・食事・交流の場としてのステージやベンチのある空間等，そしてこれらを囲む植樹（高木，低木）によって，地域周辺条件に応じて安全かつ高水準の衛生条件を確保したい。日照の条件は環境面で重要である。冬季の日当たり，夏季の日陰が大切である。低木と高木の使い分けが大切である。

・駐車場は必要最小限台数で歩車分離を原則とする。駐輪場についても集約的に計画する必要がある。

写真 2・46　砂場

写真 2・47　大型遊具

2・6 断面計画

　幼稚園や保育所に限らず，建築計画を進める上で平面と断面，立面は同時に考えていくべきであることはいうまでもない。図面は2次元だが建物は3次元の世界となるため常に空間というものを意識したい。

　断面計画を進める上で重要なことはスケール感を持つことであり，特に幼稚園，保育所では子供たちが主役となるので子供たちの目線にたって計画を進めることが大切である。また，光の入れ方や風通しなど，平面では見えてこない点も考慮した空間づくりも忘れてはならない。子供たちにとって，自然の光や風に接することは発育の面からしても非常に大切なことで，四季のある日本において，特に春や秋などの中間期には機械空調に頼らなくても良いように配慮するべきである。

　また，保育室も四角い箱を作るのではなく，平面的にも断面的にも工夫をしたい。例えば天井に勾配を付け，空間の広がりを意識させると同時に上部に窓を設置しておけば，風を抜かすこともできる。また，園舎を多層にする場合は，吹き抜けをつくることによって上下の空間のつながりが意識できるし，空間に広がりを持たせることで開放感のある空間をつくることができる。しかし，吹き抜けを造る場合は安全面に注意するとともに，コストがかかることも頭の隅にいれておくこと。

　階高については構造の種類によっておのずと異なってくる。柱のスパンにより梁成が決まるが，一般的にＲＣ造の場合はスパンの1/10，鉄骨造の場合はおおよそスパンの1/20を目安に梁成を設定し，換気扇のダクトや空調の配管を考慮した寸法で階高を決定する。無駄のない階高の設定はコストを下げるうえでも重要な要素となる。天井の高さは一般的に保育室などでは2400〜2600mm程度が良いだろう。遊戯室は低くても3000mmは確保したいところである。

また，便所や倉庫などは2300mm程度でも十分である。

いずれにしろコストの面からすると，天井の高さが高くなれば仕上げも増えるうえに階高も高くなるので，各部屋の特性を考慮し，めりはりのある断面計画をすることが大切である。

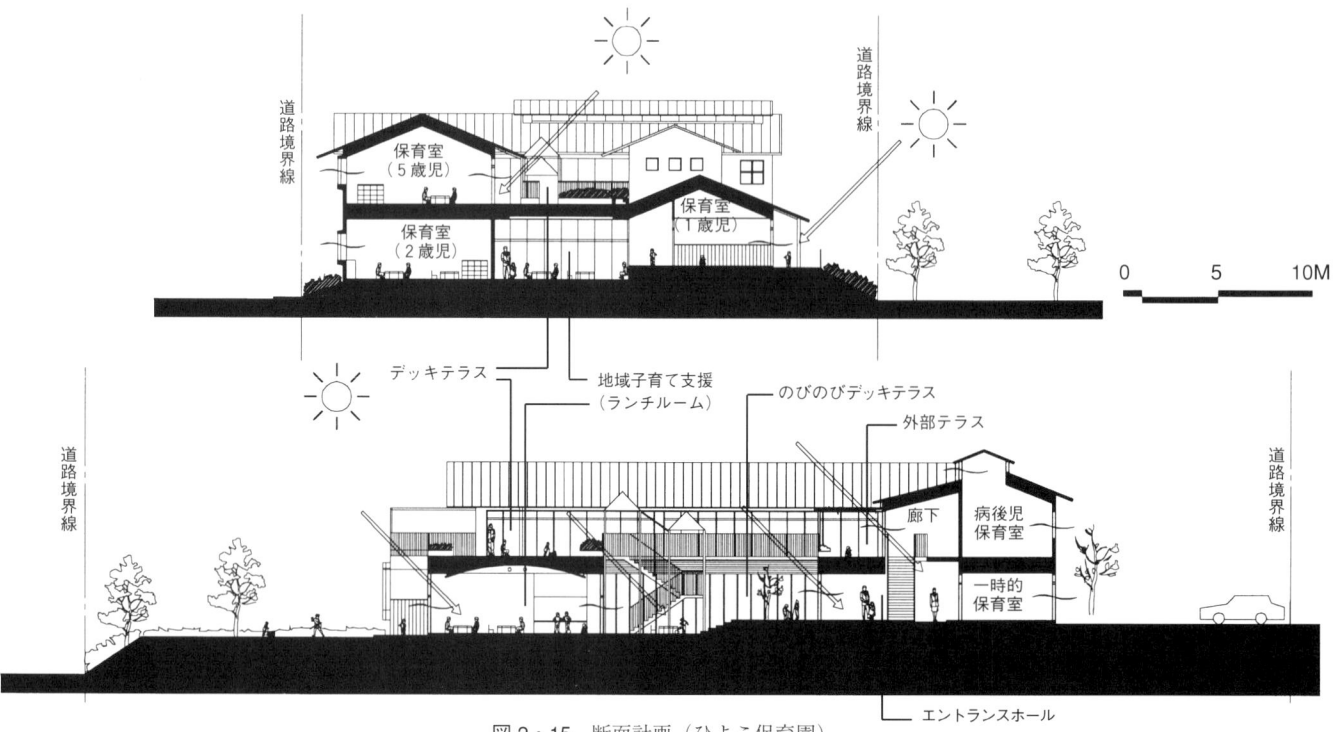

図2・15 断面計画（ひよこ保育園）

2・7 構造計画

　園舎の構造としても，木造，鉄骨造，鉄筋コンクリート造などが考えられるが，それぞれメリット，デメリットがあるので，いずれの構造方式を採用するにせよ意匠的な見方だけでなく，コストや工期をふくめた検討が必要となる。

　基本的には，幼稚園や保育所などの教育および福祉施設では，平屋で木のぬくもりが感じられる木造の園舎が望まれるが，園舎の建つ立地条件や敷地の広さ，その他様々な理由から2階や3階といった多層構造にならざるを得ない場合も多い。保育室を2階以上に置く場合は各設置基準より耐火要求を受けるため，木造とすることが難しい点もある。

　鉄骨造は工場で鉄骨を製作し，現場で組立て2次製品等で外装を仕上げていくため，鉄筋コンクリート造に比べ，鉄骨の製作期間はあるものの工期の短縮と建物の軽量化がはかれる。また，地盤の支持力によっては杭基礎となる場合に，建物が軽いほうが杭への負担も少ないので有利であるといえる。鉄筋コンクリート造に比べ，鉄骨造は部材のメンバーが小さくてすむので部屋の有効面積を広く確保できる点と，立体トラスなどを使えば大スパンも可能になるなど，構造躯体に関してはメリットが多い。しかし先にも述べたように，園舎が多層になると耐火要求を受ける場合もあるので，その場合は耐火被覆などを施す必要がある。また，鉄骨造は鉄筋コンクリート造に比べ横方向の揺れが多少あるため，外装材の選定や納まりには十分な検討が必要となる。

　鉄筋コンクリート造は，特に建物が多層になる場合は鉄骨造よりも多少工期が必要とされる。構造躯体自体に重量があるため，鉄骨造に比べると基礎にかかる負担も多くなる場合が多い。

　柱のスパンに関しては鉄骨造も鉄筋コンクリート造もスパンが大きくなれば当然柱の断面と梁断面が大きくなるので，部屋の形状と全体のバランスを考慮しスパンを決定すること。一般的に鉄骨造の方がスパンは大きくとれ，6000〜9000mm程度，鉄筋コンクリート造で6000mm前後にすることが望ましい。

2・8 設備計画

2・8・1 空調換気設備

　最近の家庭での冷暖房の普及率が著しく高くなったことに伴い，幼稚園，保育所でも冷暖房を設置する園が増えてきた。子供たちにとってより良い環境をということだが，健康上の理由からもできるだけ通風採光を確保し，自然の風に触れられる環境をつくる工夫をすることを忘れてはならない。あくまでも機械による冷暖房は補助というスタンスで設計をすることが理想であろう。

(1) 熱源

　空調の熱源としては大きく3種類に分けられる。電気，ガス，そして灯油だが，その地域によっても異なるし園の方針によってもどの熱源を使うかは分かれるところなので，園と設計の初期段階で綿密に打合せを行いたい。一般的に灯油は別として，電気を熱源とした場合はイニシャルコストは安くなるがランニングコストは高くなる。ガスを熱源とした場合はイニシャルコストは高くなるがランニングコストは安くなるということが言える。また，電気に関しては，ガスよりも安全性が高くメンテナンスが安くすむなど，十分な検討を要する。

(2) 運転，設置方式

　運転方式は，電気，ガスともに部屋ごとの個別運転が可能なビルマルチタイプが使われることが多い。基本的にはふく射式の暖房が健康的には良いが，コスト的にも高くなるので乳児室だけでも床暖房を設置すると良いだろう。床暖房を行う場合，木質系の床材は反るおそれがあるので，床暖房対応のものを使用する。設置する部屋もすべての部屋を空調するのではなく，必要最低限の部屋のみ空調を行うようにしたい。いずれにせよ，めりはりのある空調を心がけたい。

　換気については基本的には自然換気ができるよう開口部を設置する。また，吸気をとることを忘れないようにしておきたい。ただし，排気口のそばに吸気口をとると汚染された空気を吸気してしまうので，十分距離をとること。調理室などは，使用するコンロなどの熱量で吸排気に大きく影響を及ぼすため，建物の構造を含め綿密に関係者と打合せを行う必要がある。

写真2・48　空調機（FF暖房機）

写真2・49　外流し

2・8・2 給排水衛生設備

　建物のクレームでもっとも多いのが水回りである。なかでも，便器などに異物を流してしまい排水がつまることが多いので，手洗いや便器の排水には必ず掃除口を設置しておくこと。既製品の手洗いでお湯が流せないものがあるので，お湯を出したい場所および手洗いの材質等は園と打合せを行う必要がある。

　また，外部の足洗いには泥溜を設けておく必要があるが，メンテナンスのしやすさも考慮した構造としておくことが大切である。

2・8・3 電気設備

　電気を引き込む際に大きく分けて，高圧受電と低圧受電の2通りの受電の仕方がある。いずれも施設で使用する電力の容量による。高圧受電を行う場合，コストの面で大きな負担となることを認識しておかなければならない。高圧受電では変電設備（キュービクル）を設置するため，イニシャルコストおよびメンテナンスのランニングコストがかかってくる。熱源をガスとの併用を考慮し，できれば低圧で行うことが望ましい。ただし，将来的に増改築の可能性も含め検討を行うこと。ブレーカーなども予備のものを見込む必要があるかを園とよく打合せをしておくこと。

　照明計画については，基本的には自然光でまかなうことが理想だが，特に保育所では夜間利用もあり，また幼稚園でも延長保育ということが十分考えられるため，1日中照明を使用するということも考慮した照明計画を行うこと。電球には蛍光灯などのいわゆる白色だけではなく，オレンジ色の電球色を廊下やホールなどに使用し，暖かい雰囲気を演出することも忘れないようにしたい。

　コンセントの位置は，園児のいる場所では感電の危険性があるので，高さを1200mm程度高い位置に設置するか，もしくはカバー付きのものを設置することが望ましい。

写真2・50　照明

写真2・51　空調機

写真2・52　室外機

第2編
児童館

●

執筆担当

谷口　汎邦（第1,2,3,4章）
堀部　幸晴（第3章）
関沢　勝一（第3章）
大村　虔一（第3章）
谷口　新（第5章）

イラスト作成　海法一夫

●

第1章　児童館の特性と動向 ……… 40

第2章　児童館の全体計画 ……… 43

第3章　社会変化と小型児童館計画 ……… 56

第4章　学童保育の現代的課題と施設計画 … 66

第5章　児童館の計画例 ……… 70

第1章
児童館の特性と動向

1・1 児童館の位置付と役割

1・1・1　児童福祉法

児童福祉法において児童福祉の理念として，「すべて国民は，児童が心身ともに健やかに生まれ，且つ，育成されるよう努めなければならない」。「すべて児童は，ひとしくその生活を保障され，愛護されなければならない」としている。また児童育成の責任として，「国および地方公共団体は，児童の保護者とともに，児童を心身ともに健やかに育成する責任を負う」ものと定めている。

児童の定義として，児童とは満18才に満たない者をいい，
・乳児：満1才に満たない者
・幼児：満1才から小学校就学の時期に達するまでの者
・少年：小学校就学の始期から満18才に達するまでの者
としている。

1・1・2　児童福祉施設と児童館

児童館福祉施設には助産施設，乳児院，母子寮，保育所，児童厚生施設，養護施設，精神薄弱児施設，児童自立支援施設および児童家庭支援センターなど14施設がある。

児童厚生施設は，児童遊園，児童館等児童に健全な遊びを与えて，その健康を増進し，または情操を豊かにすることを目的とする施設である。

児童厚生施設の施設最低基準において，児童館等屋内の児童厚生施設には，集会室，遊戯室，図書室および便所を設けることとしている。

児童遊園等屋外の児童厚生施設には，広場，遊具，および便所を設けることとしている。

(詳細は2・1・1参照)

1・2 児童館の現状（東京都の場合）*1

1・2・1　公立小学校数と児童館数の推移

東京都（区市町村）における小学校数と児童館数の推移をみると図1・1のようになる。小学校数の低減する傾向に対して児童館数は過去12年間で漸増している。その結果として1児童館の負担する小学校の数は 2.7 から 2.2 と減少している。少子化の動向，家族における夫婦就業率の増加等さまざまな社会状況の変化が児童館の利用ニーズの増大に関係すると判断される。

平成14年4月からの学校完全週5日制の実施は，地域社会を介して学校と家庭に新しい関係の成立を促す可能性が大きい。児童館についても，本来の役割・機能がさらに増やされるとともに，学校週5日制の中で，子供の新しい活動の場として地域社会で小学校と一定の関係をもつ役割機能へと発展させる可能性を検討すべき時代と思われる。現在の児童館利用の年令構成比は，小学生が5割から8割を占める。その現場の実態からも検討しなければならない課題は少なくない。

---
*1　平成11年度および12年度「東京の児童館・学童クラブ事業実施状況」（東京都福祉局子ども家庭部）の報告資料を基礎情報として論述している。

1・2・2
児童館の施設数および規模，設備等の状況

児童館の施設数は漸増の傾向にあり，小学校数との関係は漸減の傾向にある。東京都における児童館施設の平均施設面積は区部577m²，市町村部535m²，平均面積は569m²である。(表1・1)

これら児童館は単独の場合と併設の場合があり，全619施設のうち446施設（72％）が併設施設で，その中では保育所38％，老人施設39％，5％は地域福祉センターと併設している。さらに，17％は，その他の各種施設と併設している。併設対象は1施設併設ではなくて，2種類以上の施設との併設も少なくない。(表1・2)

児童館は本来地域に分散的に配置されるもので，東京都の場合は，公立小学校2校に対応する人口構成における子ども人口に対してほぼ1児童館が対応する状況になっている。(表1・1)

1・2・3
所要単位空間機能等の状況

育成室を有する施設は88％，乳幼児専用室を有する施設が22％，障害児用設備を有する施設が43％あり，児童館の主要な単位空間機能として位置づけられている。また，屋上遊び場を有する施設37％，屋外遊び場を有する施設が44％となっている。本来児童館は子供の遊びを通しての健全育成もその重要なはたらきであると考えるならば，今後児童館の屋外遊び場は必要条件とすべきものであろう。

また，利用需要が増大する傾向にあることから所要単位空間の設置についても，現状よりもさらに多様な要請にこたえる準備が必要となろう。(表1・1)

表1・1 施設数および設備の状況等（註1）＊

	施設数 (A)	平均面積(1館当り)	構造			育成室を有する施設	障害児用設備を有する施設	乳幼児専用室を有する施設	年長児童用設備を有する施設		屋上遊び場を有する施設 (B)	屋外遊び場を有する施設 (C)	＊都内の公立小学校数(参考) (D)	(B)/(A)	(C)/(A)	(D)/(A)
			鉄筋	木造	その他				スタジオ	トレーニング室						
区部	館 489	m² 577	館 484	4	1	館 438	館 179	館 117	館 31	館 5	館 205	館 175	館 898	0.42	0.36	0.55
市町村部	130	535	128	1	1	104	88	22	2	12	25	97	487	0.19	0.75	0.26
計	619	569	612	5	2	542 (88)	267 (43)	139 (22)	33	17	230	272	1,385	0.37	0.44	0.45

註：平12.5.1現在「学校基本調査報告」 ＊：平成12年度。（ ）は％。

表1・2 併設（複合）等の状況

	単独	併設 (a)	併設の内容				(B)/619	(C)/446	(D)/446	(E)/446
			保育所	老人施設	地域福祉センター	その他				
区部	館 119	館 370	館 145	館 147	館 13	館 159				
市町村部	54	76	22	21	19	39				
計	173	(B)446	(C)170	(D)173	(E)21	197	0.72	0.38	0.39	0.05

註：複数の併設施設の場合は各区分に重複して計上してあるため，合計は併設施設と一致しない。

表1・3 活動の状況（註1）＊

	年間延利用人員					1館当たり1日平均利用人員				
	幼児	小学生	中学生	その他	計	幼児	小学生	中学生	その他	計
区部	人 2,137,241	人 9,263,009	人 574,009	人 2,426,231	人 14,400,490	人 437	人 1,809	人 124	人 504	人 2,874
市町村部	579,271	1,939,606	171,483	545,053	3,442,252	457	1,557	146	463	2,623
計	2,716,512	11,202,615	745,492	2,971,284	17,842,472	894 (16)	3.366 (61)	270 (5)	967 (18)	5,497 (100)

註：羽村市の区分別集計がないため合計欄のみ記載。そのため区分別合計と総計は合わない。＊平成12年度。（ ）内は％。

1・2・4 年間利用状況からみた1日平均利用年齢構成

東京都における1児童館当たりの年間1日平均利用状況の年齢別構成人数比をみると，幼児：小学生：中学生：その他＝16％：61％：5％：18％であり，6割以上が小学生によって構成されていることがわかる。もちろん地域・地区の人口特性による相違がある。区部でみると，小学生の1日1館当たりの利用構成比は，50％（千代田）〜77％（荒川）とかなりの差が認められる。これらの相違は各区部の人口構造における児童構成特性を基本に，児童館における単位空間機能の構成と利用ニーズの関係の反映結果とみることができる。同様に幼児の構成比をみると10％（荒川，墨田，港）〜21％（千代田，渋谷）のように区部によって幼児利用の比が2倍以上の開きをもっている。

具体的な計画・設計に際しては，計画対象地域・地区の人口構造，特に，利用児童の需要予測を可能な限り実施し，利用年齢層の構成比を単位空間機能の設定，特に面積配置，機能配置に反映させる手続きが必要である。幼児空間と小学生空間のそれぞれの領域確保は計画として重視すべき計画条件である。(表1・3)

1・2・5 児童館計画整備の方向

公設学童クラブの定員・充足率等の状況から児童館の新しい計画課題を検討する必要があろう。

児童福祉法第6条に規定する児童の放課後健全育成事業に適合する学童クラブ（公設公営，公設民営，民設民営）がある。公設学童クラブは，区市町村が直接運営する形態である。

公設学童クラブ定員・充足率等の推移を示したものが図1・2である。定員・充足率が8割を中心に増加の傾向にある。登録率の増加傾向とともに学童クラブによる児童館利用需要の増加傾向は，この点から小型児童館の新しい整備の必要を求めることになろう。小型児童館整備計画の今後の課題として地域社会の小中学校との連携から学童保育の強化？発展等を含め新しい機能計画・規模計画そして配置計画の条件の検討が必要と思われる。特に，機能計画と規模計画に注目する必要があろう。小学校と小型児童館を一定の関係として認識し，その新しい課題・条件の解明に努める意義は少なくないと考える。

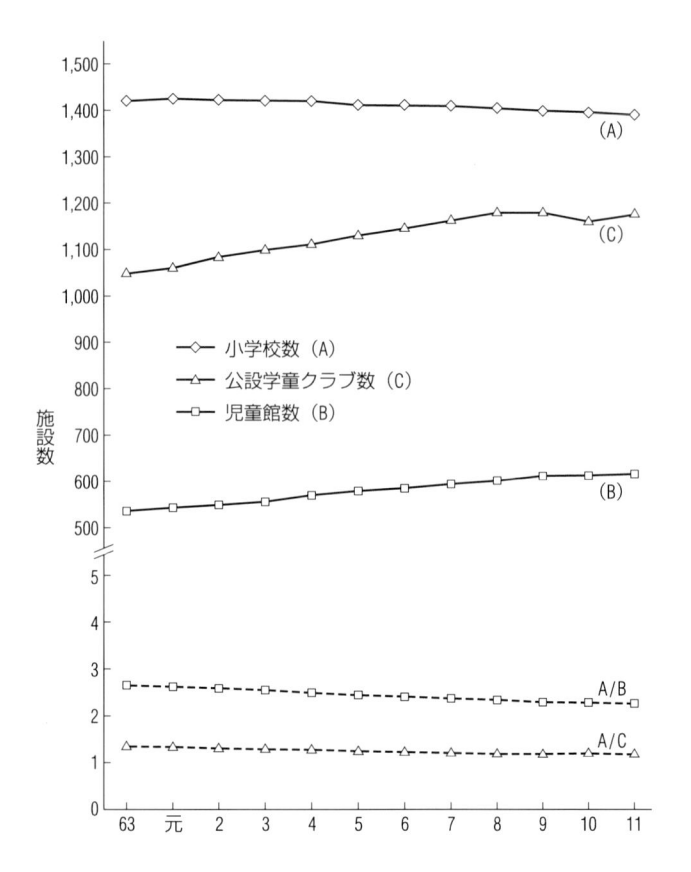

図1・1　公立小学校数・児童館数・学童クラブ数の推移

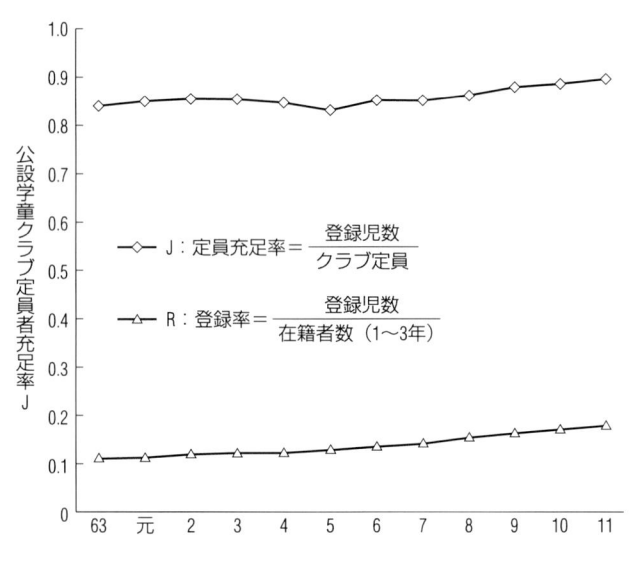

図1・2　公設学童クラブ定員充足率等

第2章
児童館の全体計画

2・1
児童館の構成

2・1・1　児童館のタイプと機能

　児童館の設置運営については，時代の変化，社会生活の多様化の中で，新しい対応が求められるようになった。

　児童館の施設・設備等の基準については，児童館が含められている児童福祉施設最低基準（昭和23年施行，平成14年まで21回の改正）において，児童厚生施設の設備基準がある。児童館等の屋内施設では，集会室，遊戯室，図書室および便所をもうけることとされている。さらに「児童館の設置運営について」（平成２年厚生省令厚生事務次官通知以後平成14年までに７回改正）がある。以下その概要を示す。

　近年，都市化，核家族化の進展，婦人の勤労の増加等により，児童を取り巻く環境が大きく変化し，さらに出生率の低下，遊び場の不足，交通事故の増加等家庭や地域における児童健全育成上憂慮すべき事態が進行していることから，児童が健やかに育つための環境づくりが児童福祉の立場から求められているとしている。これらの課題に対処するため，従来から，地域の健全育成の拠点としての児童館の計画的な整備を進めてきたが，さらに児童館体系の見直しを行うことで，「児童館の設置運営要綱」を施行している。その施設計画に関するものを中心に要件を以下に示す。

●第１　総則
目的：
　児童館は，児童に健全な遊びを与えて，その健康を増進し，情操を豊かにすることを目的としている。
種別：
（１）小型児童館
　小地域を対象とし，一定の要件を具備した児童館
（２）児童センター

　小型児童館の機能に加えて，児童の体力増進に関する指導機能をあわせ持つ児童館。

　特に，前記機能に加えて中学生，高校生等の年長児童の情操を豊かにし，健康を増進するための育成機能を有する児童センターを「大型児童センター」という。
（３）大型児童館
　原則として，都道府県内または広域の児童を対象とし，一定の要件を具備した児童館をいい，次の通り区分する。
　ア　A型児童館　　イ　B型児童館　　ウ　C型児童館
（４）その他の児童館
　　（１）（２）（３）以外の児童館
設備および運営：
　児童館の設備および運営については，児童福祉施設最低基準（昭和23年厚生省令第63号）に定めるところによる。なお，小型児童館，児童センターおよび大型児童館については最低基準によるほか，次の第２から第４までに定めるところによる。

●第２　小型児童館
機能：
　小地域の児童を対象とし，一定の要件を具備した児童館で，機能としては，小地域における児童に健全な遊びを与え，その健康を増進し，情操を豊かにするとともに，母親クラブ，子ども会等の地域組織活動の育成助長を図る等児童の健全育成に関する総合的な機能を有するものとする。
設備：
ア　建物には集会室，遊戯室，図書室および事務執行に必要な設備のほか，必要に応じ相談室，創作活動室，教養室および児童クラブ室等を併設すること。ただし他の社会福祉施設等を併設する場合で，施設の効率的な運営を期待することができ，かつ利用する児童の処遇に支障がない場合

には，原則として，遊戯室，図書室およびクラブ室以外の設備について他の社会福祉施設を共用することができる。
イ　建物の広さは，原則として，217.6m²以上，都市部で児童館用地の取得が困難と認められる場合等においては，163.2m²以上とし，適当な広場を有すること。ただし，相談室，創作活動室等を設けない場合には185.12m²以上，都市部特例においては，138.84m²以上として差し支えない。
職員：
　2人以上の児童の遊びを指導する児童厚生員を置く。必要に応じて，その条件が設定される。
＊小型児童館が，児童福祉法第24条（保育の実施）のただし書きに基づいて使用される場合（付近に保育所がない）最低基準の保育所に関する規定の趣旨を尊重すること。

● 第3　児童センター
機能：
　小型児童館の機能に加えて，遊び（運動を主とする）を通して体力増進を図ることを目的とした指導機能を有し，必要に応じて年長児童（中学生，高校生等）に対する育成機能を有するものであること。
設備および運営：
　小型児童館の設備（建築の広さに関わる部分を除く）に加えて次によるものであること。
ア　建物の広さは，原則として336.6m²以上，大型児童センターにあっては500m²以上とし，野外における体力増進指導を実施するために要する適当な広場を有すること。ただし相談室，創作活動室等を設けない場合には，297m²以上として差し支えない。
イ　遊戯室は，屋内における体力増進指導を実施するために必要な広さを有すること。また大型児童センターにあっては，年長児童の文化活動，芸術活動等に必要な広さを有すること
ウ　器材等については，児童の体力増進に資するために必要な運動遊び用の器材，体力等の測定器材等を設備すること。また，
エ　大型児童センターにあっては，必要に応じてスタジオ，アトリエ，トレーニング室，小ホール，映画等ライブラリー，喫茶室等年長児童を育成するための設備および社会参加活動の拠点として活用するための設備等を設けること。
職員：
　第2の小型児童館の場合と同様，最低基準第38条に規定する児童厚生員を置くほか，必要に応じその他の職員を置く場合にあっては，体力増進指導に関し専門的知識を有する者等を置くことが望ましい。
運営：
　第2の小型児童館の運営に掲げるところによるほか，体力増進指導の内容および方法および年長児童指導の内容および方法また年長児童が十分活動できるように開館時間等についても示している。

● 第4　大型児童館
(1) A型児童館
機能：
　児童センターの機能に加えて，都道府県内の小型児童館，児童センターおよびその他の児童館の指導および連絡調整等の役割を果たす中枢的機能を有するものとすること。
設備および運営：
ア　設備
　児童センターの設備（建物の広さに関わる部分を除く）に加えて次によるものであること。
(ア) 建物の広さは，原則として，2,000m²以上とし，適当な広場を有すること
(イ) 必要に応じて研修室，展示室，多目的ホール，ギャラリー等を設けるほか，移動型児童館用車両を備えること
イ　職員
第3児童センターの職員構成によるものとし，必要に応じ，その他の職員を置くこと。
ウ　運営
児童センターの運営に加えて県内児童館相互の連絡，連携を密にし，児童館活動の充実を図ること。県内児童館の連絡協議会事務局の設置，児童厚生員等職員の研修を行うこと。児童館活動の啓発，そして母親クラブ等の地域組織活動の連絡調整を図ること。

(2) B型児童館
機能：
　B型児童館は，豊かな自然環境に恵まれた一定地域(以下「こども自然王国」という)内に設置するものとし，児童が宿泊をしながら自然を生かした遊びを通して，協調性，創造性，忍耐力等を高めることを目的とした児童館であり，小型児童館の機能に加えて，自然の中で児童を宿泊させ，野外活動が行える機能を有するものであること。
設備：
　小型児童館の設備（建物の広さに関わる部分を除く）に加えて次によるものであること。
　またA型児童館に併設する場合には，小型児童館の設備を設置しないことができる。
(ア) 定員100人以上の宿泊設備を有し，建物の広さは，原則として1,500m²以上の広さを有すること。なお障害のある児童の利用にも資する設備を備えること

(イ) 宿泊室，食堂・厨房，脱衣・浴室等を設けること
(ウ) キャンプ等の野外活動ができる設備を設けること。
(エ) 必要に応じて，移動型児童用車両を備えること。

(3) C型児童館

　C型児童館は，広域を対象として児童に健全な遊びを与え，児童の健康を増進し，または情操を豊かにする等の機能に加えて，芸術，体育，科学等の総合的な活動ができるように，劇場，ギャラリー，屋内プール，コンピュータプレイルーム，歴史・科学資料展示室，宿泊研修室，児童遊園等が適宜付設され，多様な児童のニーズに総合的に対応できる体制のある児童館である。

　なお，職員については児童厚生員を置くほか，各種の設備，機能が十分活用されるよう必要な職員の配置を行うこととする。

● 第5　その他の児童館

　その他の児童館は，公共性および永続性を有するものであって，設備および運営については，第2のそれに準ずることとし，それぞれ対象地域の範囲，特性および対象児童の実態に相応したものであること。

2・1・2　児童館の設置体系

　小型児童館，児童センター，都道府県立児童厚生施設さらに大型児童館は，それぞれの役割・機能に応じて，地域・地区の生活空間の広がりに対応して，その利用領域が拡大される。利用者からみれば，住居の身近なところに立地すべき小型児童館から，主として地域・地区のまとまった空間に位置する児童センター，そして，これらの中軸機能をもち，より多様で大規模な機能空間を有する大型児童センターが計画される。さらに高度で多様な機能の利用に供するための広域の生活圏には大型児童館が配置されるなど，全体として児童館設置体系モデルを構築することが可能となる。(図2・2)

2・1・3　児童センター機能部門の諸室構成

　前節に示した児童館タイプの中で小型児童館は，子供たちの住居に最も身近な位置に分散的に配置されることが望ましく，地域・地区段階では，児童センターが有効に機能するものであり，小型児童館よりも多機能である。ただし，児童センターの場合もその地域の条件，設置目的に応じて諸室の構成は異なるものであり，これらのすべての諸室が計画されるものではない。重点をおくべき部門，諸室の構成を地域の利用ニーズをふまえ機能・規模条件によって選択することが大切である。児童センターの諸室の構成は一般に次のように整理することができる。(表2・1)

　これに加えて次のような屋外施設が考えられる。

　・屋外運動施設　　屋外プール，児童遊園，グラウンド，
　　　　　　　　　　遊戯スペース広場，ビオトープ

図2・1　各種児童館の特徴

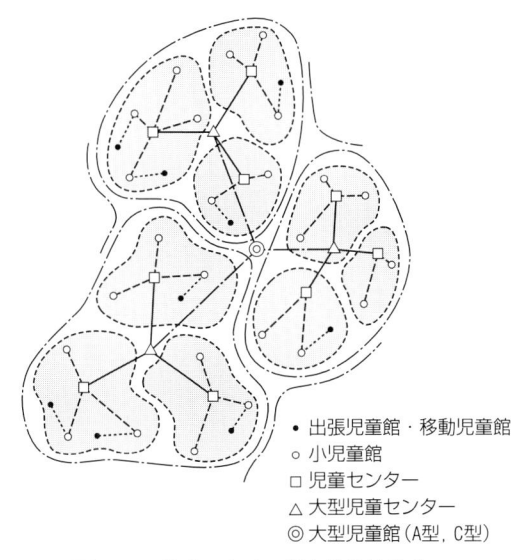

図2・2　都市における児童館設置体系モデル

表2・1 児童センターの機能部門構成の諸室

●集会・交流部門	大小ホール，集会室，会議室，研修室，視聴覚室等
●実習関係部門	図画・工作室，アトリエ，理科・科学室，音楽室，スタジオ，乳幼児室　クラブ室，遊戯室，多目的室，図書室，資料室，展示室，自習室・AVルーム，コンピュータプレイルーム
●学童保育部門（放課後児童）	学童保育育成室，指導員室，厨房，WC
●体力育成（運動指導）部門	体育室，小体育館，体力測定室，トレーニング室，屋内プール，指導員・監視室，器具庫，更衣室，シャワー室，浴室，便所，屋内プール等
●管理部門	事務室，センター室長，指導員控え室，ボランティア室，更衣室，会議室，相談室，クラブ室，静養室・保健室，食堂，厨房等
●導入部門・共用施設	エントランスホール，ロビー，多目的ホール，展示スペース，便所，湯沸室，収納，倉庫等

2・1・4
児童センター施設の機能部門の関係

児童センター規模を事例として，機能部門による機能全体配置構成の関係をみると，図2・2のようになる。

児童センターの規模によって部門内の単位空間機能の配置は異なる。部門単位の相互配置構成の原則としては，玄関ホール・ロビーを導入部門とした場合には集会・交流部門は，両部門が最も近い位置関係をもつことが大切である。児童施設の本来機能のまとまりとして最も中心となる乳幼児室や保育室は静的空間と位置付け，部門全体の計画の中でその機能を充足し得る独立した位置に配置するとともに生活諸室との関係が大切になる。児童センターの規模が大きくなる要素としては，小ホールなど集会・交流部門の設置がある。小ホールは固定席の場合と可動席の場合で収容人員数と面積規模は異なり，一般に固定席のほうが同じ収容人員数での面積規模は大きくなる。

全体配置構成としては，ホール等は別棟として全体配置することが大架構空間となるホールの建築計画として重要である。また，2層以上の建築の場合は一体的な建築として，最上階層部にホールを架構することが標準的な建築計画である。

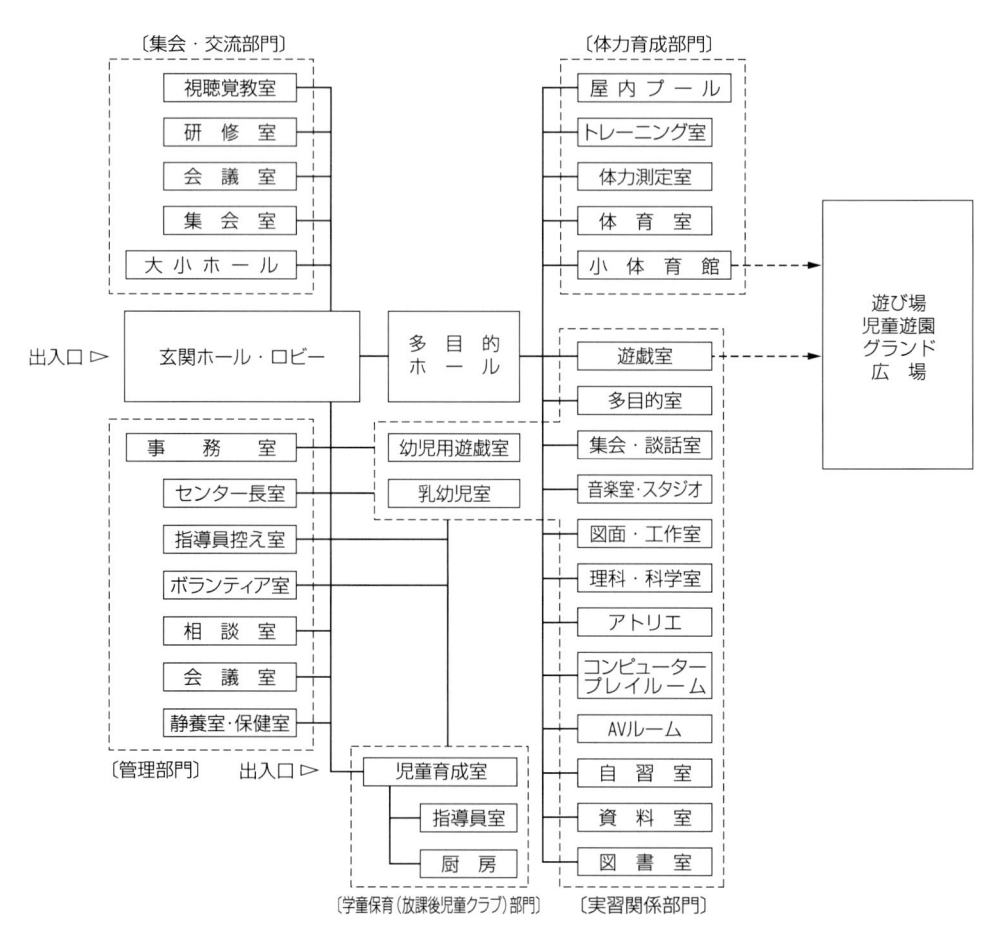

図2・3 機能部門全体配置構成の例

2・2 児童館（児童センター）の建築計画

2・2・1 敷地における児童施設の配置計画

(1) 全体配置計画の留意事項

1) 施設の正門は，施設用地の外周道路の条件にもよるが，大きな幅員の道路に接するのが一般的である。敷地における建物の配置は，正門からなるべく接近しやすいところに，主出入口玄関を設けるように考えることが一般的である。

2) 自動車の進入門は，外周道路か交差する付近は避け，歩行者の正門とは別にしたほうがよい。自動車の建物や駐車場への接近路が，歩行者路，自転車路と交差しないようにしたい。特に，サービス用自動車の動線に留意する。歩車分離の原則である。

3) 周辺道路，敷地形状と方位の関係から敷地における建築物の配置がきまる。屋内環境にかかわる主要諸室の方位の決定と敷地における建物の配置計画を同時に検討する必要がある。子供の居室は南面させることを原則とする。

4) 建物の環境確保と敷地の有効利用を同時に考え，建物，屋外運動スペース，オープンスペース，主要道路，庭園，サービスエリア，駐車場，自転車置場，その他の用途区分を明確にする必要がある。また，建物廻りの環境を保つためには，特に，計画的なオープンスペースや植樹帯とすることが有効である。

5) 屋外プールや児童遊園，グラウンドなどの活動的なはたらきのためのスペースは，その周りの余地を十分に確保することが大切である。

6) 施設が郊外にあり下水道が完備していない場合は，汚水雑排水のためし尿浄化槽を設備しなければならない。し尿浄化槽の位置は，建築平面における浴室・便所・厨房などとの関連が重要である。また人・車の動きやサービスの邪魔にならないようにすべきである。

(2) 接道条件からみた配置計画例の検討（小ホールをもつ児童センターの場合）

1) 北側道路による1接道敷地
　児童センター，小ホールへの歩行者アプローチは一ヶ所でまとめ，車両動線と明確に区別する。児童遊園を南側に配して外部からの利用アプローチを考える。

2) 北側・東側道路による2接道敷地
　歩道のある幅員の広い道路からのアプローチが一般的である。車輌入構はもう一方の道路から計画し，小ホールの道具類搬出入の空間を兼ねた駐車場スペースを確保する，南側に児童遊園等を配することが適当である。

3) 南側・東側・西側による3接道敷地
　隣接地の条件を考慮して児童遊園等は北側に設けることが考えられてよい。歩道のある道路から敷地内アプローチが一般的である。その場合，車両入構は別の道路からのアプローチとするのがよい。

4) 敷地周囲4道路接道
　大きな敷地の場合に計画されるタイプである。外部空間を十分に確保できると考えられることから歩車分離のアプローチ原則が確保されなければならない。公園等外部空間利用アプローチを複数計画する。

　これらの特徴を図2・4に示す。

(3) 断面構成（小ホールをもつ児童センターの場合）

　断面構成は，施設配置計画に関係する。敷地条件によるが，原則として低層が望ましい。施設配置平面構成として大きいスパンを求められるホール空間は，独立した構造として計画することがよい。これはホールの利用方法から見ても必要な条件であろう。立体的な構成とする場合には，ホールは最上階に設けることが一般的である。（図2・5）

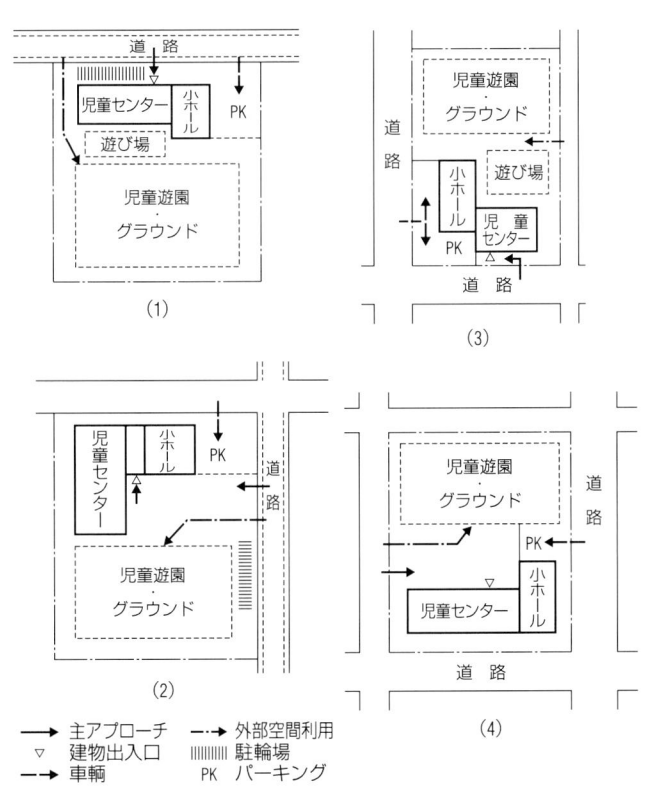

図2・4　接道条件からみた施設配置

48　第2編　児童館

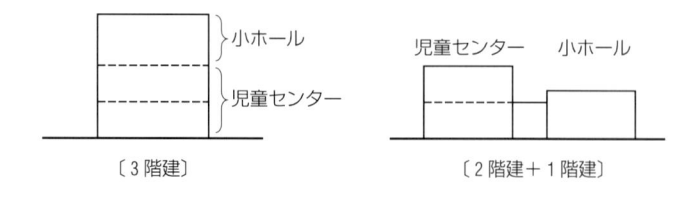

図2・5　断面構成

2・2・2　児童館（児童センター）の平面計画

(1) 配置計画の基本

児童センターの全体構成計画（ゾーニング）の基本は，主要なはたらきをもったいくつかの部門（機能のまとまり）の相互の関係を合理的に配置することからはじまる。すなわち，2・1・3で示したように，集会・交流部門（大小ホールを含む），実習部門，児童育成部門，体力育成（運動指導）部門，管理部門，導入・共用部門等がある。室構成と面積例を表2・2に示す。

基本的には小ホールは児童センターの一部門として集会・交流の機能を果たすのが前提である。しかし集会・交流部門の小ホールは，児童センターの閉館後や休館時にも使用できることが望まれる。そのため，施設の規模が大きい場合には，児童センター利用者の主出入口のほかに小ホール用の副出入口を設けることも必要である。施設の規模があまり大きくない場合には，主出入口を利用して児童センター主要部分の利用とは無関係に独立して小ホールが利用できるように動線の処理をするのが大切である。

集会・交流部門の小ホールは収容人員が100人以下で多くなければ，ホールの出入口をロビーと一体的に十分な面積をとって計画したほうが，出入口付近の動線の混乱が避けられるばかりでなく，ロビーも有効に使われる。

管理部門の事務室は，管理部門の諸室を総括することは当然であるが，施設全体を管理するという意味から玄関ホール・ロビーに一部直接面してしかも，児童の出入りが監視できる位置に設けたい。できれば，屋外にある児童遊園，グラウンド，遊戯スペースなども監視できる位置に設けることが望ましい。

児童センターを利用する児童の年令はかなり幅が広く，しかも，年令により体力差が大きいため，活動内容も異なる。乳児，幼児，小学校低学年児童，小学校高学年児童，年長児童（中学生，高校生）のそれぞれが利用する部屋を考慮し，互いの活動を妨害しないように，年令に応じた生活領域を考慮したゾーニングを考えるべきである。また児童保育部門があるときは，児童センターの休館日にも，この部分だけ利用できるように出入口を別に設けることも必要である。保育部門は，児童センターと独立して機能しても支障がないようにできるだけ独立して利用でき，また管理しやすいような位置を計画することが原則であるが，一方センター休館日にはセンター部分の一部も利用できることもよい。

表2・2の小ホールをもつ児童センターの室構成をもとにしてその配置関係として図2・6のようなものが考えられるが常に共用コア・ホールを中心に各室のはたらきとの相互関係を大切にすることが必要である。

表2・2　児童センター室構成と面積例

階	室名	面積	階	室名		面積
1階	小ホール（ホワイエ，控室，専用倉庫，客用便所を含む）	約500 m²	2〜3階	図書室		約100 m²
				絵画室		約70 m²
				工作室		約70 m²
	エントランスホール	約180 m²		AV室（視聴覚室）		約50 m²
				音楽室		約50 m²
				ミニスタジオ（2室）		計約40 m²
	レストラン	約150 m²		コンピュータープレイルーム		約50 m²
1階一部	事務室	約30 m²		アスレチックプレイルーム	A	約100 m²
	指導員室	約30 m²			B	約50 m²
	医務室	約20 m²		多目的室		約150 m²
	電気・機械室	約200 m²				
	便所	適宜		延床面積：2300 m²〜2800 m² 地上3階：RC造		
	倉庫	適宜				

出典：建設省住宅局建築指導課監修
　　一級建築士試験問題と解説（平成6年版・霞ヶ関出版）

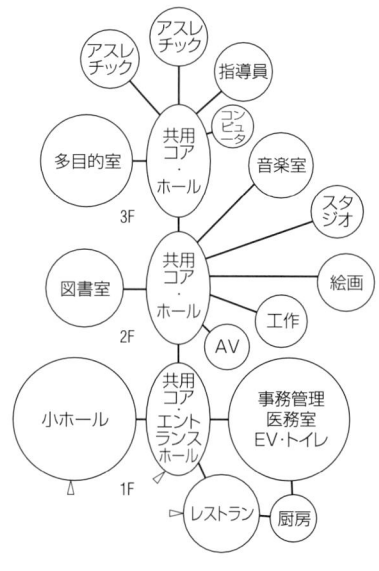

図2・6　諸室構成の配置関係

(2) 部門・各室の計画

児童センターを利用する子供の年令はかなり幅が広く，しかも，年令により身体の差が大きい。児童センターを主として利用する児童の年令を考慮して，設計寸法を設計する必要がある。階段の寸法やさらに開口部の腰高，子供用便所ブース高さ，便器高さ，家具等の寸法を適正に計画する。子供の利用する各部門の共通の条件である。

(a) 集会・交流部門

小ホール，集会室，講義室，研修室，会議室，視聴覚室，これらの諸室は集会・学習機能としてひとまとめにゾーニングされることが有効である。これらの諸室は児童センターの主たる機能（例えば育成・体育・実習など）とは独立に利用できるようにも配慮することで，地域社会の多様な需要にこたえる一般の生涯学習や地域活動スペースとなる。この場合，単位空間に可変性を与えたり，多目的空間として計画することもあってよい。いずれにせよ，これらの諸室は静かな落着いた環境であることが求められる。

小ホールを計画する場合には，多数の人が出入りする際，他の目的の機能空間に人があふれないよう，人の流れを円滑にし動線が混乱することを防ぐためにも，出入口をロビーやホールに面して設けるとともに，ホールを独立して利用できる計画とすることが大切である。

集会機能諸室は各部屋が小さく，十分な面積が確保できない場合には，2室を隣接させて設け，可動間仕切により2室を一体的に使用できるようにすれば利用効果を高めることができる。ただし，細長い空間を3室として利用する場合には，遮音機能の高い間仕切を用いるなど中央の室には音響的配慮のある仕切が求められる（図2・7）。

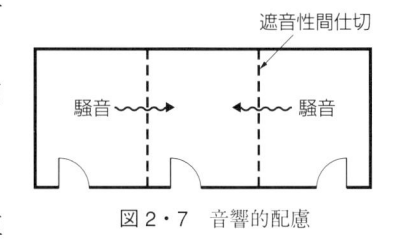

図2・7 音響的配慮

集会機能諸室の1人当たり面積は，目的とする機能をふまえて机やいすの種類，配置などによっても異なるが，一般に，収容人員の規模が小さければ1人当たり所要面積が大きくなりやすく，収容人員の規模が大きくなるに従って，1人当たり所要面積は小さくなる。大体 3.3 m^2 以上と考えたい。

また集会のタイプにもよるが，集会機能諸室が和室の場合には，椅子型に比べ1人当たり所要面積は小さく計画できる。

小ホール，集会室，講義室，研修室などのうち少なくとも一室には映写・投映設備を設け，視聴覚機能をもつ空間として利用できるように計画しておくことが望まれる。できれば2室に設備を計画することで，利用サービスを高めることができる。

(b) 実習部門

施設の全体規模が小さいときには，小ホールを除く集会・交流部門の集会室，会議室などの諸室をできるだけまとめて，多目的に利用できるようにし，実習部門を確保することに努めたい。

施設の規模が大きい場合や，実習部門が充実していて面積が広い場合には，図画・工作室，音楽室，遊戯室など活動に伴って音がでる部屋と，理科・科学室，コンピュータプレイルーム，図書室，資料室，自習室などの全体として静的な学習活動を行うスペースは，相互に活動を妨害しないようにそれぞれひとまとめにするなどの配置に考慮することが望ましい。しかし，施設の規模があまり大きくない場合には，音楽室と図書室をやむをえず近接して設けることも少なくない。

このようなときには，できれば，動的な活動に伴って発生する音が，静的な活動を妨げないように遮音性能を高めるなどに配慮したい。設計詳細の検討が大切である。

1) 図画・工作室，理科・科学室

図画・工作室は，できればベランダ，テラスなどを設け，これら屋外空間もあわせて利用できるように計画したい。施設の規模が小さい場合には理科・科学室は図画・工作スペースを含め多目的科学室のような新しい機能空間として計画することも考えられてよい。

2) 音楽室，スタジオ

音楽室は，そのはたらき上，特に，その配置には注意したい。原則として図書室，自習室など静かな環境が求められる諸室とは隣接させないほうがよい。しかし，施設の規模が小さ場合には，音楽室から音が漏れないように，設計の段階で遮音性能を十分に考慮する必要がある。

3) 遊戯室，多目的室，クラブ室

遊戯室，多目的室は，児童センターの方針，活動容などによって動的な活動から静的な活動までさまざまな使われ方をする。遊戯室，多目的室は小体育室の機能をもつことも考えられる。

幼児，低学年児童は体力的に成長期にあるため，高学年児童と同じ活動量ではない。できれば，幼児，低学年児童と高学年児童用スペースは分けて，それぞれにふさわしい遊戯室または多目的室を設けることが望まれる。

クラブ室は，児童館において，地域の子供たちが学童クラブの活動を行う場所である。このようなクラブ活動は地域の特性によっては児童センターに複数ある場合もあり，クラブ室を時間調整して使用する場合が多い。施設の規模が小さいときには，集会室や会議室と共用することも考えなければならないこともある。このような場合十分な備品のスペースがほしい。

4) 図書室，資料室，自習室，AVルーム，コンピュータプレイルーム

これらの諸室では，通常，静的な活動が行われるため，外部空間機能との関係を含め静かで落ち着いたところに設けたい。施設の規模が小さい場合，これらの機能を図書室と資料室，自習室をひとまとめにするなどセンター化することも考えられてよい。

5) アトリエ，スタジオ

通常，大型児童センターに設けられるもので，中学生，高校生の年長児童が利用することを想定している。原則として，年長児童の使用する部屋は，小学校低学年や幼児が使用する領域スペースから分離したい。

6) 乳幼児専用室

乳幼児室は，通常，母親が同伴して利用する。できれば，幼児用の遊戯室等に隣接して設けたい。乳幼児は，一般の小学生と活動量が異なるため，児童領域とは区分させる。管理部門の事務室に近接して設けることが多い。母親等同伴者のためのスペースやコーナーが必要である。

(c) 学童保育部門（放課後児童クラブ部門）

1) 保育室，指導員室，厨房

学童クラブ室，学童保育室は本来の児童館機能とは別のものであるが，児童センターに併設されることも多い機能である。したがって，児童センターの休館日にも利用できるように，別の出入口を設けるなど考慮する必要がある。ここでは，留守家庭対策として，学校の放課後に主として小学校低学年の児童の日常生活を支援している。日常の家庭生活の延長として育成室，指導員室，静養室，厨房・湯沸室等が必要となる。（図2・8）（第4章参照）

(d) 体力育成部門

体育館アリーナ，体育室などのように天井の高い比較的大きなスパンを必要とする建築物と，一般的なスパン6m～7mくらいのもので架構が可能なスペース諸室をまとめる場合，大スパンのものは独立した構造として計画し，これに接して，標準的スパンの諸室群建物を直接結びつけるか，大スパンの建築を上部にして下部に諸室群をまとめるかの大きく二通りの構造計画方法がある。大スパンアリーナとプールの組合せの場合は，一般に上部に体育館アリーナ，下部にプールを設け，室内環境設備スペース・浄化設備室等の合理的な配置計画とすることが一般である。（図2・9）

1) 体育室，体育館，体力測定室，トレーニング室

体育館アリーナは，実技種目によってその大小が決められる。体育館，体力測定室，トレーニング室は，標準スパンの建物の中で計画できるが，体力室では天井高さに留意する。

2) プール

プールの標準規模寸法などを図2・10に示す。プールの周辺のスペースは，準備体操，学習などのスペースとして，ほぼプール水面部分と同じ面積規模以上であることが望ましい。

3) 更衣室，シャワー室，便所

体育スポーツを行うゾーンには，アリーナ，トレー

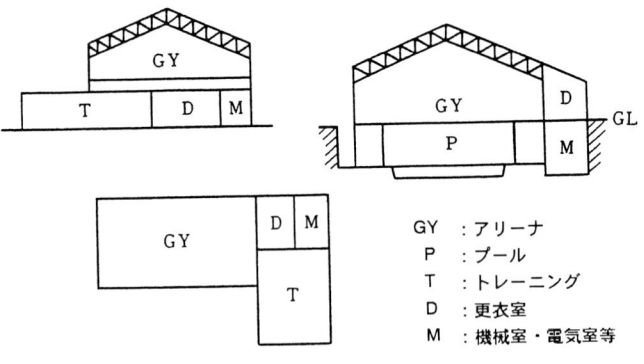

図2・9 体育施設の配置例

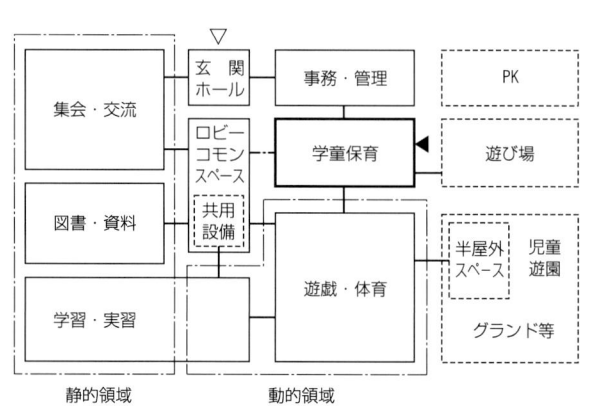

図2・8 学童保育の位置付け

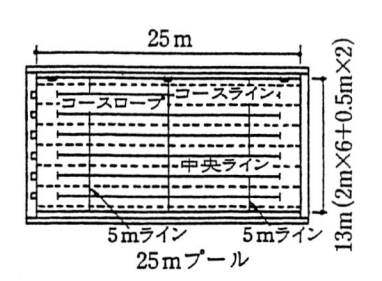

図2・10 25mプール

ニングルーム・体力測定室，さらにプールなどに欠かせない更衣室（ロッカールーム），シャワー，浴室，サウナ，手洗い，足洗いなどの諸設備スペースが設けられる。これらを経由して，体育・スポーツ浴室に出入りする。一般に更衣室などはひとまとめにして，出入口から男女別スペースとすることが大切である。

更衣室まわりの計画について次のことに留意する。

まず，更衣室の位置は，当然のことながら，体育館アリーナ，プール，その他体育・スポーツ実技を行うスペースに直結するところに計画する。更衣室まわりのスペースとしては，はきかえロッカー，更衣ロッカースペース（含む更衣コーナー），休息スペース，洗面化粧室，手洗い便所，浴室シャワー，さらにプールに接して洗眼コーナー，足洗い台が男女別にそれぞれ用意される。（図2・11）

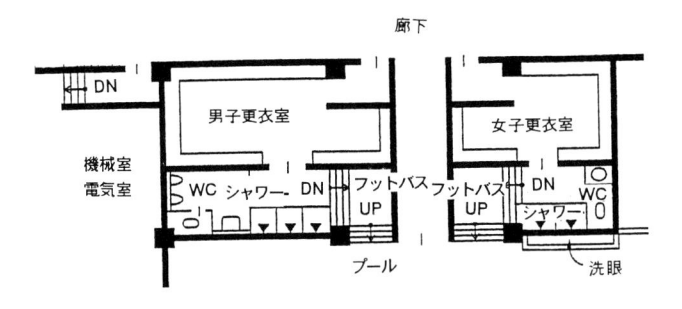

図2・11 プール更衣室まわりの計画

なお，屋外スポーツ施設が計画される場合でも，シャワー室を設けることは必要条件である。この場合，直接，屋内からとともに，屋外からも出入りが可能な位置と平面を考えること，便所を併設することも必要である。

(e) 児童遊園，グラウンド，屋外遊戯スペース

児童遊園は厚生労働省管轄の施設で，国土交通省管轄の児童公園とほぼ同じ機能を果たすと考えてよい。

通常，屋外遊戯スペース，すべり台，ぶらんこ，砂場，便所などが設けられる。遊戯室や体力育成室との連続性を重視すること。屋上に遊び場を設ける場合，直接避難できる外部階段やスロープの計画が必要である。屋内遊戯室に連続する屋外テラスに屋根を設けて半屋外空間にすることも有効である。遊具寸法を図2・12に示す。

(f) 管理部門

1) 事務室

事務職員が長時間仕事をする場所であるので，居住環境のよい場所に位置させることが望ましい。しかし，必ずしも南面である必要はない。

事務室は玄関，ロビー，ホールなどに近い位置にあり，それらの場所を見渡せることが必要である。

玄関での受付事務とひとまとめにして計画するほうがよい。事務職員1人当たり5〜6m²の規模で考える。

従業員のための休息室，更衣室は事務室に接して計画する。

2) センター長あるいは館長，応接室

管理部門の一部として，事務室に隣接させたい。もし，全体の平面計画上，隣接させることが不可能ならば，両者のつながりを十分考慮して計画すべきである。館長・応接室はできれば，玄関，ロビー，ホールに直接面するのではなく，管理・事務部門を通してアプローチするように少し奥まった位置に設けられるほうがよい。

3) ボランティア室，指導員室

児童センターでは実習，体力増進指導などでボランティアに頼っている場合が多い。施設の規模が小さく，ボランティアが活動する範囲が主として実習部門に限定される場合は，ボランティア室を実習部門に設けることが考えられる。しかし，施設の規模が大きく，ボランティアが活動する場所が施設内に分散している場合は，ボランティア室を管理部門に設けることが望ましい。

児童センターには職員として体力増進指導に従事する知識技能者をおくことが義務づけられている。

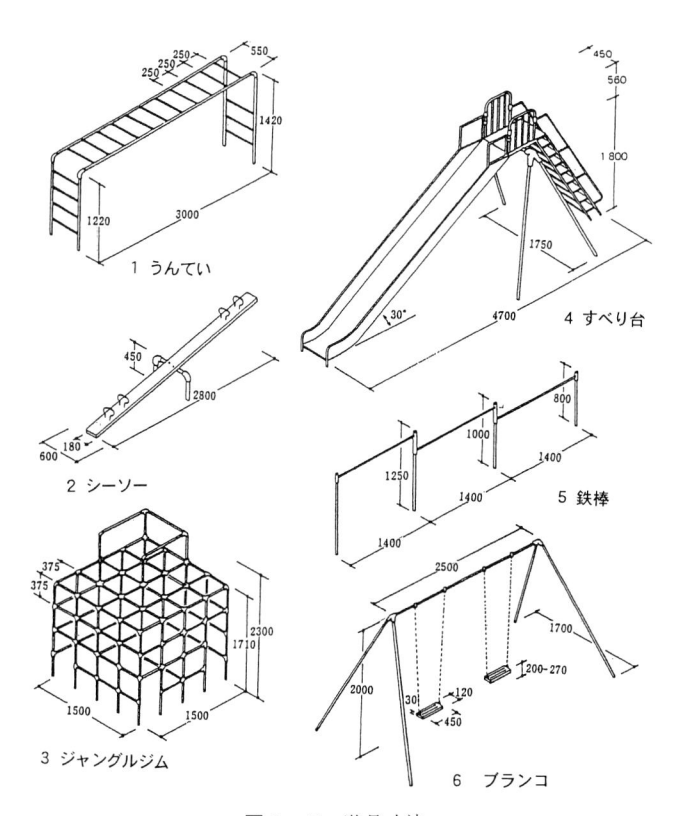

図2・12 遊具寸法
（出典：日本建築学会編建築設計資料集成2　丸善）

通常，体力増進指導等の職員が控えているスペースは事務室内にある。施設の規模が大きく，体育施設が充実しており，体力増進指導の職員が数名以上いる場合，指導員控え室を設けることも必要である。指導員控え室を設ける場合，事務室に近接して設けることが望ましいが，子供たちの生活にも接しやすい位置に計画することも大切である。

4）会議室・相談室

相談室は，「家庭児童相談室設置運営要綱」や「児童家庭支援センターの設置運営要綱」等の主旨に基づき，家庭における児童の育成に関する諸問題について相談に応じるところである。

施設の規模が小さい場合，管理部門の会議室と相談室を兼用することが考えられる。また，会議室とボランティア室を兼用することも考えられてよい。

5）静養室・保健室

屋内，屋外に体力増進のための体育施設が充実している場合，静養室・保健室を設けることが望まれる。施設の規模が小さい場合は，静養室を和室にして，他の機能と兼用することも考えられる。

(g) 導入部門および共用施設

1）出入口

児童センター利用者および小ホール利用者の主出入口と，職員の通用口（兼サービス用）の2つが少なくとも必要である。保育部門があるときは，児童センターの休館日にも，この部分だけ利用できるように出入口を別に設ける必要がある。

職員の通用口から事務室への動線はできれば短くしたい。例えば，事務室に行くのに，ロビー等を横切ったりして施設利用者の動線と交差するような位置に通用口を設けることは避けたい。

施設利用者の主出入口は事務室内の受付から出入りがチェックできるような配慮が必要である。

2）エントランスホール・ロビー

外部からの接近性がよいとともに，小ホール，児童センターの諸室などの中心的な位置に設けたい。

エントランスホール・ロビーは多数の人が同時に出入りする可能性があるので，ゆとりをもった大きさが望まれる。そこは，待合，休憩の場所であり，団体の利用者の集合の場所でもある。十分な規模があれば，いろいろなはたらきを与えることができる。

3）多目的ホール

一般的に多様な活動が行えるよう近接する機能を拡張したものや，目的とする諸機能の共用スペースとして次のような機能配置として計画するタイプがある。

すなわちエントランスホール・ロビーと連続して，または一体的に設けて交流，展示等の共用機能に供する多目的ホール，また，たとえば実習部門の諸室の共用空間として，諸室の中心的な位置に配置し，実習機能の共通資料や展示スペースに供する多目的ホール等がある。

4）便所，シャワー，浴室，洗濯室 等

共用部門の諸室がいくつか設けられている階には共用便所が必要である。共用便所はわかりやすい位置に設けられることが大切で，ロビーの近くにある場合には雰囲気をこわさないように配置したり，前室を設けるなどの配慮が必要となる。男女別の車椅子用便所の計画が必要である。子供用については，特に体位に応じた寸法（大きさ・高さ等）を計画し，また，指導員ら成人が常に監視できるよう見通し，位置に留意しなければならない。

洗濯室，更衣室，浴室，シャワー室は，設備配置計画上十分注意を払わなければならない。特に利用年令層，性別等を十分に考慮してその位置・規模・機能を適切に計画する。したがって施設全体として計画する場合の条件と，各単位空間に対応する場合とで，計画の留意点は異なる。特に保育室等子供の生活に直接する場所では，年令に応じた細かい計画・設計を行うことが大切である。

更衣室は，浴室の前室であるとともに，入浴後の休息する場所としても利用できる大きさや設備があるとよい。

浴室内にシャワーを設けることのほかに，入浴はしないがシャワーだけですませる利用者のために，シャワールームについては，子供用についても十分配慮して計画する。

5）食堂・厨房

食堂部分の規模は，同時に利用する人数によって決まる。

食堂の規模にもよるが，厨房部分では調理場とともに，材料倉庫（食品庫）・貯蔵室・冷蔵庫，調理人の休息室，さらに専用便所などが同時に計画されることが望まれる。上階にも食堂部分がある場合は，運搬するリフトの準備が必要である。複合機能として食堂を設ける場合，外部利用を条件とする場合でも，カウンターは原則として一ヵ所で行えるよう，その位置と出入口の関係を工夫し，直接外部からも利用しやすい配慮も必要になる。

2・3 児童館の環境設備計画

2・3・1　環境設備の種類

環境設備としては，次のものがあげられる。
1) 空気調和設備（空気調和，換気）
2) 衛生設備（給水，給湯，排水，浄化，ガス）
3) 電気設備（受変電，自家発電，照明）
4) 防災設備（消火栓，火災報知器）
5) 情報通信・情報処理機能
6) 昇降機（エレベータ，エスカレータ，ダムウェータ）

2・3・2　環境設備計画

(1) 空気調和設備

室内環境を快適なものとするために，室内の空気に適当な温湿度や気流を加えると同時に，粉塵・細菌などを取り除いて空気を清浄にする。

1) 空気調和設備の構成（図2・13）
2) 所要面積…延床面積の3～5%
3) 天井高…通常の部屋より高め（4～4.5m）にする。
4) 空調機械室の位置
   ・地下に設ける場合…機械の搬入，外気の取り入れ，排気が可能なこと，ドライエリアを設けるとよい。
   ・最上階に設ける場合…騒音・振動に注意する。
   ・各階に分離する場合…騒音・振動に注意する。
   ・シャフト（ダクト，給排水パイプ，配線，煙突）
     シャフトは，特殊なものは除き，上下階を貫通するため，各階同じ位置に配置する。煙突は，煙道をなるべく短くするように，空調機械室（ボイラー），電気室（発電機）の近くに設ける。

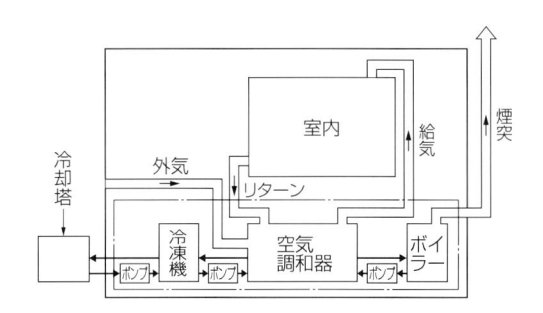

図2・13　空気調和設備の構成

(2) 衛生設備

衛生設備では給水設備，排水設備について建築平面計画上その位置，規模（面積）など建築的合理性について注意する必要があり，屎尿浄化設備については敷地内における屎尿浄化設備の位置と面積を考慮する必要がある。

1) 給水設備
   ・水道直結方式（水圧が低い場合は不可）
   ・圧力水槽方式（受水槽，加圧ポンプ）
   ・重力給水方式（受水槽，揚水ポンプ，高置水槽）
   受水槽
   高置水槽…最上階の床面より5m以上の位置に設ける。
2) 給湯設備
   ・局所方式（瞬間湯沸器）　　・中央方式
3) 排水設備
   ・汚水……便所……屎尿浄化槽　　・雨水
   ・雑排水……洗面・浴室・各種流し
4) 屎尿浄化
   一般に公共下水道のない場合，屎尿浄化槽を設ける。
5) 計画上の留意点
   ・浄化槽の上部は，他の用途に利用しないほうが無難であるが，駐車場などに利用することもある。
   ・腐敗タンク方式では，排気管から臭気が出るため，建物内に直接臭気が入るおそれのあるところはさけ，風通しのあるところに設ける。
   ・ばっ気方式では，ばっ気装置の機械音に注意する。
   ・汚泥くみ取りや，清掃作業をするための作業車の出入りが可能なところに設ける。

(3) 電気設備

電気設備は，以下のような室構成がある。
1) 電気室…受変電室，自家発電室など
2) 所要面積…延床面積の1～2%程度である。
3) 計画上の留意点
   自家発電室から排気煙突までの距離は短くする。
   機器の搬出入ができること。
   出入口扉は，防火戸とする。

(4) 防災・防犯センター

児童館の規模が大きくなり，また外部空間における子供の遊戯設備等が充実してくると建築内部防災・防犯とともに，外部空間における日常的な防災・防犯については特に

子供の施設であることに留意した対策が必要である。一般に防災センターの設置は，大規模建築に多かったが，子供の利用する建築としては，一定規模以上となればその総合的安全性の確保のための要件とするべきである。

(5) 情報通信・情報処理機能

児童館のうち都道府県レベルで地域中心的役割をもつ大型館では，児童館全体のネットワーク機能として，情報通信・情報処理機能センタースペースを計画の対象とする意義がある。防災・防犯システムにも欠かせない。

(6) エレベータ

施設内容および計画規模から高層建築にはならないため，原則として，低層の場合，乗客用エレベータは必要としないが，近年，バリアフリー環境の要請が高まる中，身障者，高齢者などの利用を考慮した場合には低層でも必要となる。また，2階以上に収蔵庫や展示室がある場合には，貨物運搬用のエレベータが必要である。

児童館の規模が大きくなったり，小ホールが上層階に計画され高層化された場合，またさらに複合機能施設となった場合には，原則としてエレベータ設備を計画しなければならない。この場合エレベータの位置は，小ホールが夜間や休日に独立して利用されることを考慮して，有効に利用される配置計画でなければならない。

ロープ式および油圧式エレベータのエレベータカゴ寸法等は表2・3のようである。

断面寸法形状はロープ式と油圧式で，図2・14のようになることをふまえて，平面・断面図に示す必要がある。

ロープ式のエレベータ機械室寸法は断面とともに計画する。

(7) 機械・電気設備室等の面積合計

機械設備室，電気設備室，情報センター，防災センター等の面積合計は近年の建築環境設備性能の高度化やIT化等の動向の中で増大しつつある。合計面積としては延床面積に対して10〜15%以上になってきている。

表2・3
乗用エレベータの平面寸法（規格型）

最大定員	かごの内法寸法 間口A×奥行B	出入口幅	昇降路内法寸法 間口X×奥行Y
11人（車椅子用の最小型）	1,400 × 1,350	800	1,850 × 2,050
13人（誘導的基準）	1,600 × 1,350	900	2,150 × 2,150

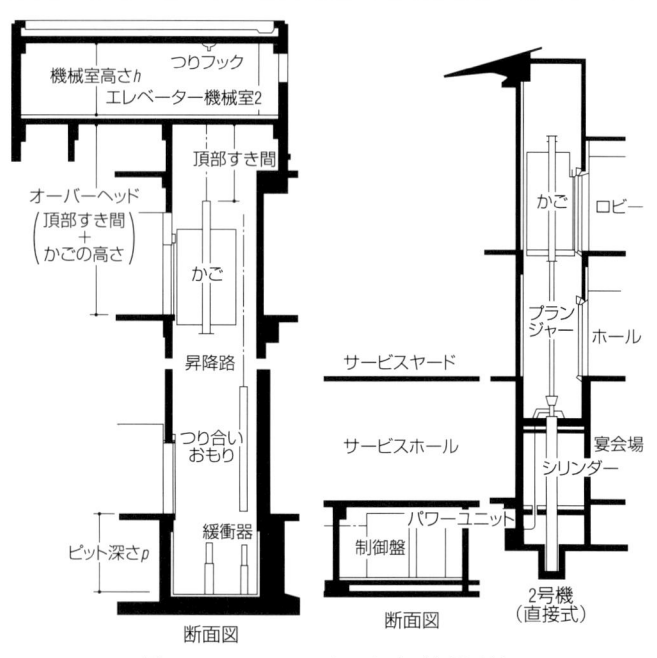

図2・14 エレベータ・タイプと諸寸法

2・4 災害安全および避難計画

小ホールをもつ児童センターは，多数の児童が小ホール，集会室，実習室などを利用するので，災害に対する安全が十分に計画され，管理運営される必要がある。

1) 全体計画，断面計画において，昼夜間の火災・地震に対する総合的な安全性，避難対策が必要となる。

二方向避難が計画され，日常の利用に供している階段，通路が，そのまま安全な避難ルートになるように計画されることが重要である。建築基準法上の条件を十分に満たしていることとともにさらに，余裕のある安全性が満たされる平面計画，断面計画であることが必要である。

2) 集会・交流部門においては，小ホールなどに多数の子供たちや成人の聴衆がいるので，避難計画には十分の配置が必要である。ホールや大集会室から，直接屋外に避難できるように配置する。そのための外部階段の計画が欠かせない。

3) 育成，実習部分については，非常出口や防火戸の計画によって，避難や，火災時の防焰・防煙に有効な対策をたてることが必要である。避難階段はわかりやすく避難できるような位置と大きさになっているとよい（ただし，これは日常の防犯に対して弱点となる場合もあるので注意が必要である）。

4) 複合施設として，建物内の食堂がある場合も，防災上

の注意が特に必要である。一般的にみれば1階部分に食堂がある場合は，安全性が確保しやすい。消防活動も容易な条件を得られやすい。しかし，上階の階段と直結する平面型の場合には，階段室が煙道にならないような計画上・設備上の配慮が特に必要である。

5）食堂関係全体面積の約4割程度を占める厨房部分は，いろいろな点で火災発生部分になりやすいので，直接外部から出入りできるようにする。また，消防車が敷地に入れるよう，最低スペースをバックヤードに計画することが好ましい。

6）食堂部分が2階以上にある場合は，近くに直通階段を設けることが有効である。また，バルコニーの設置も有効である。

7）展示スペースなどは資料が倒れ，散乱して交通不可能になりやすい。通路幅を十分とるとともに，展示資料が転倒しないようにすることが大切である。通路の幅は，一般には1.8〜2.5m程度であるが，展示スペースも兼ねて3〜5mぐらいにすると避難計画上も有効である。

8）避難用出口は，日常の利用者用主要出入口のほかに，管理部分の出入口も利用する計画が必要となろう。この場合，施設利用の子供たちがその避難ルートを利用できるよう，ガイドが必要であるが，日常の防犯管理上の注意も必要である。

9）災害時の人的被害は，最近，煙の毒性によるものが著しく多くなった。避難ルートが確保されていても，防煙が十分でなければ安全ではない。

　各室と廊下のさかい，廊下の途中部分，階段室の入口など，避難上の大切な部分では，垂れ壁，防煙戸など必要に応じ安全性を確保する対策が重要である。

10）地下室の排煙は困難な場合が多いので内装上の注意，排煙・排水設備が計画されるとともに，できるだけ天井高を高くし，ドライエリア，ピット，階段等が計画的に整備される必要がある。

11）精神的に異常な状況になった不特定多数の人間が，安全に避難ができるような条件は，多数の人の反射的な行動に対しても安全であるため，その動線ルートや環境が単純明快であることが大切である。したがって，災害避難のための特別な動線ルートを日常は利用しない形で準備すること以上に重要なことは，日常，使いなれた廊下，階段，スペースがそのままの形で安全な避難ルートになっていることである。したがって曲折の多い迷路のような廊下，通路は，スムースな人の流れを妨げるものできわめて危険なものであり，避けるべきである。これまで火災による大きな被害を出した原因の一つに，増築による動線の不明確さや，不必要に長い通路そして方向を見失う斜め通路系などがあった事実がこれを示している。

12）建築の平面計画で，片廊下形や中廊下形は，必要な廊下の幅員と階段が計画されていれば比較的避難のしやすい形である。さらに廊下端部に外階段が準備されることは望ましいが，外部に十分なスペースがとられることも必要である。

13）一般にエレベータは集中されることで日常の動線に有効であるが，災害避難時には絶対利用しないことになっている。階段は分散配置が原則であることはすでに述べたが，階段までの歩行距離が適正であること，かつ明解であることが必要である。

14）避難行動は，一度に完全に安全な場所に到達することは望ましいが，現実には困難なことが多いので，一次避難，二次避難と段階的に，より安全な場所に到達するシステムをつくることが重要である。展示室および集会施設の避難動線を平面計画の際に検討することを忘れてはならない。

15）子供たちを安全に避難誘導するためには，子供たちを先導する指導者の役割は極めて大切である。地震時には直ちに机の下にもぐらせたり，火災煙から子供たちを守り，安全に先導する方法を日常訓練しておくことが欠かせない。

第3章
社会変化と小型児童館計画 [*1]

3・1
小型児童館計画の新しい要件

3・1・1
社会の変化に対応する児童館計画の必要性

　21世紀に入って我が国の社会経済は，過去50年の右上りの成長化とは異なる構造的な変化の過程にあり，安定した経済社会に到達する予測は現段階では容易でない。しかし，子供の育成環境や学習環境の条件整備については，時代を越えて変らないものと，時代の変化に対応しなければならない要件があることの確認を常に継続する必要がある。特に，学校週5日制が完全実施され，新しい学習指導要領による学習と生活が展開されるようになると，休日の使い方が子供たちのひとりひとりの条件としても浮上し，多様な新しい生活ニーズが地域社会の問題となってきている。また，少子高齢化の進行と女性の社会進出の拡大は，成長期にある子供の日常生活の居場所の在り方についての検討を求めてきている。子供の生活圏は，その年齢に応じた物理的社会的空間領域があり，その領域に望ましい子供環境が整備されることが大切である。各種地域施設の中で地域社会の日常生活に密着し，しかも時代の変化の影響を受けやすい地域分散型の施設として小型児童館は，常に利用ニーズの変化に対応できることが必要であり，利用の向上を図るべきものであろう。特に地域コミュニティーの生活に直接かかわる小型児童館の計画では，地域の特色とその需要に応える機能計画，規模計画そして配置計画が大切である。変化への対応計画の基本的特徴をみると表3・1のようになろう。このような観点から，児童館計画・設計後の利用特性の把握を行い，その時代経年による特性の不易（変らない条件）と流行（変化する条件）の確認を行うこは，今後の児童館のリニューアル計画の方法，計画条件の再確認，そして設計への適用に資するものとしてその意義は大きいものである。

表3・1　変化に対応する小型児童館計画の基本要件

	基本要件	社会経済変化への対応
機能計画 乳幼児 幼　児 児　童 生　徒	・年齢層に対した機能の設定と重点化の確認 （例）学童保育との統合化	・不易の機能と流行の機能への機能変換のためのフレキシビリティ空間計画 ・学校週5日制による新しいこども居場所
規模計画	・目的とする主機能のための規模の適正化	・目的機能自体の質的向上をめざした収容人員1人当たりの面積規模の拡大 ・機能附加による規模拡大
配置計画	・主たる機能に対応した利用圏設定による配置の確認 ・段階構成による効果的配置	・利用者層人口の変動による機能需要の変化と統廃合計画 ・複合化による小型児童館数の増設計画 ・小学校区との関係1：1等

[*1]
　第3章は，日本建築学会「地域施設計画研究18」2000年7月に発表された論文「世田谷区立山野児童館利用者の利用圏域・交通手段・利用頻度および滞留時間の研究——地域施設として設計された児童館利用実態調査（16年前後の比較）その1　堀部幸晴，佐藤直樹，岡田直人，関沢勝一，大村虔一」および同学会「地域施設計画研究19」2001年7月に発表された論文「世田谷区立山野児童館の内部空間の使われ方に関する研究」——地域施設として設計された児童館利用実態調査（16年前・後の比較）その2　堀部幸晴・佐藤直樹・関沢勝一・大村虔一」の内容を基礎情報として確認，関沢，堀部ならびに本書編集主査の谷口らが，社会変化に対応する地域施設としての小型児童館の計画ならびに設計のプロセスについての基本的考え方，一般的な計画・設計条件の在り方，さらに今後の小型児童館計画の展望を含めて再構成し改めて論述したものである。

3・1・2
社会変化を把握し計画条件を解明する必要

(1) 地域・地区のニーズに応える特色ある分散型地域施設としての小型児童館

今日、子供を取り巻く環境は、社会や家族の変容によって大きく変化し、IT化進展の影の部分として、新しい教育の課題を生み出している。

子供の主体的な自己育成・啓発機会の場である「遊び」が子供の教育プログラムや成育環境の中で軽視されていることにも関係すると思われる。今後の高齢社会を担う子供たちの健全育成は、子供時代にいかに創造的で主体的な活動（遊び）を行っているかどうかによって大きく左右されるであろう。高齢化社会に向けての備えは、高齢者の施設の充実を図るとともに、高齢社会を支える子供たちが将来に向けて創造的で主体的な成長を遂げることのできるような新しい環境創出にも目を向けることである。そこでは、児童館が子供の多様で主体的な生活が展開できるよう地域が支援する施設機能をもつ重要性が高まっている。住民の生活にこたえるため最も身近に存在することが必要な小型児童館では、住民の個別の生活の変化から生ずる新しい利用需要にきめ細かくこたえるために、小型児童館の基本となる機能とその内容構成について地域ごとの利用者ニーズに直接こたえる計画条件を解明する必要がある。すなわち、地域・地区のニーズにこたえる特色ある分散型地域施設としての計画とすることが求められる。

(2) 児童館の建築計画条件の変化をとらえる要素の確認

過去50年余、我が国の社会経済の変化は建築計画にもいろいろの条件変化をもたらしている。公共的地域施設は機能計画、規模計画、そして配置計画について、それぞれ社会環境の変化に伴う計画条件の変化を確認する必要がある。小型児童館の場合、地域分散型の地域施設であることから、対象となる地域地区のそれぞれの特色や、施設に対する住民の利用ニーズをきめ細かく計画・設計に反映させることが求められる。このためには、設計の前提となる建築計画条件の把握は欠かせないものとなる。すなわち地域・地区の生活・利用住民のニーズを調査分析し、計画条件として抽出することが求められる。その一環として過去の5年、10年、15年、20年等の時系断面で当該施設の使われ方の分析を継続的に実施することが重要である。一般に、その主要なものを掲げると以下のものがある。

1) 地区人口構造：年齢別・性別・人口数、対象人口密度・分布、世帯当たり家族人員数等の変化傾向、潜在利用人口
2) 小型児童館の利用構造の特性：利用圏、利用者層の特性、利用圏域のアクセス方法、利用圏域内の交通システム、アクセス時間、年間利用者数、年間利用者の季節変動、年齢層別生活内容、利用頻度、滞留時間、附添特性等
3) 児童館利用内容要請（たとえば学童保育需要の位置付け等）
4) 地域・地区内の局地的な社会変化、例えば超高層集合住宅の建設による児童館の急増

3・2
利用機能設定過程

3・2・1
住民の計画参加を導入した利用機能設定システム

小型児童館の機能は、対象とする利用圏に居住する利用者層の年齢構成をふまえた共通の利用ニーズを中心にその主たる機能の設定を行うことが大切である。この機能設定については、利用対象住民の多様なニーズを適切に把握する調査分析を実施する必要がある。この場合に、利用者層の中心が主に幼児・児童であり、我が国全体としては2007年以降人口減に転ずる状況をふまえ、利用年齢層の自然・社会増減傾向を予測し、5～6年先の年齢構造の変化にも考慮した機能計画を行うことが求められる。このためには、計画当初より、利用者保護者の参加を含め地域住民のニーズ、意向を客観的に評価導入して計画条件化するシステムを確立する必要がある。

その事例として計画上有益な成果を得た事例を紹介する。1980年にはじまり1982年に竣工したS区立Y児童館の計画設計過程では、地域のボランタリー組織の要請により施設誘致が決まり、基本設計時に住民参加方式をとって建設された。その設計方針は、子供の日常の主体的遊びが展開できるように、従来のホール等の共用部分を中心に各部屋が構成されるのではなく、職員が子供の遊びを誘発したり、見守ることを前提とした空間構成になっている。

また、子供の主体的遊びに欠かせない地域住民の参加に

58　第2編　児童館

よる運営方法を採用している。利用児の保護者を含む地域住民の参加方策については，学校区と小型児童館の利用圏の重なりの程度によって異なるが，全体として，学校区と小型児童館利用圏の空間的広がりを包括し多様な交流を促すよう努めることが望ましい。標準的な従来型の機能をふまえて，さらに地域・地区の特性と利用需要に応える新しい機能の検討が求められる。このためには，利用層の特性を総合的に把握する必要がある。大都市市街地区では特にこの状況の把握が必要である。

3・2・2　小型児童館利用人口の動態把握

　小型児童館の機能と規模を特徴づけるものは，利用者数とその年齢構成別の動態変化である。小学校区に対応する小型児童館の場合は，当該小学校の就学予定0歳～5歳児の動態，6歳～12歳児童，そして13歳～15歳生徒の各年齢層について，小学校区の子供を基礎とした利用発生人口の変化特性をとらえることが大切である。例えば，大都市住宅市街地の典型例であるS区25小型児童館の利用者数の変化，一小型児童館当たり平均一日利用者数は図3・2のようで，区全体の平均は，漸減傾向変化であるが各小型児童館では，かなりの変動が認められる。これは小型児童館のような地域分散施設の場合，利用圏の小さい地域施設の一般的傾向としては，個々にはかなりの変動があることを示している。いいかえれば大都市市街地においても地域・地区ごとの変化を詳細にとらえる必要を示すもので，同一都市内で，児童数急増地区と児童数減少地区が同時に存在することも最近の傾向とみられる。その原因として規模の大きいマンションの存在がある。地域・地区の特色を詳細にとらえるため，対象となる個々の小型児童館の利用人口動態の基礎情報となる小学校児童数予測について学校区ごとの推計値を継続的に把握する必要がある。これらを基に当該小型児童館ごとの利用人口変動の条件，要因を確認したい。年齢層別変化もその一つである。

3・2・3　年齢別利用者の変化特性

　年齢別利用者数をみると，Y児童館は，1997年未就学児童（17%），小学生（61%），中学生（4%），その他（18%）で，未就学児と小学児童で利用者の78%を占めている。その他18%は未就学児の付添が多い。それぞれの利用者数の4時点の増加率をみると，小学生の増加率が減少傾向にある中で，保護者とともに利用する未就学児童の増加率は増

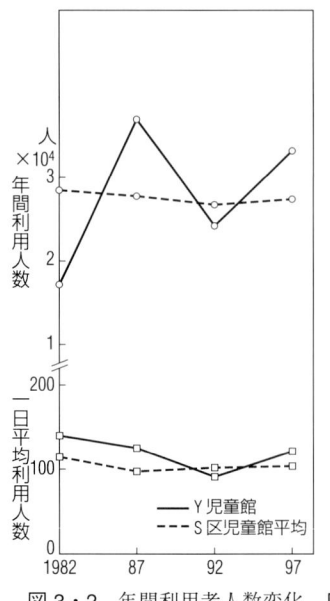

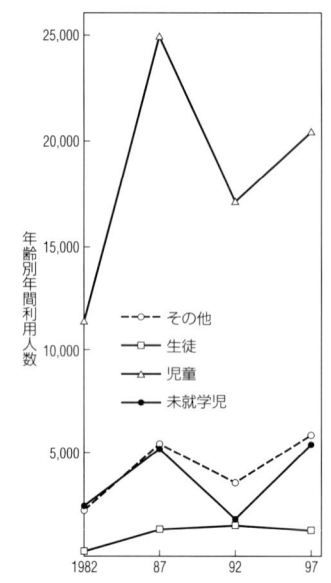

図3・2　年間利用者人数変化　図3・3　年齢層別年間利用者人数変化
一日平均利用者人数変化

えており，設計当初の目的である地域児童館としての特徴を持ち続けている。S区はY児童館の建設時に1小学校区1児童館という地域児童館構想を立ててきたが，その内容は，現在様々な変化が生じている。中学生の利用が一部の児童館を除き全体的に減少傾向にあることは，今後の児童館運営の一つの課題と考えられる（図3・3）。

　最近の中学生の生活行動では，生活領域拡大の傾向が認められ，小型児童館の利用圏を越える範囲を新しい圏域として設定し，児童センターなど上位の児童館との実質的連携を考える時代に入りつつあると思われる（図2・2）。

3・2・4　小型児童館周辺の子供人口と利用数変化

　児童館周辺の子供の人口と利用者数の変化をY児童館利用者についてみると，未就学児童，小・中学生の利用は，中学生の利用を除いて増加傾向にあることがわかったが，Y児童館周辺の1km圏域の子供の人口推移の4時点の変化をみると未就学児童−35%（0～6歳），小学生−42%（7～12歳），中学生−34%（13～15歳）といずれも減少しており，この増減率はS区全体の子供の人口の増減率とほぼ同様の傾向である。

　このように，Y児童館周辺の子供の人口が，この15年間減少しているにも関わらず，Y児童館利用者数はそれぞれの年齢層増加傾向を示し，特に小学生の年間利用者数が1.64倍に増加している。2002年4月から始まった公立小中学校完全週5日制の実施はこの状況をさらに促すものになろう。

3・3 小型児童館の利用圏

3・3・1 児童館利用者の利用圏域

　Y児童館の利用圏域をみると，全体として，施設を中心として500mの徒歩圏に利用者の8割が居住している。これは16年後の状況にも変化はなく，住宅市街地の小型児童館の利用圏は500mを基本にして，さらに1,000m内で利用者全体が完結するとみてよい。一般的に，小型児童館は徒歩圏1,000mでその分散地域施設の配置原則とすることが考えられてよい（図3・4）。しかし，徒歩利用圏に影響を与えているものは都市幹線道路，地区幹線道路のように交通量の多い道路が500m圏を貫通する場合で，利用者数，完結利用圏そしてアクセスルートに影響を与える可能性が大きいので，配置計画上の考慮が大切である。

3・3・2 児童館利用者の交通手段の変化

　児童館利用者の交通手段については，当初徒歩と自転車が利用され，ほぼ半々であった。しかし，16年後の調査では，徒歩による児童館利用者が，当初よりも約1.34倍（48％→64.1％）に増加している。小学生全体をみると徒歩による児童館利用者は，約1.48倍（48％から70.5％）と増加している。駐輪台数は，経年で変化がなく約40台となっているが，自転車利用者は滞在時間が約1時間延びている。交通手段と滞在時間に何らかの関係が生じている状況が認められる（図3・5）。

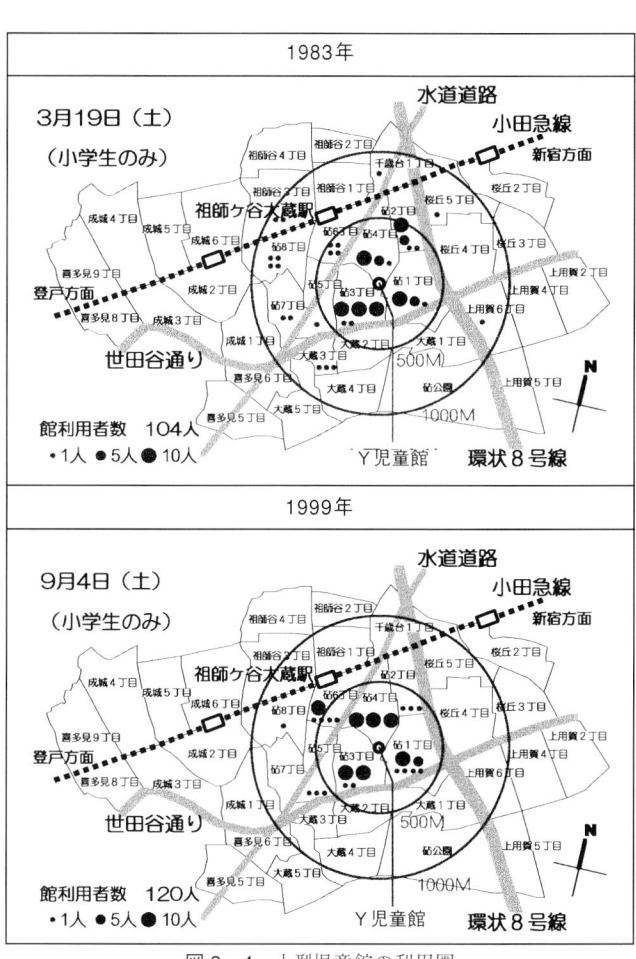

図3・4　小型児童館の利用圏

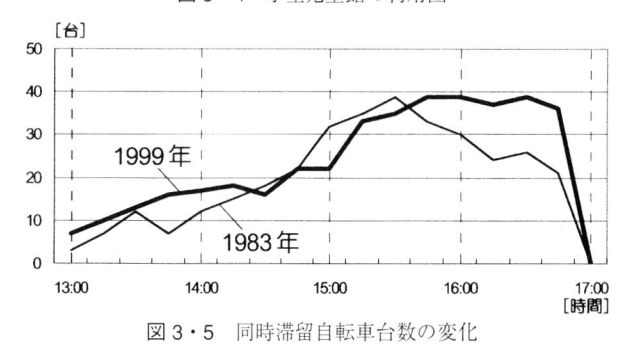

図3・5　同時滞留自転車台数の変化

Y児童館外観

Y児童館　ミニ水ロケットづくり

3・4 小型児童館利用者の在館時間

3・4・1 児童館利用者の滞留時間等の変化について

1999年の調査でY児童館利用者全体の平均滞留時間は144分，性別でみると男139分，女149分であった。学年別でみると未就学児童が88分，小学生146分，中学生194分，高校生18分となっており，1983年の調査と比較すると利用者全体の平均滞留時間が約2倍に増加している。特に顕著な例として，中学生については，児童館であまり遊ぶことがないといわれているが，Y児童館では，6.93倍（28分→194分）と著しい増加を示している。平均滞留時間が全体的に増加していることから，多数の中学生ではないが，特定の中学生が長時間利用する傾向がみられ，児童館の計画的運営によっては，遊びを促す条件をつくる可能性は十分あると考えられる。児童館の機能構成と管理方式に留意することが大切である。

3・4・2 同時滞留者数の変化と利用頻度

児童館利用者の同時滞留者数を図3・6よりみると，1999年の調査では児童館利用者のピーク時間は15：30で，1983年の調査とほぼ同様の時間帯を示している。また，1日の利用者数は約120名前後と前回調査と比較して，その変化はほとんどみられない。これに対し，児童館利用者全体の同時滞留者は，約1.29倍に増加しており，ピーク集中率も以前に比べて1.33倍（58.1％→77.5％）に上昇している。また，同時滞留者の時間の長さが約1時間強程度増加していることは，子供たちが以前より遊びに集中している状況がうかがえる。また，小学生で月1～3回の利用者の利用頻度が低下しているが，月に10日以上の利用児童が

図3・6 年齢別同時滞留者数の変化

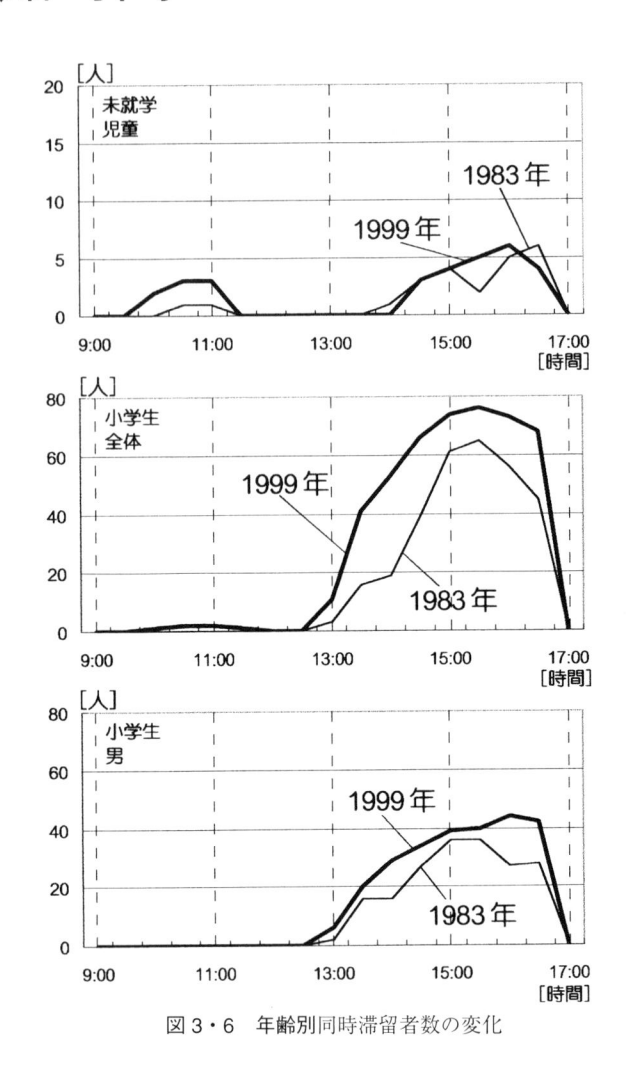

2.4％から22％と大幅に増加するなど，利用児童と利用しない児童の分極化傾向がうかがえる。

このように利用ピークが増加する状況は，児童館が遊びの拠点化として一定の役割を果たしているとみることができる。しかし同時に，より多くの子供の利用に供する方策の検討も必要であることをも意味するものである。これはさらに機能の多様化と規模の拡大の必要性に関わる計画上の課題でもある。

3・5 小型児童館の計画基礎要件

3・5・1 新しい計画条件抽出の必要性

地域施設として位置づけられる児童館のうち特に，小学校区単位で体系的配置が計画される小型児童館の場合，10数年の経過による社会構造の変化，地域・地区の物的環境の変化，そして，住民意識の変化は，小型児童館の利用構

造にも変化をもたらしている。このような構造の変化は，地域に密着した分散的地域施設の新設やリニューアル計画に際して，建築計画，環境設備計画そして配置計画上新しい計画基礎条件を抽出するために必要である。ミクロな地区特性が直接新しい計画条件を求めるようになっているのが最近の特徴といえる。

3・5・2　施設計画の評価要件の確認

過去10数年地域の子供人口が減少傾向にあるにもかかわらず，区域児童館と比較して，Y児童館が全体として安定して高い利用者数を確保できている状況は，Y施設の計画・設計に際して，従来の設計方式とは異なり，設計者が蓄積してきた遊び場計画の基本的空間概念をふまえ，さらに近隣住民および児童館職員参加等，多様な地域ニーズの把握によってこれを設計に反映させた高い計画性の現われとみることができる。時代の変化に対応する施設計画の評価の要件として，利用者数とその利用形態の変化，さらに運営方法の把握は計画基礎条件の確認のために重要なものと理解すべきであろう。施設単位ごとの特徴を計画要件化させる必要がある。

3・5・3　重点をおく利用年齢層の確認

最近の小型児童館では利用者の滞留時間が長くなっており，1ヶ月間の小型児童館利用頻度も増加している。

小型児童館年間利用の利用層は，最も多いのが児童年齢層で，次いで未就学児童とその保護者であり，中学校生徒が最も少ない。年間利用数でみると中学校生徒利用比率は，児童のそれと比較して5％以下となっている。主たる対象とする年齢層の居住地分布にも留意し，地域生活ニーズに対応して重点をおく年齢層を確認し，諸室構成，規模計画そして配置計画（利用圏）の条件を設定することが大切である。住宅市街地では，地区レベルでの住宅開発が進行し，特に高層・超高層住宅の計画は一挙に児童数増を促す特徴があることに留意する必要がある。

3・5・4
機能の多様化に対応できる面積規模の確保

小型児童館計画の重要課題の一つに，子供人口の減少傾向の中で，利用者増を促す目標をもち，運営方策の検討とともに物的環境条件の質的向上について，特定地区に超高層住宅が建設されるほど，社会条件の変化を見越した新しい計画条件の確認が必要である。その際，利用年齢層に対応した新しい機能確保と，これを保障するために建築内外の空間の計画的整備が欠かせない。

特に現在の動向としては，初等中等教育課程における学校完全週5日制の実施に伴うゆとり時間の生活活動の場として児童館のもつ新しい役割を地域社会住民のニーズに対応して機能条件化することが大切であろう。その際，限られた面積規模で計画する条件下では，重点をおくべき年齢層を明確化することも必要となろう。基本的にはすべての対象年齢層に応ずる計画条件として面積規模の確保は極めて大切である。その一環として，児童館についての地域の特性をふまえた新しい基準面積の計画標準の設定が期待される。現在の小型児童館の最低面積である設置基準ではニーズに対応しにくい場合が多い。地域地区条件にもよるが $500m^2 \sim 600m^2$ 以上が標準になっている地域もある。

3・5・5
利用者の接近方法の安全性の確保

小型児童館の主たる利用者である児童の施設利用圏は16年前の特徴とほとんど変わりなく，誘致利用圏は500mを基準に最大1,000m圏内と判断してよい。利用圏を特徴づける要素として，交通量の多い都市幹線道路や地区幹線道路は利用圏形態に対して，大きな影響力をもつことにも注目する必要がある。

小型児童館利用者の交通手段は，16年前に比べて，徒歩による子供の比率が自転車利用児の比率を上回っている。小型児童館が，地域に定着した利用圏域で安定利用されている状況が予測されることに留意して安全な接近方法を計画的に整備する必要がある。500m圏域においては安全な通館ルートを確保し，これを関係する小学校の通学ルートと結び付けるなどが計画されてよい。また，自転車利用児は，施設の滞在時間が徒歩利用者よりも長いという特徴も生起しており，通館方法が児童館の利用形態に関係する要因の一つと思われる。特に小型児童館はその影響を受けやすいものとなろう。

3・6 小型児童館の計画・設計の在り方

3・6・1 地域ニーズに応える機能構成の設定と空間を有効に利用できる空間管理システム

地域に密着し、より多くの子供たちと保護者等関係者が常に利用できるよう、そのニーズにこたえる機能構成を設定するとともに、利用しやすく管理しやすく、利用の効果を高めることができるような、管理運営の方法が求められる。基本的には小型児童館機能として、玄関ホール、遊戯室、育成室、多目的室、図書室、集会室、事務室、指導員室、静養室等と共にダイニング、厨房、和室、会議室、収納倉庫、給湯・更衣シャワー、便所等日常生活諸室が計画される。地域利用に際しては、目的に応じて重ね利用を可能にする管理システムが日常的に機能するよう、地域社会の住民によるルール化が求められる。このためにオープンでフレキシブルな共用空間の計画が期待される。

3・6・2 共用空間の果たす役割

共用空間の重要性を認識し、その機能、規模、を効果的に計画化する必要がある。

従来まで共用空間の役割は、エントランスホール、動線空間、生活用諸機能・設備空間として、その機能が限定されることが多かったが、小型児童館は本来家庭生活の延長としての役割を果たしながら地域における交流の場を通して子供の健全育成に関わる総合的な機能を有することが求められており、全体として、日常生活そのものから生ずる活動すなわち居間的空間、多目的室、厨房、ダイニング等の空間を大切にして、豊かな住生活空間の雰囲気を醸成したい。

現在の活動からみて小型児童館は、十分な面積規模を確保しにくい状況にあり、その意味からも、多様な機能空間の確保を共用空間計画として期待する意義は少なくない。しかし一方、共用空間が本来期待する共用空間として利用される状況が失われている場合もあることに注意しなければならない。経年変化によって、個別の生活のために利用されるなど、一機能一空間に固定化する場合もある。その結果、生活の変化による多様な共同生活活動に対応しきれなくなっている。小型児童館計画に関する大きな課題と思われる。共用空間を多目的オープン空間として位置づける考え方があってよい。

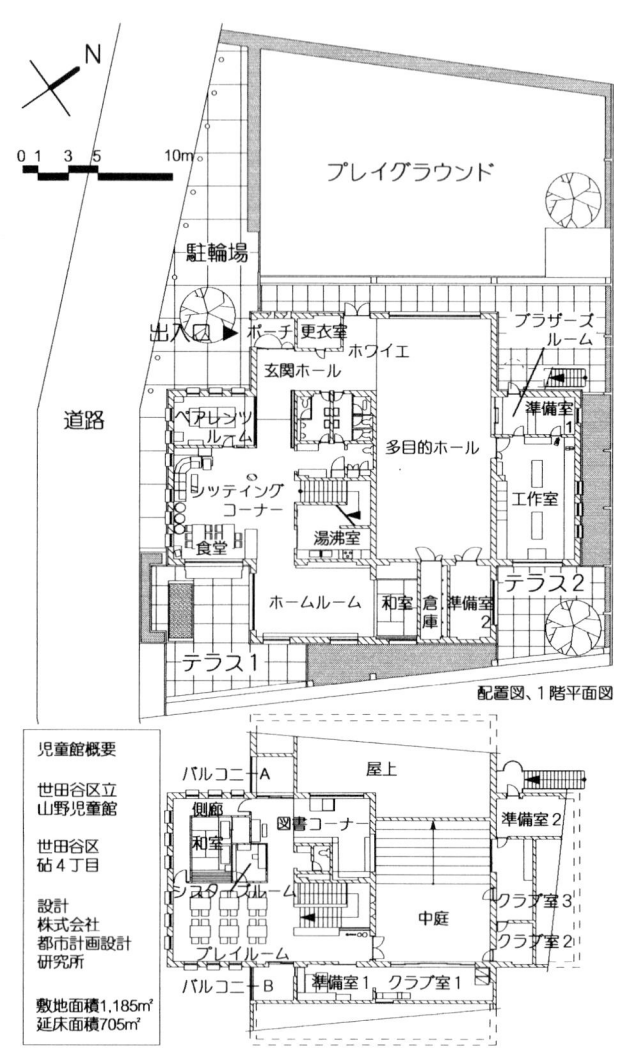

図3・7　Y児童館配置・1階平面図、2階平面図

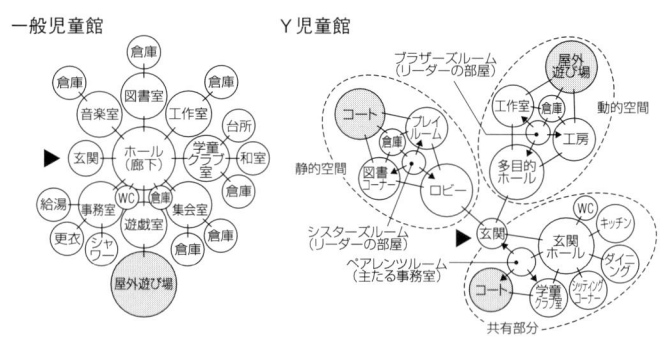

図3・8　児童館機能構成図

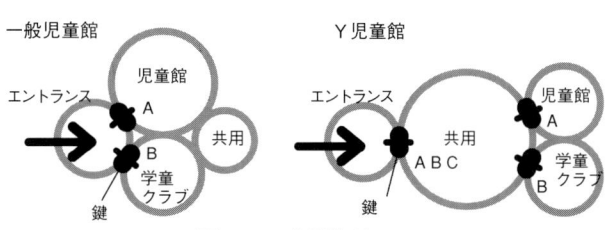

図3・9　空間管理システム

3・6・3
子供の生活（遊び）を豊かにする空間

（1）遊び活動に応じた，静・動空間の構成

屋内の子供の遊びを類型化すると，ボール遊び，マット運動，鬼ごっこ等の動的な遊びと，ゲーム，読書，ままごと等，静的な遊びがあり，これらの活動を十分に可能ならしめるために，動的空間と静的空間として大きく空間構成区分することが大切である。動的空間はそのはたらきに応じて，外部空間との連携を積極的に進めることができるようその位置と大きさを計画する。

子供の遊びを中心とした生活空間を静・動空間として領域化することの意味は大きいが，これらを利用運営する方策や周辺環境条件によっては，計画・設計の意図には反する状況をつくり出すことがある。例えば，屋外動的空間での騒音が隣地からの苦情の原因となったことから本来屋外空間で行われるべき動的遊びが屋内化され，本来静的遊び空間として領域化されていた空間で行われることになる。結果として，動的遊び空間は1階部分で，静的な空間が2階部分にまとめられる状況として変化する事例もある。高密度な都市社会では，相隣環境調整は相互に守るべきルールであることを考慮するとき，小型児童館でも体育室やトレーニング室を計画する要請が高まる時代に入ってきた。面積規模標準に関する課題である。

（2）遊びの多様性と連続性に対応する空間構成

遊びのもつ本質的な空間関係は，遊びの特性から生ずる小さい空間から，大きな空間，またその中間的空間が，連続的に構成され，遊びの流れを促す空間配置であることが大切である。子供の遊びの追跡調査事例によると一人の子供が初めは静的空間における子供同士のお話遊びから始まり→マット遊び→読書そしてドッジボールといった一連の遊びが静→動→静→動といった流れによって形成されて，小空間から中間的空間，そして大空間への流れに対応しており，それぞれの空間を自由に連続的に利用し，そのまた遊びが途絶えることはない。経年的にも変化はほとんど認められていない。小型児童館建築計画上の基本的な条件の一つとして注目したい。

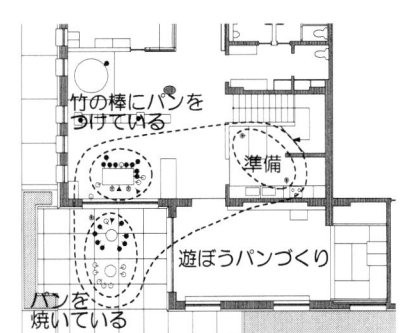

図3・11　共用部分の比較

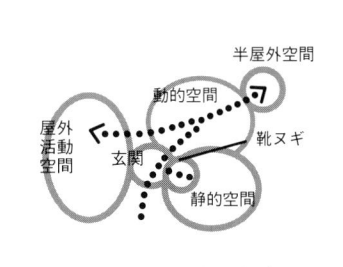

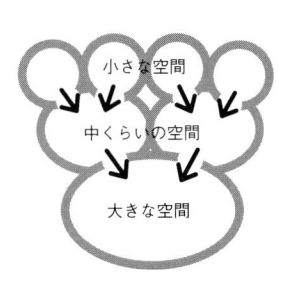

図3・12　動的空間と静的空間の区分　　図3・13　スペースの流れ

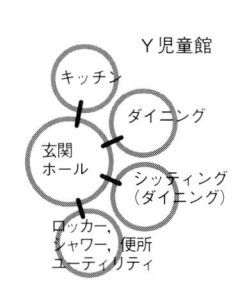

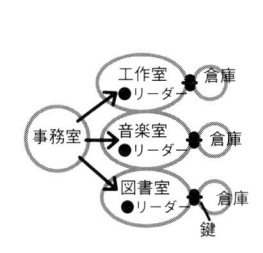

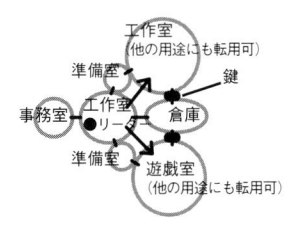

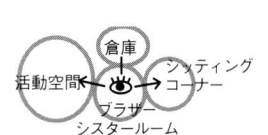

図3・10　共用部分　　図3・14　遊びの指導空間

3・6・4　子供の生活（遊び）を見守る空間

　子供の自由で健全な遊びの展開を見守り，その望ましい活動を促すよう，視覚的な確かさを保つばかりでなく子供との行動の流れの中で直接会話交流の接触機会を少しでもつくり出せるよう，運営機能による指導員等の配置システムの検討が求められる。例えば，先述した動的空間と静的空間区分に対応する見守り，交流するスペースやコーナーの確保も大切である。これらの空間確保は，指導員の管理運営の方策の一環としても検討されるべきである。この場合保護者の参加が有効であり必要でもある。

3・6・5　生活の基本を身につけるインテリアデザイン

　子供たちの各家庭での日常生活はそれぞれの家庭で多様に展開されている。しかし子供の発達成長過程では，基本的な生活ルールを見につける各家庭共通の育成条件がある。これらが児童館での生活の中でも十分に展開できるよう，各家庭の住生活を再現できるよう，空間的準備が求められる。子供たちの身体寸法に合った家具や設備機器などインテリアデザイン全体に生活の場として安全でゆとりと潤いのある空間創出が求められる。

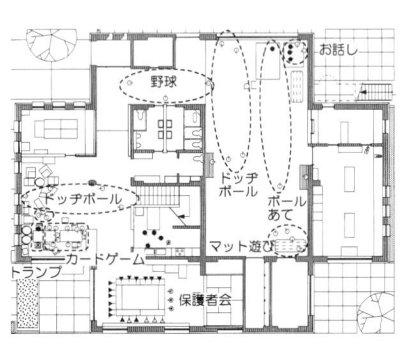

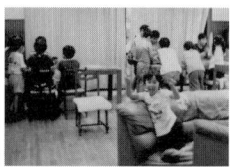

図3・15　動的空間と静的空間の比較

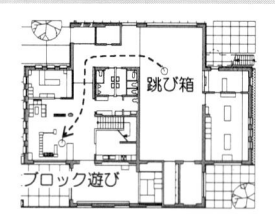

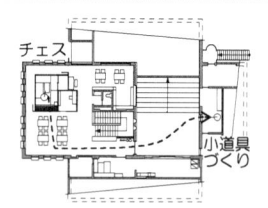

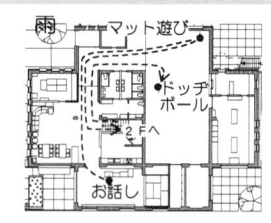

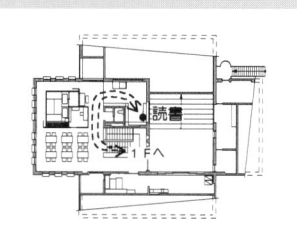

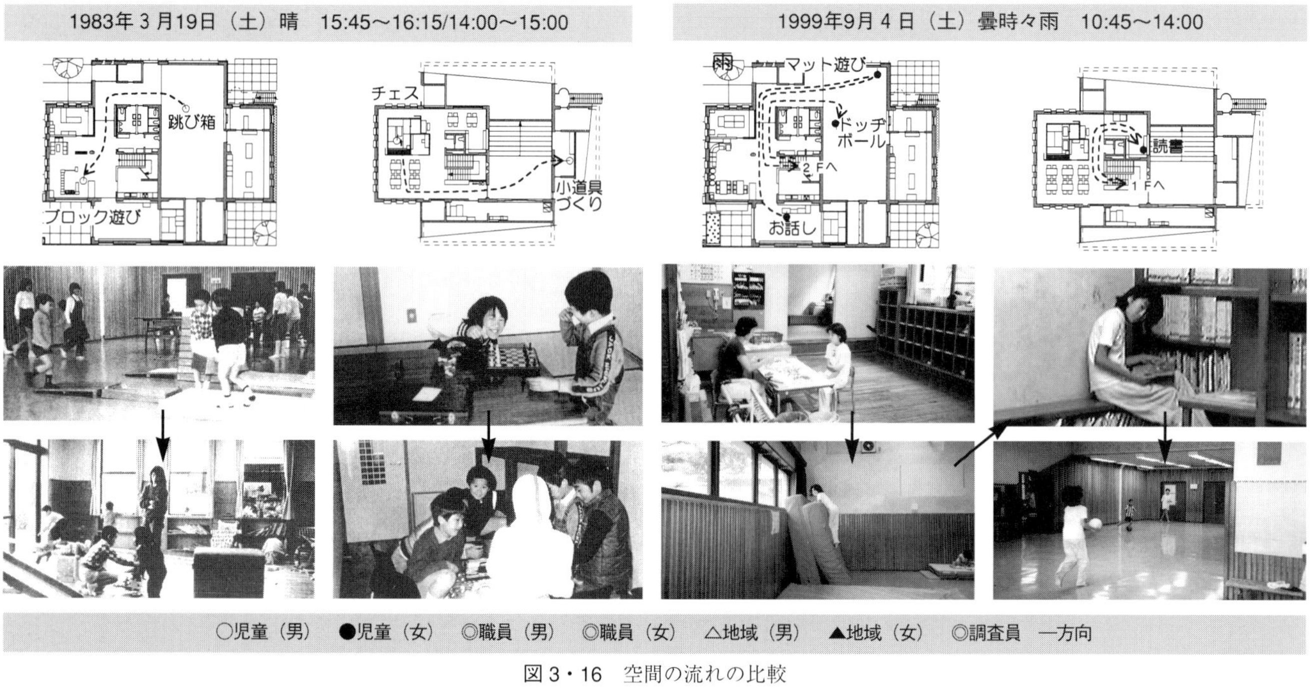

図3・16　空間の流れの比較

3・6・6　地域社会の活動を促す環境の準備

利用圏の住民ばかりでなく対応する学校区の地域社会の住民の利用に供せるよう，予定する各種空間の重ね利用を可能にする計画が大切である。例えば，多目的室や共用的空間を共通利用できるように当初から計画する必要がある。経年変化分析の結果として，児童館開設当初の計画では，2階プレイルームで月例の職員と地域住民との会合が行われていたが，現在まで引き継がれており，さらに多目的ホールの地域住民利用が特色あるものになっている。しかし夜間利用はほとんど行われなくなっているなど，この十数年の社会生活スタイルの変化多様化がその要因となっている。このような状況でも地域住民活動を促すため，住民の新しい利用ニーズに直ちに対応できる空間の可変性を当初から計画すると共に特に夜間利用については，環境設備的な対応が求められる。冬季夏季の空調冷暖房設備が欠かせないものになった。

3・6・7　小型児童館計画・設計の今後の課題

(1) 建設の当初より地域住民の生活構造と児童館に期待される本来機能を基本として，時代の変化に対応できる空間的準備が可能な計画とすることが望ましい。この場合10〜15年後の利用機能変化に対応できる規模計画を予測することが大切であろう。
(2) 小学校区に1児童館の対応は現状の社会的要請として考えてよいが，地域のニーズに十分に対応できるよう計画・設計過程において，住民要請の客観的な評価情報を計画条件化し，これを機能・規模・配置計画に反映させて各施設の特色化を図ることが大切である。
(3) 小型児童館の計画に際しては，既存の公共建築に複合的に計画することが積極的に考えられてよい。その場合，500m〜1,000mの標準利用圏をふまえて，接近性を高める配置要件，接近ルートの安全化に留意する必要がある。
(4) 計画敷地の条件によるが，望ましい外部空間が確保しにくい高密度な市街地の中では，屋内運動空間を積極的に計画することが望ましい。
(5) 地域・地区の住民活動の共通のニーズとして本格的な体育スポーツのための機能空間は，今後放課後児童健全育成施設の一環としての児童館計画では，さらに欠かせないものになろう。
(6) 近年学童保育の社会的要請が高まる中で小型児童館に対する学童保育機能の整備が期待されている。本来の児童館機能の充実に加えて学童保育機能整備を推進するためには，児童館面積規模の拡大が欠かせない。機能複合の条件を含めて学童保育を目標とした新しい計画標準の策定が必要であろう。

これらの条件変化に対応する小型児童館施設規模として500m²〜600m²以上の確保を期待したい。

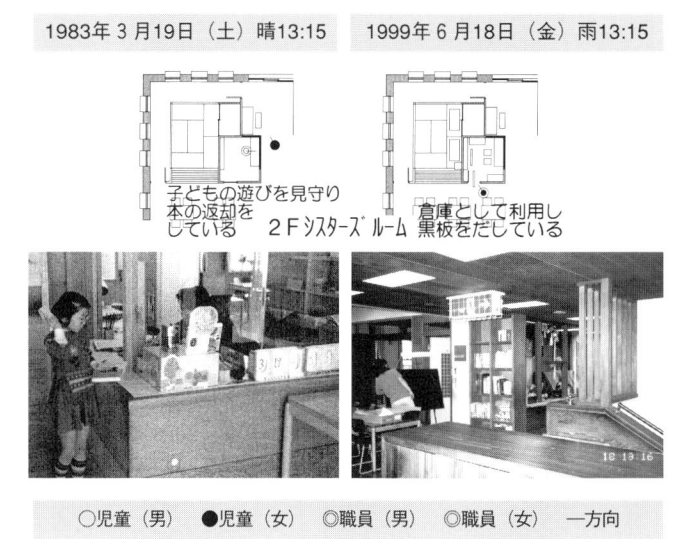

図3・17　子供を見守る空間の比較

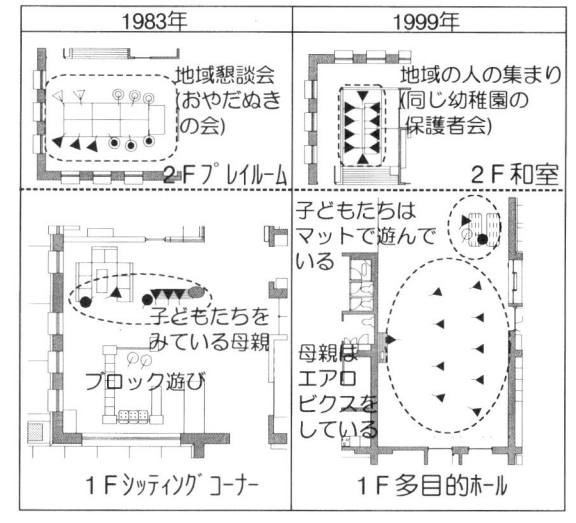

図3・18　地域活動の比較

Y児童館　おはなし会

第4章
学童保育の現代的課題と施設計画

4・1 学童保育の役割と現状の課題

4・1・1 学童保育の意義・役割・制度

　学童保育とは，辞典によれば「共働き等により保護者が家にいない家庭に学童を放課後や休暇中に児童館などに集めて保育すること」で1950年代から民間人の手ではじまり，1976年に厚生省（現厚生労働省）が学童保育事業の助成を開始とされている。このように学童保育の活動・事業については，1940年代から現在まで，社会の変化に伴う，国民生活の様々なニーズをふまえて，多様な経過があり，今日に至っている。その基本的な意義は「共働き・母子・父子家庭の子供たちが，小学校から帰った後の放課後や学校休業日の間，安全で充実した生活を送ることができるようにし，家庭生活の全体を守ること」にある。

　学童保育に関する長い法的整備は，今後共時代の変化，国民のニーズによって継続されるべきものである。現在，その一環として示されたものとして，1997年児童福祉法が改正され，「放課後児童健全育成事業」として法制化され1998年4月から施行されている。これに関する事業実施要綱では，「…近年，少子化の進行，夫婦共稼ぎ家庭の一般化，家庭や地域の子育て機能の低下等児童を取り巻く環境は大きく変化しており，児童をめぐる問題の複雑化・多様化に適切に対応することが困難になってきていることから…児童家庭福祉制度を見直して質の良い子育て支援の制度として再構築を図った…」としている。*1

　そして趣旨として，保護者が労働等により昼間家庭にいない小学校に就学しているおおむね10歳未満の児童に対し，授業の終了後に児童厚生施設等を利用して適切な遊び及び生活の場を与えて，その健全な育成を図るものとしている。

　そこでは学童保育にふさわしい衛生及び安全が確保された設備が備えられていることを規定している。

4・1・2 学童保育の現状課題

　学童保育に関する現状の課題を列挙するとほぼ次のような事項があると言われている*2。

(ア) 学童保育が歴史的発展的過程の中で，児童福祉法第六条の二第12項に「放課後児童健全育成事業」として位置づけられ「児童厚生施設等の施設を利用して適切な遊びおよび生活の場を与えて，その健全な育成を図る事業」となり，児童館と学童保育との関係が明文化された。

　一方，児童館（児童厚生施設）を示す第四十条に触れていない。換言すれば，学校施設や児童厚生施設等を利用する事業である。これは，これまで関係者の間で長年議論のある児童館と学童保育の関係問題をより大きく浮上させる可能性もある。我が国発展の最重要課題の一つである"子供達の健全育成"という政策の具体的な推進に向けて関係省庁間の役割・機能の横断的課題として発展的に子供達の健全育成環境の総合的整備を地域の特性を生かして進めたい。

(イ) 現状では，学童保育の運営形態は放課後管理運営の責任，指導員の雇用様態，財政計画など自治体によって多様である。

(ウ) 収容子供数が同程度であっても施設予算を除く1カ所の学童保育に使う運営費・人件費の予算が公立公営であっても数倍の格差があり，大きな課題である。

(エ) 学童保育のためにコミュニティ児童館が創設（1995）されたが，事業実施では公立学校施設の利用や児童館，そ

---

*1　放課後児童健全育成事業の実施について（厚生労働省）
*2　全国学童保育連絡協議会編「学童保育のハンドブック」2002　一声社
*3　全国学童保育連絡協議会編「『すべての児童の健全育成施設』と学童保育」資料増補版　2001　全国学童保育連絡協議会

の他の公共施設で併設，複合，合築等が全体の8割を占めている。これは，学童保育に相応しい衛生及び安全が確保された設備を備えることを規定した結果である。その趣旨に沿って地域の実状に応じ，先述の様な施設が学童保育の受け場所になっていることは全体として現状では適切な結果である。

しかし，現状の施設は今後の学童保育の需要の高まりと多様なニーズを考慮するとその施設・環境整備対応には多くの課題が残されている現実でもある。

4・2 学童保育施設の現状と計画課題

4・2・1 学童保育開設の施設現状[*4]

現在学童保育を行っていく施設場所をみると，図4・1のようになっている。全体の4割が学校施設内であり，漸増の傾向にある。その中では，校舎内の余裕教室を利活用するものが半数近く最も多く，漸増の傾向にある。余裕教室の利用は，最も手近に解決しやすい方法であり，公共施設の有効利用からみても現状における行政対応として一定の成果を見ることができる。しかし，目的・機能に対応した施設・設備計画がなされたものでなく，既存施設の機能転換である点で計画上の問題が残されており，特に面積規模の不足が問題となる例が多いといわれる。余裕教室転用の漸増の傾向を考慮するとき，改めて既存施設の機能転換について，計画標準を策定する必要があろう。その点からみれば，学校敷地内に学童保育専用施設を計画することが望ましい対応であり，この方法は今後とも計画させるべき一つのタイプとしたい。老朽化校舎改築の際に当初からの複合計画も考えられる。

学校施設の利用や学校内児童保育専用施設に次いで，利用の多いものに児童館・児童センターがある。児童福祉法の一環として位置づけられている児童館・児童センターは本来学童保育機能を有すべきものと考えるべきであるが，これら施設の設置目的は，すでにこどもの健全育成に関わる幅広く，多様で高度な機能目的があり，現状では1998年4月以降，学童保育が「放課後児童健全育成事業」として施行されたことから，従来型の児童館における留守家庭児童対策とは区分され，学童保育のための指導員を配して，専用室をもった，放課後児童健全育成事業による児童館が新たな児童館として計画されることが可能となった。現状では学校敷地外の公設専用施設や公民館，保育所，幼稚園等，公的施設に併設・複合される場合も多く，さらに私立保育所や民間施設，アパート・マンション，戸建賃貸住宅利用など，極めて多岐に亘っている。この様な現状をふまえて，施設計画に一定の方向性を提示する必要が要請される時代に入ったと認識すべきであろう。

表4・1 学童保育の開設場所[*4]

	1998年（％）	2000年（％）	増減	1998年	2000年
学校敷地内の学童保育専用施設	1502（15.6）	1676（15.2）	+（0）	39.5%	41.6%
校舎内の学童保育専用施設	155（1.6）	118（1.1）	-（-）		
余裕教室（空き教室）	1970（20.5）	2575（23.5）	+（+）		
余裕教室以外の学校施設利用	173（1.8）	199（1.8）	+（0）		
児童館・児童センター	2147（22.3）	2279（20.8）	+（-）	22.3%	20.8%
学校敷地外の公設専用施設	593（6.2）	802（7.3）	+（+）	15.0%	16.0%
公民館内	168（1.7）	239（2.2）	+（+）		
公立保育所内	88（0.7）	93（0.8）	+（+）		
公立幼稚園内	73（0.8）	87（0.8）	+（0）		
その他の自治体の所有の施設内	539（5.6）	540（4.9）	0（-）		
社協・公社が設置した施設内	23（0.2）	28（0.3）	+（+）	4.7%	6.2%
私立保育園内	370（3.8）	534（4.9）	+（+）		
その他社会福祉法人が設置した施設内	70（0.7）	122（1.1）	+（+）		
父母が立てた専用施設	149（1.6）	150（1.4）	0（-）	13.1%	11.2%
アパート・マンションの一室	208（2.2）	189（1.7）	-（-）		
民家を借用	899（9.3）	885（8.1）	-（-）		
町内会・自治会・団地の集会所	185（1.9）	182（1.7）	-（-）	5.4%	4.2%
神社・寺院	11（0.1）	30（0.3）	+（+）		
その他	324（3.4）	248（2.2）	-（-）		
合計	9627（100.0）	10976（100.0）	+	100.0%	100.0%

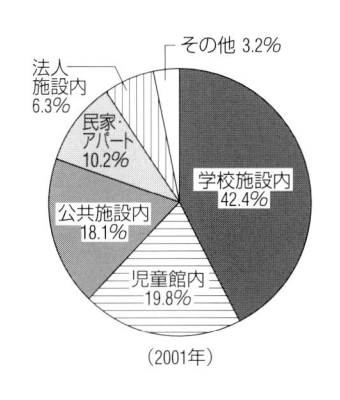

図4・1 開設場所の割合

学校施設内 42.4%
児童館内 19.8%
公共施設内 18.1%
民家・アパート 10.2%
法人施設内 6.3%
その他 3.2%
（2001年）

[*4] 「学童保育のハンドブック」全国学童保育連絡協議会編（一声社）および同協議会編「学校施設利用の手引き」1998年10月の資料を筆者が再構成したものである。

4・2・2　建築計画の課題

　学童保育の開設場所施設は前項に示した現状であるがその一施設の平均のべ面積は1993年は86.4 m^2，1998年には85.4 m^2で，減少の傾向にある。これは全国的に最も多い余裕教室（空き教室，平均 70 m^2）の利用が多くなった最近の動向が一因といわれる。さらに施設入所児童数が1993年に30.8人に対して1998年調査では34.6人と増加し，結果として，一人当たりの述べ床面積は2.80 m^2から2.47 m^2へと減少の傾向になっている。

　学童保育施設が独立施設であれ，併設・複合施設であれ，その機能（はたらき）の質的向上を図り望ましい児童保育施設を整備するためには面積規模の確保拡大が極めて重要であると考える。

　今後収容保有児要請は，10歳未満児ばかりでなく，中学年，高学年児童にまで年齢上昇の傾向にあることから1人当り面積規模のについては建築の水準を高める要件としてその計画標準を検討する必要があると考える。一般論とすれば子供の居場所問題でもある。

4・3 学童保育施設の計画の在り方

4・3・1　学童保育施設建築計画の基本的視点

（1）学童保育には，共働き，母子，父子家庭の小学生の放課後の生活をそれぞれの家庭の延長として継続的に保障出来るよう地域社会の特色と住民のニーズをふまえた計画的整備を進めることが大切である。
（2）学童保育を求める子供たちの毎日の生活はそれぞれ多様である。このニーズを集団生活を通して，安全で安定した家庭的な豊かさのある生活環境として保障することが大切である。そのためには*2
・子供たちの健康管理，安全管理
・子供一人一人の生活の形に対応し，その家庭に連続した援助
・集団生活で安定し，豊かな交流を促す生活の確保
・遊びや生活活動，行事など生活の全体像から成長・健全育成へのアクションプログラムの達成
・一人一人の子供の家庭との情報交換によるきめ細かい連携，IT化の推進
・学校との緊密な情報交換によって，実質的な家庭・地域・学校の連携効果を求めるため，保育者等と地域児童との生活・交流の促進
　などが求められる。
（3）子供たちの毎日の生活の場として，放課後の家庭での生活と連続した環境の中で，遊んだり，宿題や学習をしたり，動物を飼ったり，野菜を栽培したり，おやつの時間を設けたり，午睡したり，さらに塾やおけいこごとに途中で外出したりすることなどひとりひとりの子供の多様な生活形態に応対するとともにそれが集団としての共同生活に移行するすることから少子化核家族では得られない家庭的な社会生活の豊かさを与え，児童の健全育成を促すことを大切にする。
（4）学童保育に求められる生活の場としての諸機能空間が地域の利用ニーズに対応して準備されることが大切である。

　子供たちの日常生活に求められる生活諸室と共に，指導員のための管理運営機能空間も欠かすことことができない。また，これらのはたらきを保障するためにはそれぞれの機能空間に求められる面積規模を適切に確保することが大切であり，地域ニーズに応じて最小限規模の確保，さらに活動の多様性を保障する質の良い機能空間を確保するために求められる施設の計画標準の策定が期待される。

4・3・2　学童保育施設の建築計画条件

　学童保育施設は現状では，前節で示したように多様な形態で活動に応えているが，学童保育に対する新しい時代の要請に応えるためには，その建築計画において，地域の特性，利用ニーズに応じた計画条件を明確にする必要があろう。以下，その主要な条件を列挙する。
（1）放課後児童健全育成の子どもたちのために，それぞれの家庭生活の延長が日常的集団生活の場で，楽しく展開できる独自の機能施設を計画することが求められている。そのため地域の特色と利用者ニーズから基本的要件を抽出し，施設計画の条件化に資することが必要である。
（2）学童保育を必要とする子どもたちの生活圏域内に，その地域社会の子どもの生活が求め，かつ必要とされる多様

な機能要件（はたらき）を備えた施設・空間が準備されることが必要である。

保育所や幼稚園のように親の送り迎えがルール化されているものではなく，子どもたちひとりひとりが学校の放課後に毎日その施設に通うことの出来る条件を考えるならば，子どもたちの生活動線，すなわち，自宅と学校の間のルートや生活領域の範囲にこの施設が存在することが大切である。言いかえれば子どもの通学する小学校区の領域にこの施設が配置されることが期待される。

地域の状況によっては1中学校区を計画単位とし，対応する小学校数（一般に2校程度）を考慮した学童保育施設が準備されることが望まれる。

(3) 子どもたちが安心して自分の家庭の延長として過ごせるようするためには，自分のことをわかってくれる指導員や友たちがいることが継続した日常の場として期待される。

学童保育施設では，子どもたちの人数に対応して必要な指導員数を準備することが求められている。指導員の役割としては放課後児童健全育成事業活動，すなわち
・放課後児童の健康管理，安全確保，情緒の安定
・遊びを通しての自立性，社会性，創造性を培うこと
・放課後児童の遊びの活動状況の把握と家庭への連絡
・家庭や地域での遊びの環境づくりへの支援
・その他放課後児童の健全育成上必要な活動
等である。[*2]

(4) 放課後児童健全育成事業の定員に応じた専任職員が配置されている国庫補助条件としては，[*5]

　児童数20～35人　　職員2人以上
　児童数36～70人　　職員3人以上
　児童数71人以上　　職員4人以上　である

専任職員であることが，毎日同じ複数職員が学童保育に専念できることで子供達にとっても極めて大切である。しかし，そのためにも，職員のための空間的準備が当初から求められ事務・会議室と共に更衣休憩室等が計画されることが必要となろう。

(5) 学童保育のための諸室・空間としては下記のものが考えられる。地域の特色，健全育成方針を踏まえて空間構成されることが期待される。

・生活・育成室：居室的生活が欲しい
・多目的集会室：集団の静的活動，動的活動
・遊戯室：屋外空間，半屋外空間との連続性が大切
・図書室・読書コーナー：個人や小集団で利用
・洗面手洗い・便所：男女別を原則　障害児用も準備
・食事室，食事コーナー：談話スペースにも供する
・厨房：ダイニングキッチン的な扱いでもよい
・浴室・シャワー室：地域によるが家庭の延長として考える
・事務・指導員室：更衣休憩コーナーを含む
・静養室：指導員室等に近く管理しやすい位置
・相談・会議室，作業室：収納スペースを設ける
・情報化対応：子供の利用できる電話設置，IT化設備
・個人ロッカー：学童の学校からの持ち物と共に個人の日常の持ち物類を収めるために十分な容量とする
・上下足履き替えスペース：玄関ホール廻りまたは遊戯室廻り
・遊び場用手洗い・足洗い場：複数個が望ましい
・外部利用便所：男女別
・屋内に連続する半屋外空間：雨天の遊び場，屋外諸活動に連続。
・遊具スペース：児童遊園の機能に準ずる。
等々である。
全体として安全・衛生的で，多様な生活活動に対応でき，住まいの雰囲気を醸成できるようなデザインにしたい。

(6) 障害児のための建築計画要件を備えたバリアフリーにすることが大切である。

現状の学童保育施設を考えるとき，特に(5)に示した諸室構成には多くの予算，計画標準の策定手続きが求められ，法的整備を求められることもあるが，今世紀の近い将来，学童保育要請がさらに社会生活の普通の状況となる可能性を予想したとき建築計画としては必要な条件と考えている。重ねての見解であるが特に施設の望ましい面積規模標準の策定が急務であろう。

[*5]　学童保育実態調査まとめ1998年版：全国学童保育連絡協議会

第5章
児童館の計画例

表5・1 児童館の種類と計画案の位置付け

	小型児童館	児童センター	大型児童館 A型	大型児童館 B型	大型児童館 C型
運営主体	市町村並びに民法法人及び社会福祉法人	市町村並びに民法法人及び社会福祉法人	都道府県	原則として都道府県。但し、経営については民法法人及び社会福祉法人に委託可。	—
対象児童	全ての児童。但し、主に指導の対象となるのは、概ね3歳以上の幼児、小学校1年〜3年の少年（学童）、及び昼間保護者のいない家庭等で児童健全育成上指導を必要とする学童。	左記にあげる児童であり、特に運動不足、運動嫌い等により体力が立ち後れている幼児学童を優先すること。また、大型児童センターにあっては特に年長児童を優先すること。	全ての児童	全ての児童。なお、引率者等の利用にも配慮すること。	全ての児童。職員については児童構成員を置く他 各種の設備、機器が十分活用されるよう必要な職員をおく
設置基準	原則217.6m²以上　163.2m²以上（都市部）	原則336.6m²以上　大型500m²以上但し、相談室・創作活動室が無い場合は297m²以上で可	原則2000m²以上で、適当な広場を有すること	定員100人以上の宿泊設備を有し、原則として1500m²以上	—
機能	小地域を対象として児童に健全な遊びを与え、その健康を増進し、情操をゆたかにすると共に、母親クラブ、子ども会等の地域組織活動の育成助長をはかる等児童の健全育成に関する総合的な機能を有するものであること。※1	※1に加えて、遊び（運動を主とする）を通して体力増進を図ることを目的とした指導機能を有し、必要に応じて年長児童に対する育成機能を有するものであること。※2	※2に加えて、都道府県内の小型児童館、児童センター及びその他の児童館の指導及び連絡調整等の役割を果たす中枢的機能を有するものとすること。	豊かな自然環境に恵まれた一定の地域内に設置するものとし、児童が宿泊をしながら、自然を生かした遊びを通して協調性、創造性、忍耐力等を高めることを目的とした児童館であり、※1の機能に加えて、自然の中で児童を宿泊させ、野外活動が行える機能を有するものであること。	広域を対象として、児童に健全な遊びを与え、児童の健康を増進し、情操を豊かにする等に芸術、体育、科学等の総合的な活動ができるように劇場、ギャラリー、科学資料展示室などを適宜付設し、多様な児童のニーズに総合的に出来る体制をもつものであること。
計画案	I（学童保育）	II	III（大型児童センター）	IV	V
計画面積	248m²	517m²	831m²	2843m²	3823m²

計画案 I

計画案 II

計画案 III

計画案 IV　　計画案 V

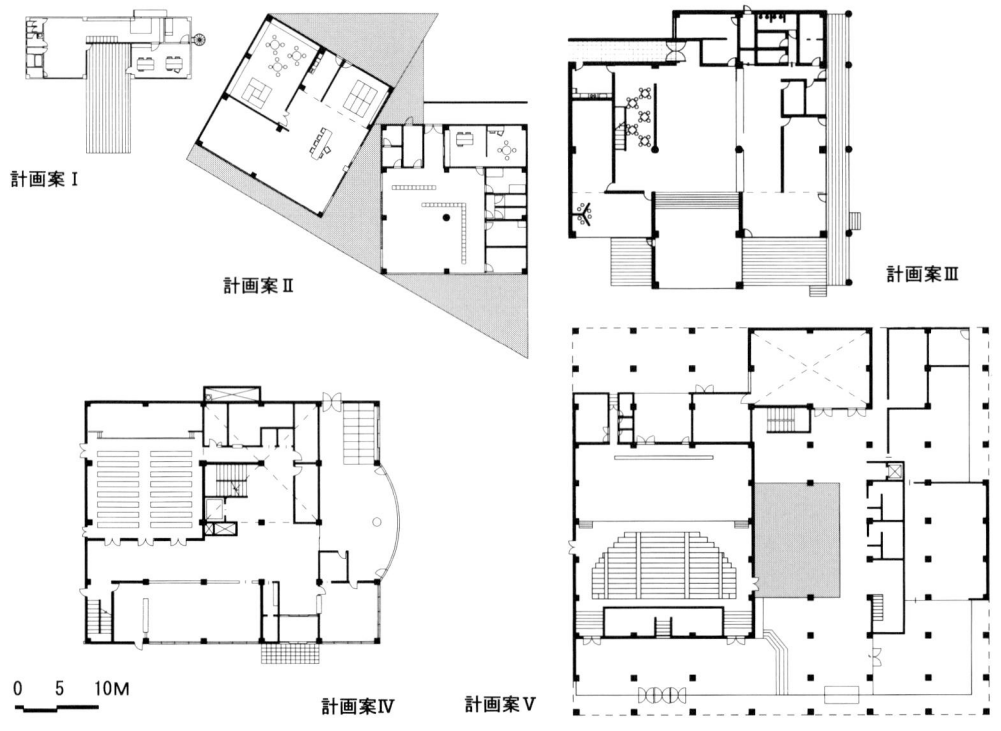

図5・1 同縮尺による計画案 I〜Vの平面図比較（1階）

表5・2 児童館計画案における諸室構成

計画案 I～V / 計画室・スペース	計画案 I 学童保育のための児童館	計画案 II 小型児童館	計画案 III 児童遊園を持つ児童センター	計画案 IV 小ホールを持つ児童センター	計画案 V 大ホールを持つ複合児童館
計画面積	248㎡	517㎡	831㎡	2438㎡	3823㎡
集会室(生活交流)	○	○	○	○	○
遊戯室(プレイルーム)	○	○	○	○	○
図書室(図書コーナー)	○	○	○	○	○
便所	○	○	○	○	○
事務室	○	○	○	○	○
ロッカー	○	○	○	○	○
相談室・会議室		○	○	○	○
創作・作業室			○	○	○
静養室	○	○	○	○	○
学童クラブ室			○	○	○
食堂(食事室)	○	○	○		○
指導員室	○	○	○	○	○
医務室			○	○	○
厨房	○	○	○	○	○
多目的スペース		○	○	○	○
展示スペース			○	○	○
収納・倉庫	○	○	○	○	○
シャワー室	○	○	○	○	○
トレーニング室			○	○	○
体育準備室					○
体力測定室				○	○
談話コーナー			○	○	○
コンピュータ室			○	○	○
小ホール				○	
大ホール					○
楽屋				○	○
音楽室				○	
情報センター					○
映写室					○
放送室					○
リハーサル室					○
高齢者実習室					○
高齢者利用室				○	○
和室				○	○
浴室	○				○
レストラン				○	○
子供・高齢者交流空間				○	○
駐車場	○	○	○	○	○
駐輪場	○	○	○	○	○
屋外遊び場	○	○	○	○	
屋外運動場					
半屋外スペース	○	○	○		
屋上庭園				○	
中庭	○				○
屋外便所			○		
児童遊園			○		
備考	住宅レベル+半屋外空間	日当りを考慮した半屋外空間	児童遊園に隣接	近隣公園、屋外イベント広場に隣接+屋上庭園	高齢者向けスペース併設

計画案 I 学童保育のための児童館

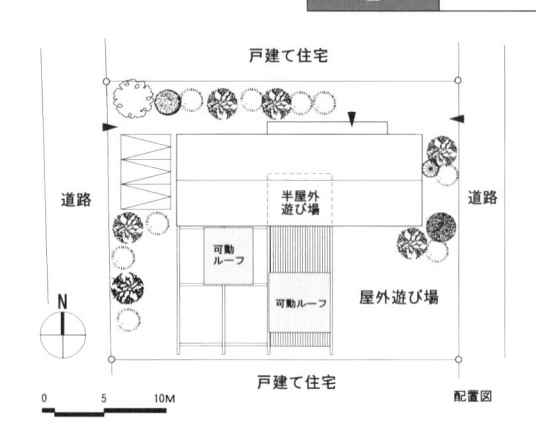

■計画・設計主旨

大都市の住宅市街地の1小学校区に対応する施設として，放課後児童健全育成施設を計画するものである。

特に雨天にも利用できる半屋外空間を地上と2階部分に設けることで，子ども達の多様な遊びに応えるものとしている。

デッキ部分に可動ルーフを設け，夏の日影・冬の日当りを空間的に制御し，快適環境をつくる。

■諸室構成／面積　等

構造：鉄筋コンクリート造（地上2階）
建築面積：124 m^2（半屋外空間除く）
延床面積：248 m^2

□1階部分
遊戯室：36 m^2
事務・指導員室：30 m^2
静養室：9.4 m^2
浴室・脱衣室：4.6 m^2
便所：男：大1小2，女：2
収納スペース：2.4 m^2

□2階部分
生活室：53.2 m^2
収納スペース：6.3 m^2
□半屋外空間：76.1 m^2（1階＆2階）

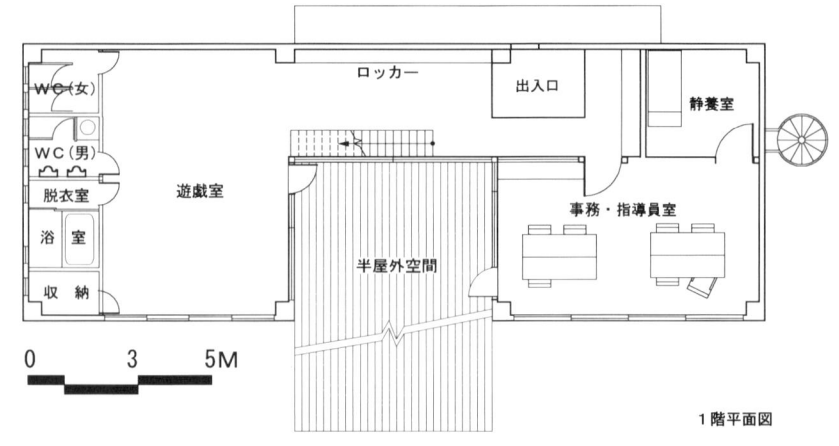

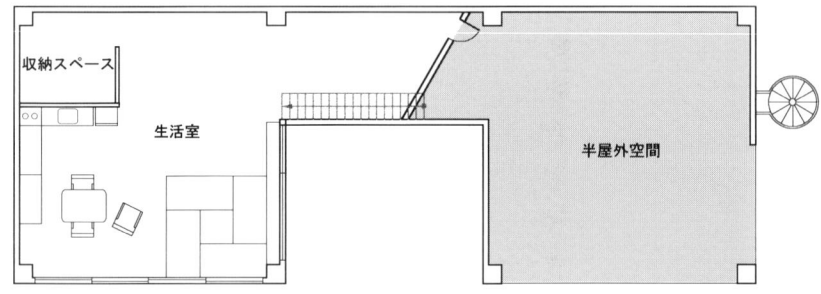

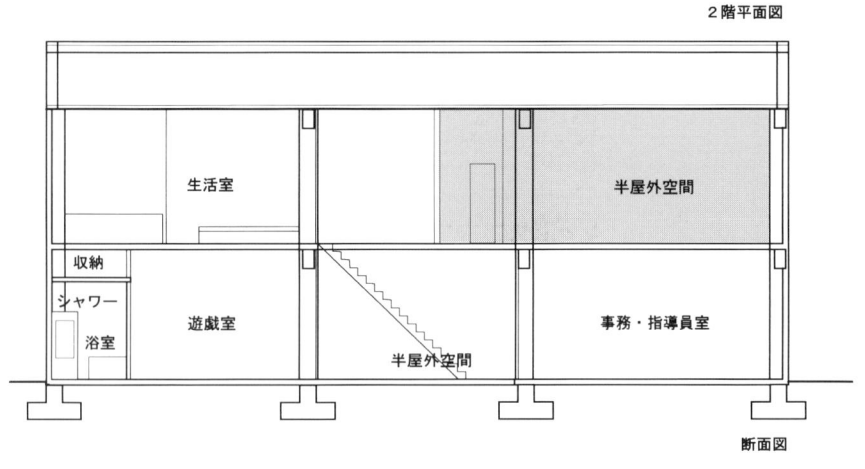

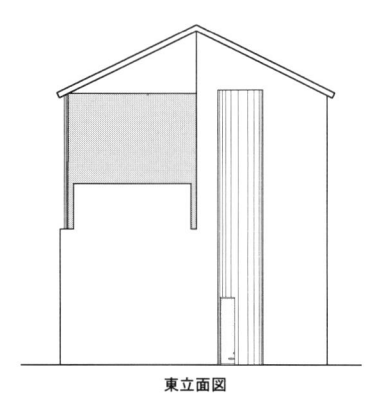

配置図

1階平面図

2階平面図

断面図

東立面図

南立面図

南西よりみる

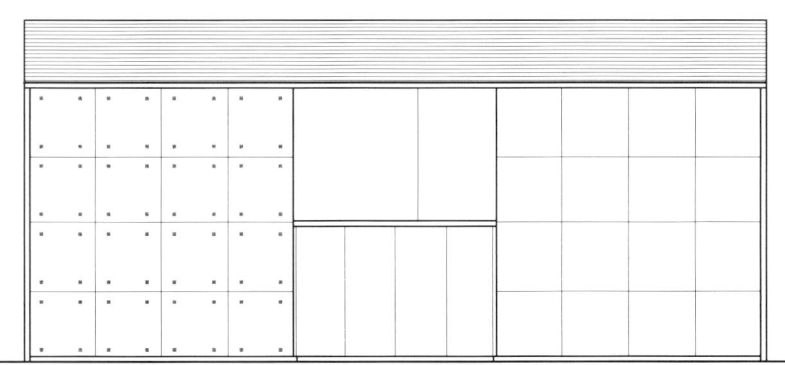

東南より半屋外空間と日影

東よりみる

第5章 児童館の計画例　73

計画案 II　小型児童館

■計画・設計主旨

　地方都市の小地域の小学校1～3年児童を対象に健全な遊びを与え，健康を増進し，情操を豊かにすると共に完全週休5日制の子どもたちの多様な生活ニーズにも対応できることにも努めている。また子ども達を通して地域住民の交流の場として機能させる。気候温暖な立地条件を踏まえ，年間を通して放課後の室内外環境を確保し，有効な空間利用に努める。

　この主旨で，半屋外空間（A：デッキ，B：地面）を内部空間と連続させることを含めて，年齢層に応じた生活領域の確保と異年齢層間の交流を促す建築的構成として計画している。特に集会・交流空間と遊戯空間は半屋外空間を含めてそれぞれの使われ方に互換性とフレキシビリティを与えることを意図している。

　また，このため夏季の日影，冬季の日当りを室内・屋外で有効に確保し，子どもの遊び環境を年間通して，快適なものにするよう建物配置を考慮する。敷地条件，周辺条件にもよるが，学童保育が集中する時間帯である午後の3～4時間に冬季の日照を得られるよう，建物を南面ばかりでなく一部西南に開き，屋外空間，半屋外空間を含め十分に日当りを確保できるように配慮したのが本計画である。

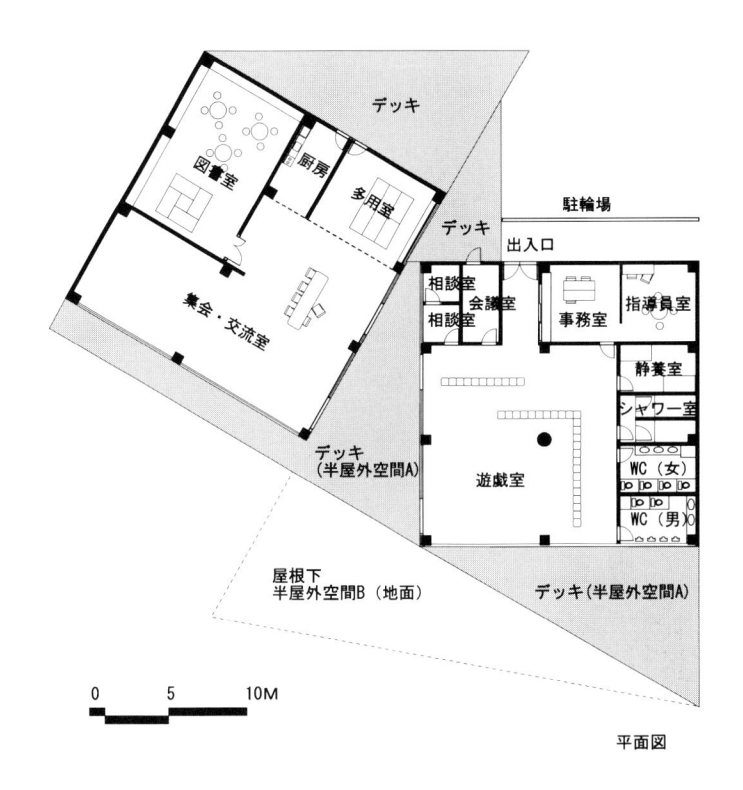

配置図

　敷地は西側に近隣公園が隣接し，北側には市役所がある。南と東側に中層共同住宅がある。道路との高低差はほとんどない。周辺は近隣商業地域および防火地域に指定されている。

■諸室構成/面積　等
構造：鉄筋コンクリート造（地上1階）
建築面積：517.2 m^2（半屋外空間を除く）
延床面積：517.2 m^2（半屋外デッキ：203.2 m^2）
集会・交流室：158.3 m^2
遊戯室：145.5 m^2
図書室：80 m^2
厨房：15 m^2
事務室・指導員室：49.5 m^2（受付を兼ねる）
静養室：15.7 m^2
多用室：36.3 m^2
相談室：12.5 m^2
会議室：12.5 m^2
便所：男：大2小3，女：3
シャワー室：15.7 m^2（男子2，女子2）
倉庫：適宜

平面図

デッキ（半屋外空間A）より遊戯室をみる

計画案 III 児童遊園をもつ児童センター

■計画・設計主旨

　小型児童館の機能（集会室，遊戯室，図書室，事務室，相談室，創作活動室，静養室等）に加えて，運動を主とした遊びを通して体力増進を図ることを目的としている。これらの指導機能を有し，小学校児童の健康育成に努めるため，トレーニング室を準備すると共に室内遊戯空間と連続する半屋外空間や外部空間としての児童遊園を設けて，体力増進に求められる環境の多様性条件を確保することに努めている。多目的集会ホールが体育室に連続していることも，遊びを通じての体力増進活動の領域確保のために有効と考える。

　また，本来目的とする機能水準を高めるために，環境設備の充実が欠かせないものになりつつある。シャワー室も必要設備になろう。

　敷地は，角地に位置し面積は3000m²である。接道条件は北側と西側に接している。東側に近隣公園が隣接し，北側には市立小学校がある。周辺は第1種中高層住居専用地域および防火地域に指定されている。

■諸室構成/面積　等
構造：鉄筋コンクリート造（地上1階一部半地下）
建築面積：800.5 m² ／延べ床面積：830.5 m²
□1階部分
多目的集会ホール：144.9 m²
トレーニング室（高学年用）：98.7 m²
遊戯室（低学年用）：46.2 m²
コンピュータ室：57 m²
図書室：51.4 m²
相談室／クラブ室：計22 m²
多目的作業室：51.6 m²
事務・指導員室：24.2 m²（受付を兼ねる）
会議室：13.9 m²
医務室／静養室：19.7 m²
軽食コーナー：72.4 m²
談話・交流コーナー：74.9 m²
給湯室・厨房：21.2 m²
便所：男：大2小3，女：2，車椅子用1
シャワー室：11.4 m²（男子2，女子2）
収納倉庫：適宜
□その他
利用者用の駐輪場，また児童遊園用の便所を設ける
管理用，サービス用2台分の駐車場を設ける

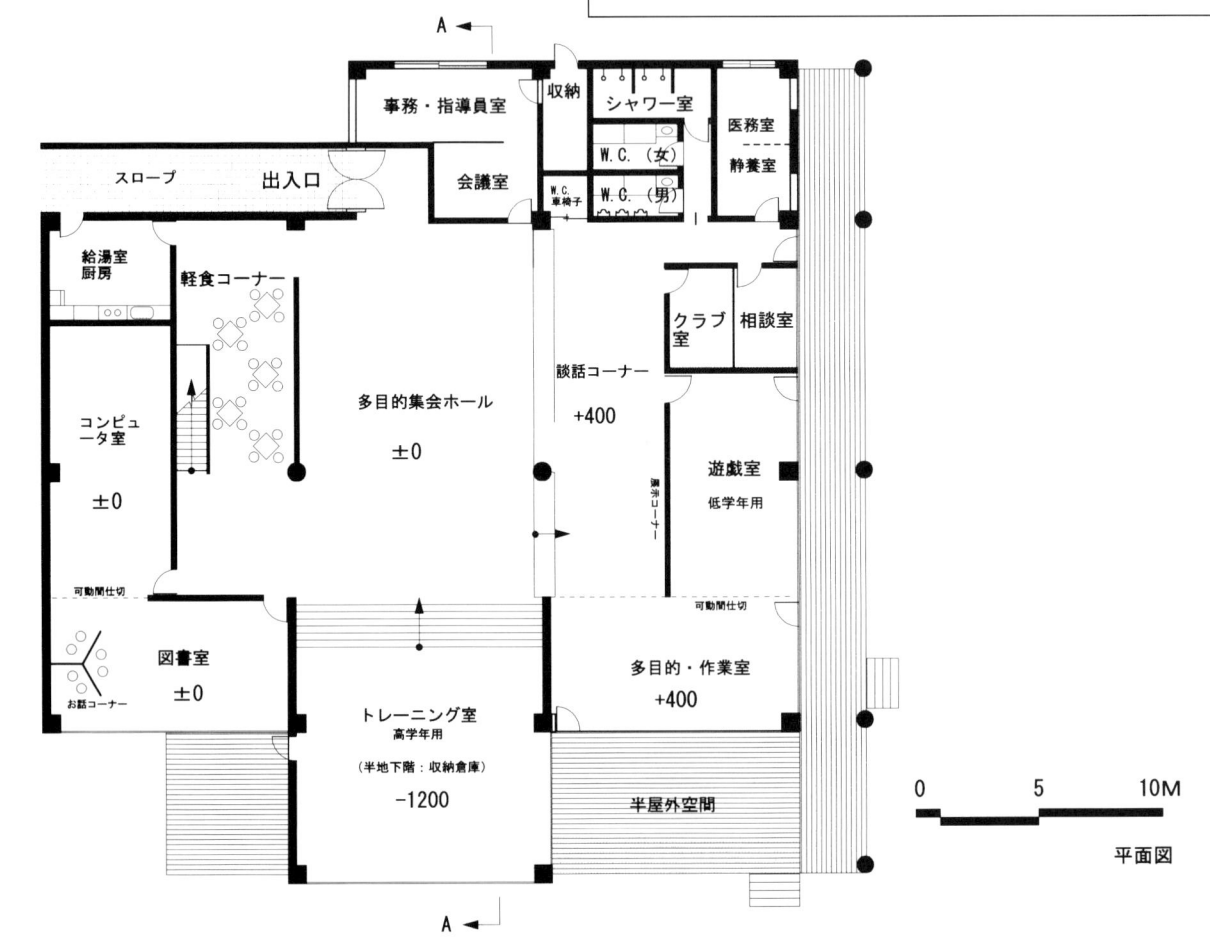

第 5 章 児童館の計画例 75

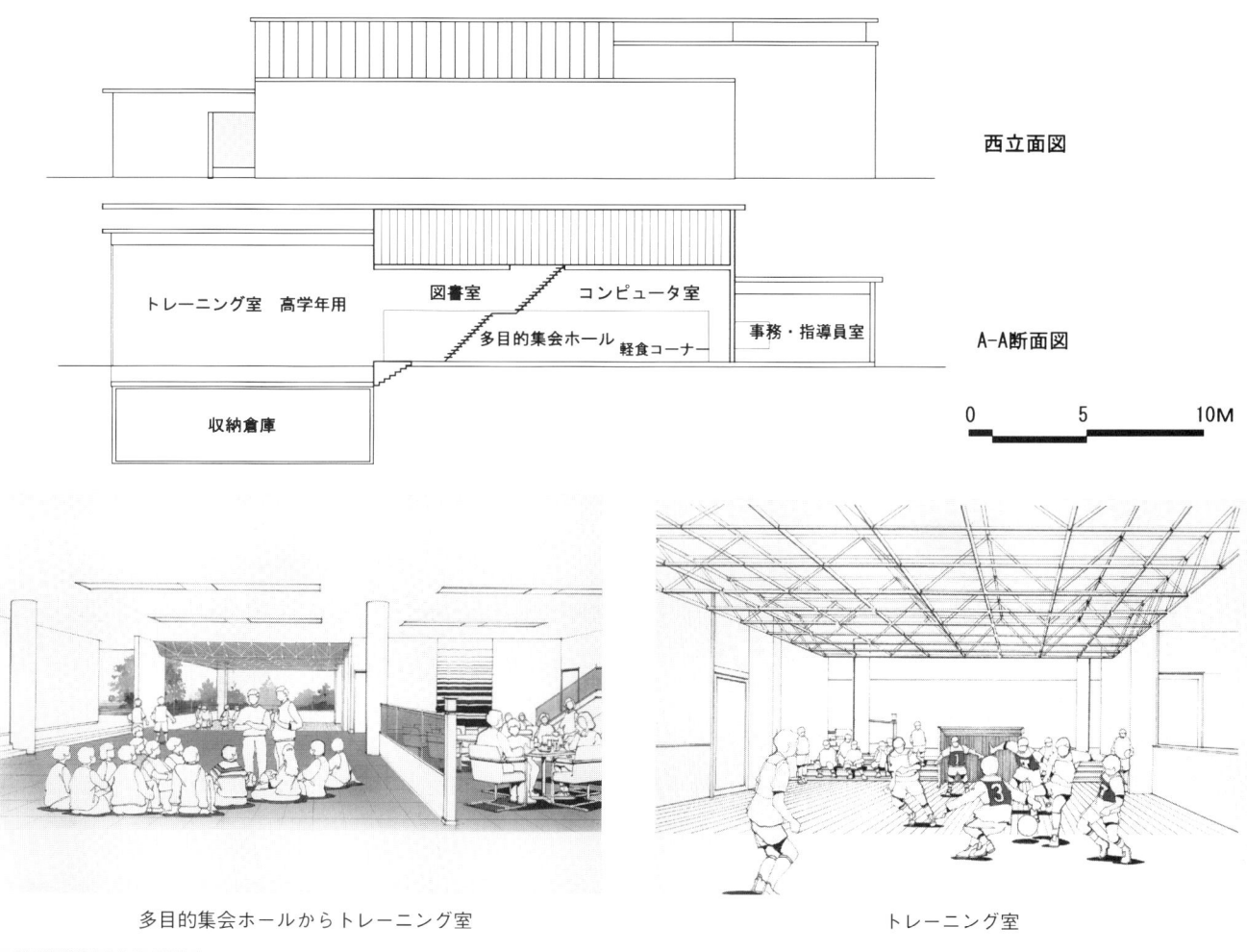

西立面図

A-A断面図

| トレーニング室 高学年用 | 図書室 | コンピュータ室 | 事務・指導員室 |
| 収納倉庫 | 多目的集会ホール | 軽食コーナー | |

0 5 10M

多目的集会ホールからトレーニング室

トレーニング室

鳥瞰パース（南西よりみる）

76　第2編　児童館

計画案 IV　小ホールをもつ児童センター

■計画・設計主旨

　幼児から低学年児童さらに年長児童まで，子どもの年齢層に応じた健全育成に供する大型児童センターである。特に年長児童（含中学生，高校生等）の情操を豊かにし，健康を増進するための育成機能（文化活動，芸術活動，スポーツ及び社会参加活動など）の設定が基本にある。

　1階部分に独立して使用できる小ホールと総合遊戯室を設け，世代交流の空間とし，屋外イベント広場と連続して利用できる。2階部分は主としてトレーニング室等体育活動と音楽室等の空間，さらに3階に高齢者との交流（遊びながら学ぶ）や創作活動の場を設けてある。2階屋上は緑化され，屋外作業場となる。また3階屋上は低学年児童の遊び場が計画され，屋外イベント広場の活動を観覧する場にも供される。尚，屋外イベント広場は多目的遊び場，さらには近隣公園と連続的につながる構成となっている。

　敷地は，地方中心都市近隣商業地区にあり北側に近隣公園がある。

■諸室構成/面積　等

構造：鉄筋コンクリート造（地上3階）
建築面積：1008.7 m²／延床面積：2438.1 m²

□1階部分
小ホール：224 m²（控え室30 m²）
総合遊戯室：162.7 m²
事務・指導員室：49 m²
医務室/静養室：13 m²
レストラン（含厨房）：126.7 m²
便所：男：大4小5，女：8，車椅子用2

□2階部分
トレーニング室：196 m²／体力測定室：28.5 m²
指導員室：24.5 m²／シャワー室：24.5 m²
保育室（A+B）：49 m²
音楽室（含個人練習室）：82 m²
集会室：44.5 m²
便所：男：大2小3，女：4

□3階部分
コンピュータ室：100 m²／会議室：34 m²
図書室（含書庫，閲覧，事務室）：196 m²
創作・作業室（含屋外作業場）：196 m²
便所：男：大2小3，女：4
倉庫：適宜

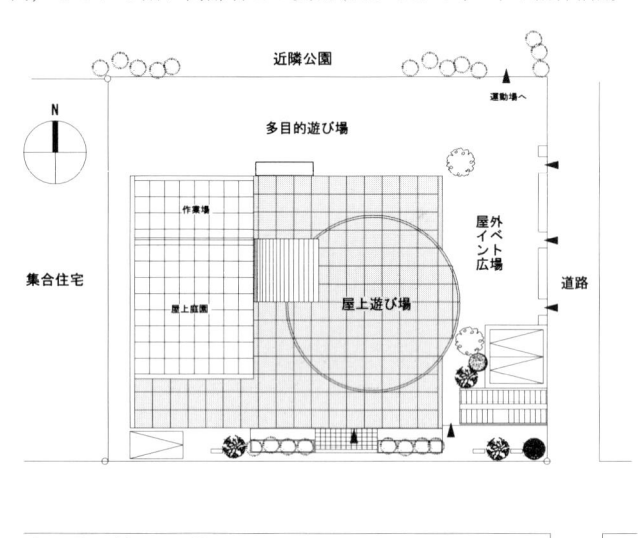

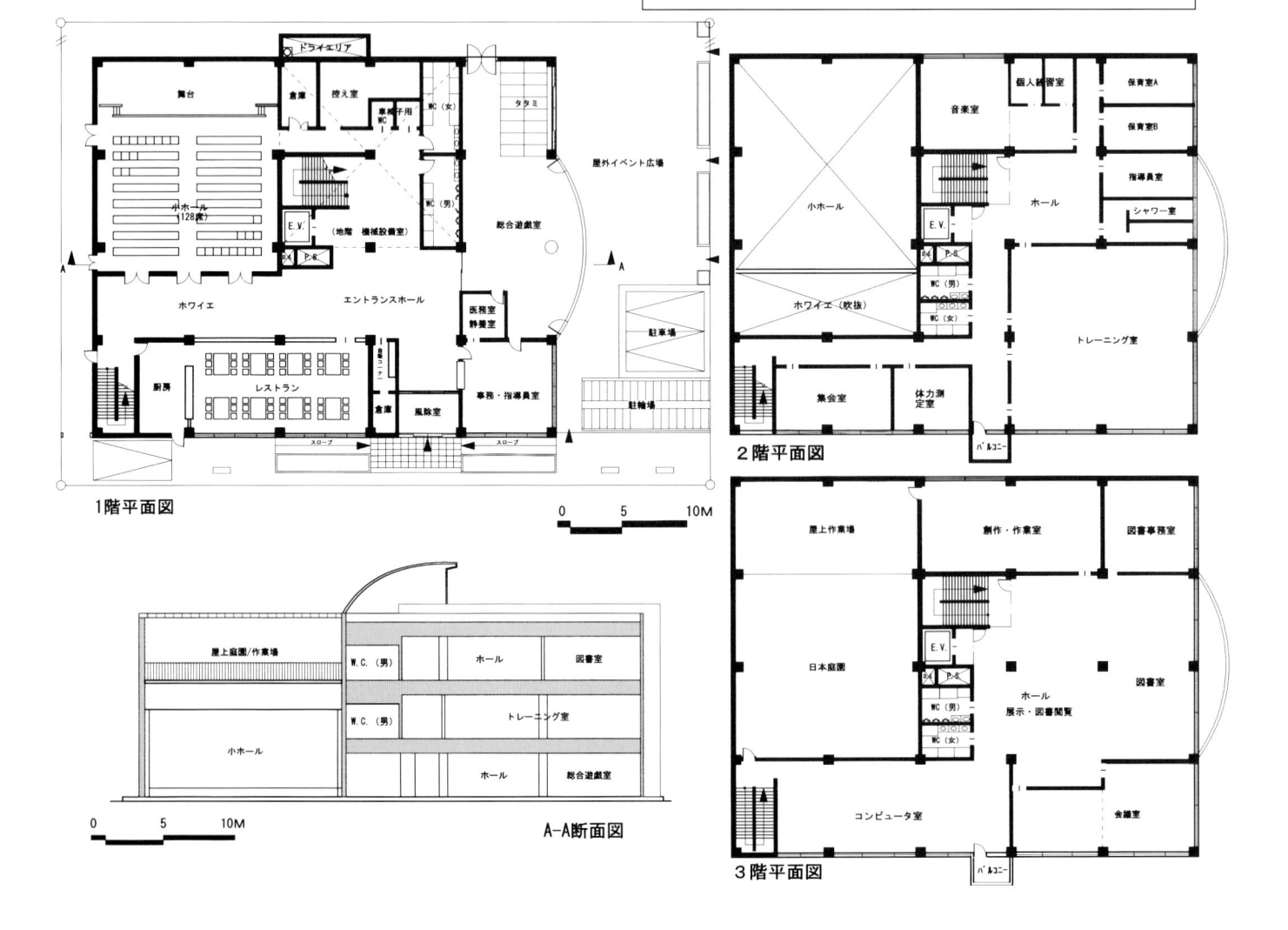

第 5 章 児童館の計画例 77

総合遊戯室より屋外イベント広場を眺める

トレーニング室

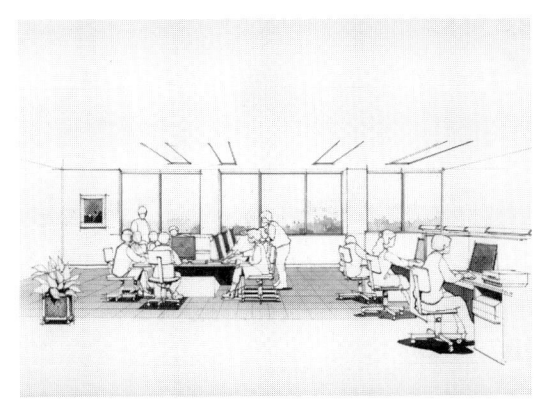

コンピューター実習

2 階屋上庭園の前で高齢者とともに陶芸をする子供たち

計画案 V　大ホールをもつ複合児童館

■計画・設計主旨

小型児童館機能，児童センター機能に加えて都道府県を含め広域のこれら機能施設群等の指導及び連絡調整等の役割を果たす中枢的機能を有するものである。IT化時代に入った現在，その役割はさらに重要且つ必要なものになりつつある。また，高齢社会の中で健康高齢者福祉に求められる生き甲斐としての子ども達との日常生活交流の場の提供も複合機能として重要なものになってきている。

本計画は，幼児童や年長児童が高齢者との遊び，創作・学習，芸術・文化活動さらに健康スポーツ活動を通して交流し，心身の健全育成に資する環境としての複合施設機能設定と空間構成を試みている。中庭部分は可動トップライトルーフによって，季節の日常環境の変化に対応した多目的スペースとして，利用できるようになっている。

敷地は角地に位置し，道路との高低差はほとんどない。道路が南側と東側に接している不整形な四辺形である。西側には市役所が隣接している。敷地および周辺は低層の住宅及び中層の集合住宅が建ち並ぶ近隣商業地域及び防火地域に指定されている。

■諸室構成/面積　等

構造：鉄筋コンクリート造（地上2階）
建築面積：2205 m^2／延床面積：3822.5 m^2
□1階部分
図書室：240 m^2。児童用120 m^2・一般用120 m^2開架書架・閲覧スペースからなる
地域情報センター：101.3 m^2。児童健全育成に関する情報機能
小レストラン（含厨房）：60.8 m^2
大会議室（最大収容200人）：126 m^2。間仕切で小会議室としても利用可
展示ホール：市民の文化活動の発表の場となる
玄関ホール：吹き抜けを設ける
大ホール（850名収容）：600 m^2。ホワイエ，楽屋，リハーサル室，倉庫
□2階部分
放送室/映写室/予備室：計77.7 m^2
体育室：94.5 m^2。体操，モダンダンス，卓球等室内競技に使用。
トレーニング室：49 m^2
体力測定室：24.5 m^2／体育準備室：24.5 m^2
シャワー室/更衣室：31.5 m^2
遊戯室：105m^2（低年齢児童向け63 m^2＆幼児向け42 m^2）
高齢者実習室（含和室24畳）：126 m^2
浴室（高齢者用）：49 m^2
子ども高齢者交流スペース：42 m^2
学童保育育成室（A+B）：63 m^2
集会室：63 m^2
事務室／医務室／静養室／指導員室：126 m^2
便所：適宜（車椅子用別途設ける）
倉庫：適宜／電気機械設備室：適宜（地階）

配置図

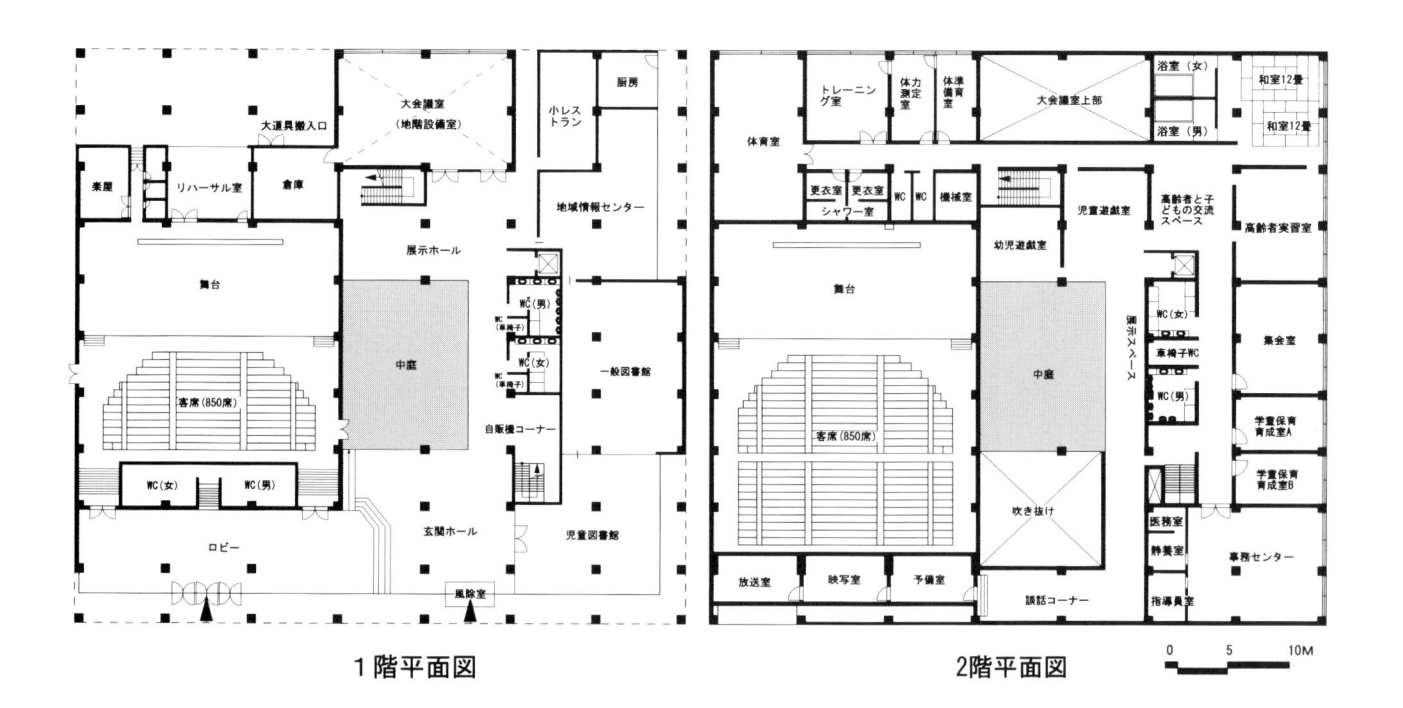

1階平面図

2階平面図

第 5 章 児童館の計画例　79

大ホール

高齢者と子供の交流

展示スペースと中庭

外観パース（南よりみる）

第3編
設計事例

幼稚園
1. 吉備高原幼稚園 …………………………………………………………… 82
2. 自治会立 奈良屋幼稚園 …………………………………………………… 84
3. ゆりかご幼稚園 …………………………………………………………… 86
4. 学校法人アプリコット学園 あんず幼稚園 ……………………………… 88
5. 佛教大学付属幼稚園 ……………………………………………………… 90
6. 洗足学園大学付属幼稚園 ………………………………………………… 92
7. 学校法人原市学園 妙厳寺幼稚園 ………………………………………… 94

保育所
1. 水戸市立 渡里保育園 ……………………………………………………… 96
2. 杵築中央保育園 …………………………………………………………… 98
3. 高根町立 しらかば保育園 ………………………………………………… 100
4. 社会福祉法人白善会 保育園るんびいに ………………………………… 102
5. 中原保育園 ………………………………………………………………… 104
6. 川口市立 戸塚西保育所 …………………………………………………… 106
7. 末広保育園＋デイサービスセンターふくじゅ ………………………… 108

児童館
1. 那覇市識名児童館 ………………………………………………………… 110
2. 厚木市立山際児童館＋老人憩いの家 …………………………………… 112
3. 中野区城山ふれあいの家 ………………………………………………… 114
4. ひかり児童館（所沢市中富南コミュニティセンター） ……………… 116
5. 日本基督教団 ユーカリが丘教会＋光の子児童センター ……………… 117
6. 大和町もみじヶ丘児童館 ………………………………………………… 118
7. 武蔵野市立0123はらっぱ ………………………………………………… 120
8. 福野町児童センター アルカス …………………………………………… 122

幼稚園 1　吉備高原幼稚園

所 在 地：岡山県御津郡加茂川町竹部
事 業 主：吉備高原都市学校事務組合
設 計 者：小泉雅生／C+A
完成年月：1999年2月
構　　造：主要部　木造
面　　積：敷地面積 19,337 m²　延床面積 477.12 m²
　　　　　1階 477.12 m²
計画収容人員：合計3クラス
　　　　　3歳児，4歳児，5歳児，各1クラス
併設施設：小学校
設備など：床暖房
掲 載 誌：新建築（1999年7月）
　　　　　GA.39

　直線状とジグザグ状の2つの木造立体格子とその上部に架け渡された一枚の屋根からなる、木造平屋建ての幼稚園である。

　屋根を支える立体格子は、1200 mm角のモジュールで柱・梁を組み合わせたジャングルジム状の構造体である。建物中央の格子は、3つの保育室とひとつの遊戯室とを緩く仕切る役割を果たしている。格子面にはホワイトボードや吸音機能を持った可動パネル・棚板などが取り付けられ、それらの着脱によって間仕切りの強度を自由に設定・調整が可能である。格子の一段目の梁は園児が自由にその下を動き回れる高さとなっているので、間仕切られつつも各保育室・遊戯室は園児にはひとつながりの大きな空間として受け止められるだろう。

　さらに格子の中に隠れ家をつくる、中段から滑り台を使うなど、この立体格子は活動領域の中央に置かれた巨大な遊具でもある。ひとつながりの大きな空間の中で園児の様々なアクティビティを誘発する仕掛けとなっている。

　上部に架けられる屋根は2×12の部材の梁を一方向に並べて構成される。ジグザグの格子上で支持スパンが変化するのに応じて、梁のピッチを変化させている。結果としてトップライトからの光が落とす梁の陰影が、天井に微妙なグラデーションを作り出す。

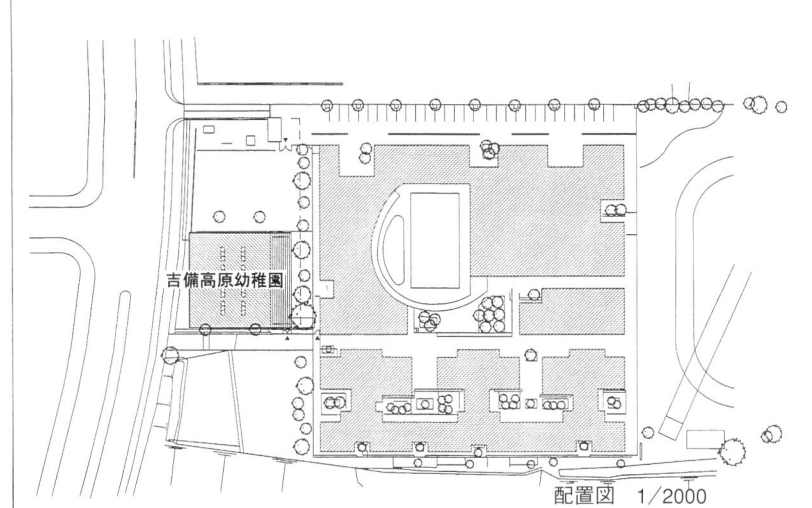

幼稚園 83

配置図 1/2000

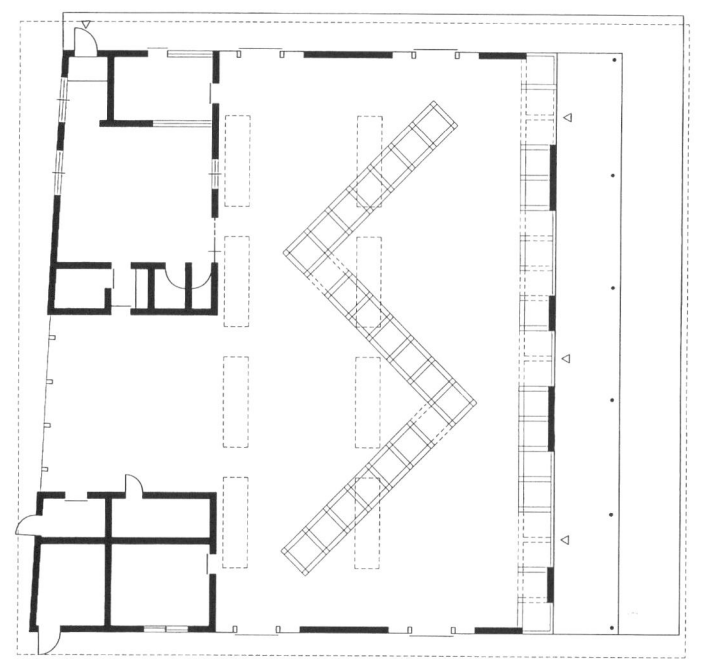

平面図 1/300

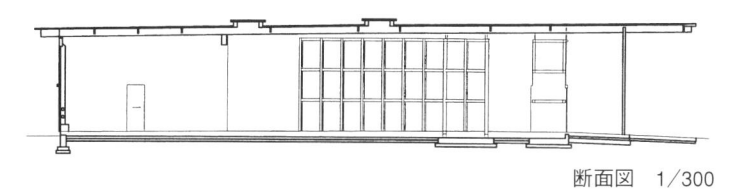

断面図 1/300

吉備高原幼稚園

撮影：新建築写真部

撮影：新建築写真部

幼稚園 2 自治会立 奈良屋幼稚園

所 在 地：福岡県福岡市博多区奈良屋町1-6
事 業 主：奈良屋幼稚園建設委員会
設 計 者：工藤和美＋堀場　弘／シーラカンスK&H
完成年月：2000年 2 月
構　　造：主要部鉄筋コンクリート造＋一部鉄骨造
面　　積：敷地面積 1,196.203 m^2　延床面積 541.78 m^2
　　　　　1階 388.70 m^2　2階 153.08 m^2
計画収容人員：合計 90人
　　　　　3歳児（20人），4歳児（35人），5歳児（35人）
併設施設：福岡市立博多小学校，奈良屋公民館
掲 載 誌：新建築（2000年 5 月）
　　　　　GA JAPAN 44
　　　　　建築技術（2000年 6 月）

北側外観の夜景　　　　　　　　　　　　　撮影：新建築写真部

　都心居住者の減少で統廃合された博多小学校と校地や校舎を共有しながら，小学校と連係を持った都心の幼稚園である。旧奈良屋校区の自治会で古くから運営されてきたこの幼稚園は，商売に携わる家庭の多い地域性の中で，幼児達を預かり保育したり運動倶楽部やピアノ教室といった地域のニーズに合わせたユニークな運営を早くから行なってきた。3・4・5歳児がいっしょに活動したり分かれたりといった，自然な営みを限られた園舎のなかで，少ない職員で運営できるように，様々な場所から目線や声が通る設計となっている。年齢別の場所は，折り戸による区分以外に，ピーナッツデスクと名づけた移動できる三色の教卓が，園児達に自然に居場所を知らせている。活動に応じて移動でき，色によって自分の組を知る。園舎は全体に子どもの目線で設計を行い，家具や小学校とも連続する木デッキレベルの扱いなど，常に大人と子どもの目線の差を，時には逆転させるなどの工夫を施している。また，園庭を小学生と共有することから活動が重なった時を想定し，部屋で十分に遊べるように，構造のブレースを滑り台にしたり，床の一部にサイコロイスを仕込んだりしている。床に仕込まれた 30cm 角のブロックは，イスにも机にもなり，はずすと積み木遊びや基地作りもできる建築としての家具である。家具は建築と切りはずすのではなく，空間を設計する一部として考えだしている。

4歳児スペースから3歳児スペースを見る　　　　　　　撮影：新建築写真部

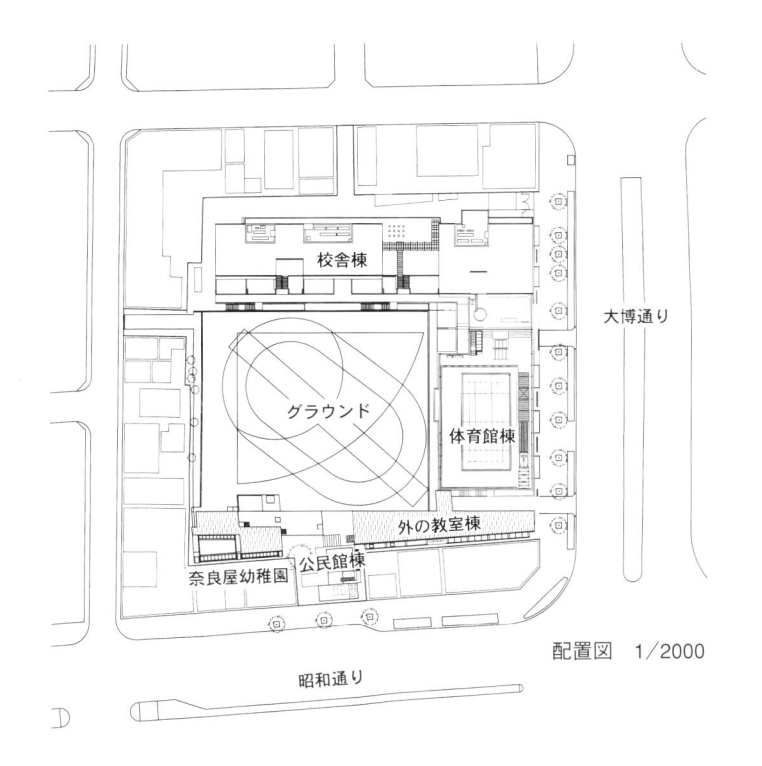

配置図 1/2000

2階平面図 1/400

1階平面図 1/400

断面図 1/200

事務スペースから光庭を見る。レベル差は910mm。床際の開口からは3歳児スペースが見える
撮影：新建築写真部

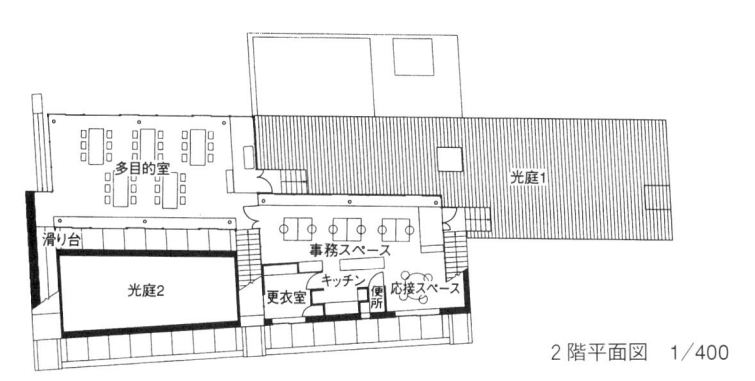

柱，可動間仕切，可動収納，サイコロイス，ピーナッツデスクなどが園児の居場所をつくる

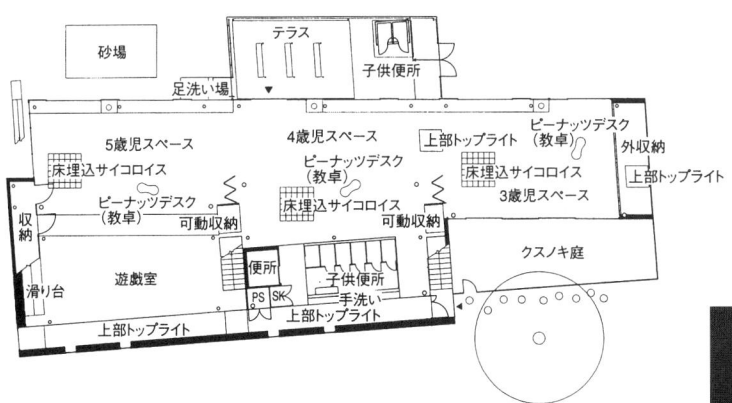

ナミナミマット

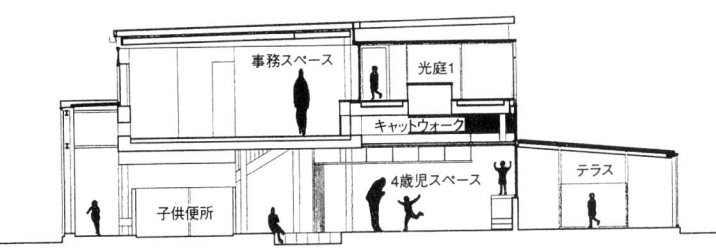

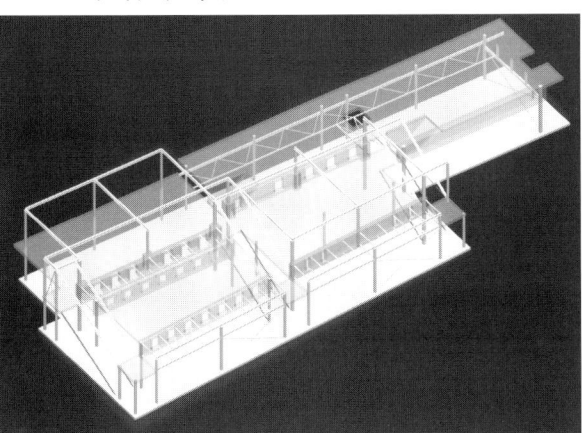

構造アクソメ図

幼稚園 3 ゆりかご幼稚園

所 在 地：岐阜県岐阜市椿洞 1105-1
事 業 主：学校法人 菅生学園
設 計 者：株式会社 藤木隆男建築研究所
完成年月：1994年3月
構　　造：鉄筋コンクリート造＋木造，一部鉄筋コンクリート造
面　　積：敷地面積 2,808.53 m^2
　　　　　延床面積 701.88 m^2（地上1階）
計画収容人員：合計 53 人
　　　　　3歳児（18人），4歳児（17人），5歳児（18人）
掲 載 誌：新建築（1994年6月）

　岐阜市市街地の旧園舎から，郊外椿洞の山間への移転改築。年少から年長まで3クラス90人の幼稚園である。幼児保育の環境としての自然を重視し，敷地周辺の畜産センターや山川全体を園庭と考え，広いグランドは取らず，敷地をフルに活用した木造平屋建・分散配置連結型の建築を提案している。知育に走らず，子供の持つ創造的潜在力を最大限引き出し，子供たちが安心して自分の居場所を得られるように，一軒の住宅のような自己完結型保育室とした。独自の玄関とトイレを持ち，机を使わず，道具や作品，生き物などがフレキシブルに設えられる3つの保育室はそれぞれ独立しており，屋外木製デッキテラスで連結されている。

　建具，家具，内装はすべて木製素地仕上で，安全性と温もりをもっている。遊戯室とデッキテラス，園庭，周囲の自然は連続的につなげられ一体化されている。園の中心になるスペースは，ロフトとデンをもつ高天井の遊戯室で，そこはまた食堂でもあり，劇場でもある。様々なスペースはすべて英国製の赤いハンギング・タイルで葺かれた勾配屋根の建築で，全体の景観は，子供たちの幼児期の現風景となるような印象深さを醸し出している。

撮影：新建築写真部

撮影：新建築写真部

幼稚園　87

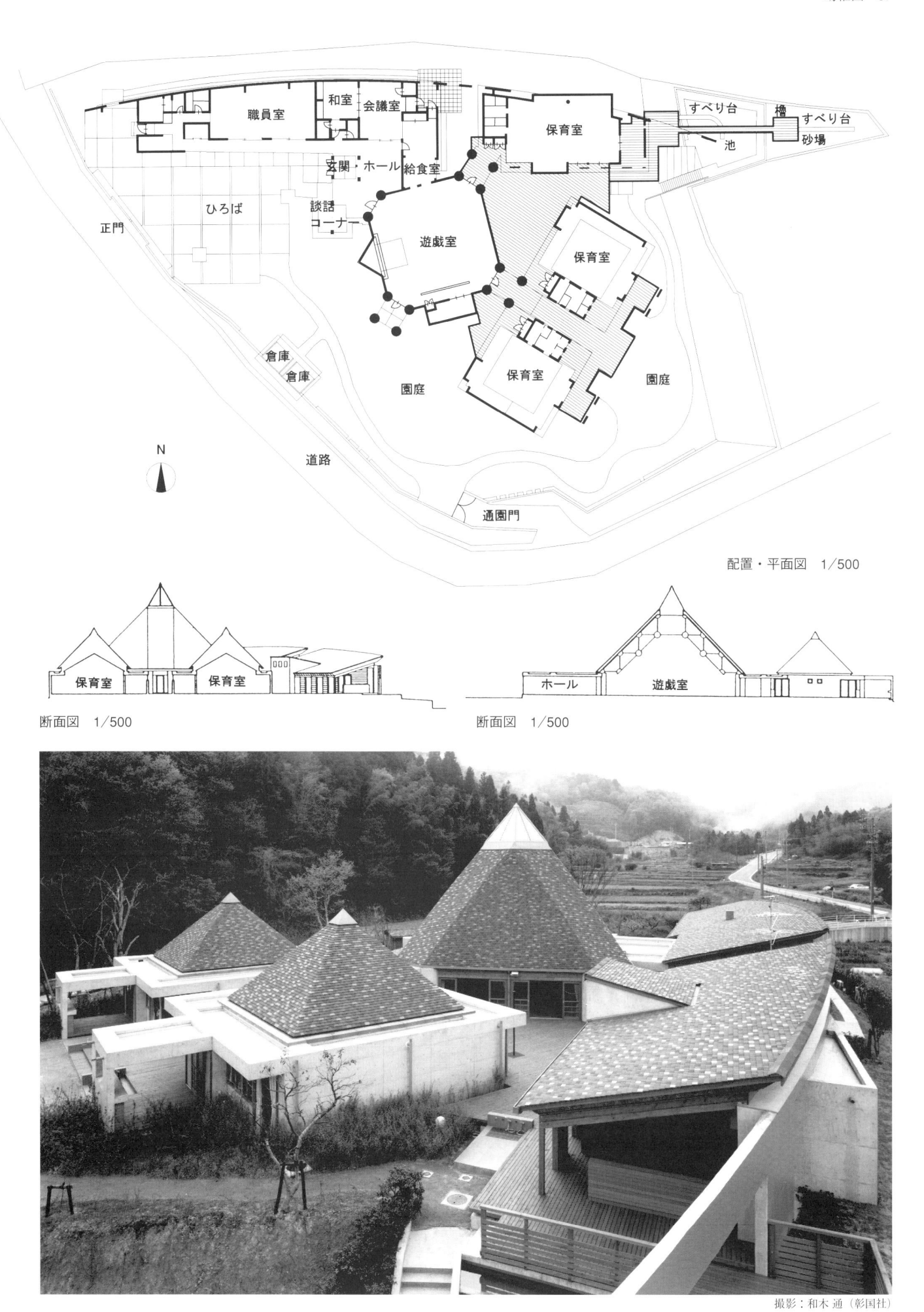

配置・平面図　1/500

断面図　1/500

断面図　1/500

撮影：和木 通（彰国社）

幼稚園 4 学校法人 アプリコット学園 あんず幼稚園

所在地：埼玉県入間市仏子 1089-34
事業主：大久保喜一
設計者：倉島和弥＋企画設計室 RABBITSON
完成年月：1994年 4月（5期工事）
構　　造：木造
面　　積：敷地面積 3,250.50 m^2　延床面積 1,228.13 m^2
　　　　　1階 1,170.50 m^2　2階 57.63 m^2
計画収容人員：合計 200人
　　　　　3歳児（30人），4歳児（85人），5歳児（85人）
併設施設：テニスクラブハウス，テニスコート，
　　　　　スイミングスクール（同オーナー隣接敷地）
設備など：全室床暖房，父兄の製作によるアスレッチック遊具，
　　　　　屋外ステージ（学園祭，運動会，コンサート等）
掲載誌：住宅建築（1997年3月）
　　　　建築設計資料51 保育園・幼稚園2
　　　　－地域とともにつくる原風景－

　事業主はアパートや賃貸マンションによる土地利用ではなく，地域社会・文化にかかわった展開をしたいと考えていた。白梅学園短期大学名誉教授・久保田浩先生の教育理念を他園で実行していた園長先生との出会いが今回の計画の発端となった。

　経験・体験による自主性を育むユニークな教育は幼児教育という狭い視点ではなく，そこを巣立った子供たちが再びその地に戻り，その繰り返しが文化を築くという社会性に満ちたものである。

　細かな要望も出されはしたが，むしろ園長先生の教育イメージを形にすることを第一とした。つまり，内外部の連続性，フレキシブルな機能，シンプルでかつ複雑な？空間構成。「風の又三郎」がキーワード。

　室内空間は敷地の中に浮遊しているといってよい。すべての室内空間はデッキを通して，外部→内部→外部と連続している。したがって複雑な領域が生まれ子供たちの自由な発想に対応している。また，デッキを通して雨の日でも自由に移動できるため，社会性が増している。クラス単位のカリキュラムでは可動パネルで仕切ることによりプライベートスペースを確保している。

幼稚園 89

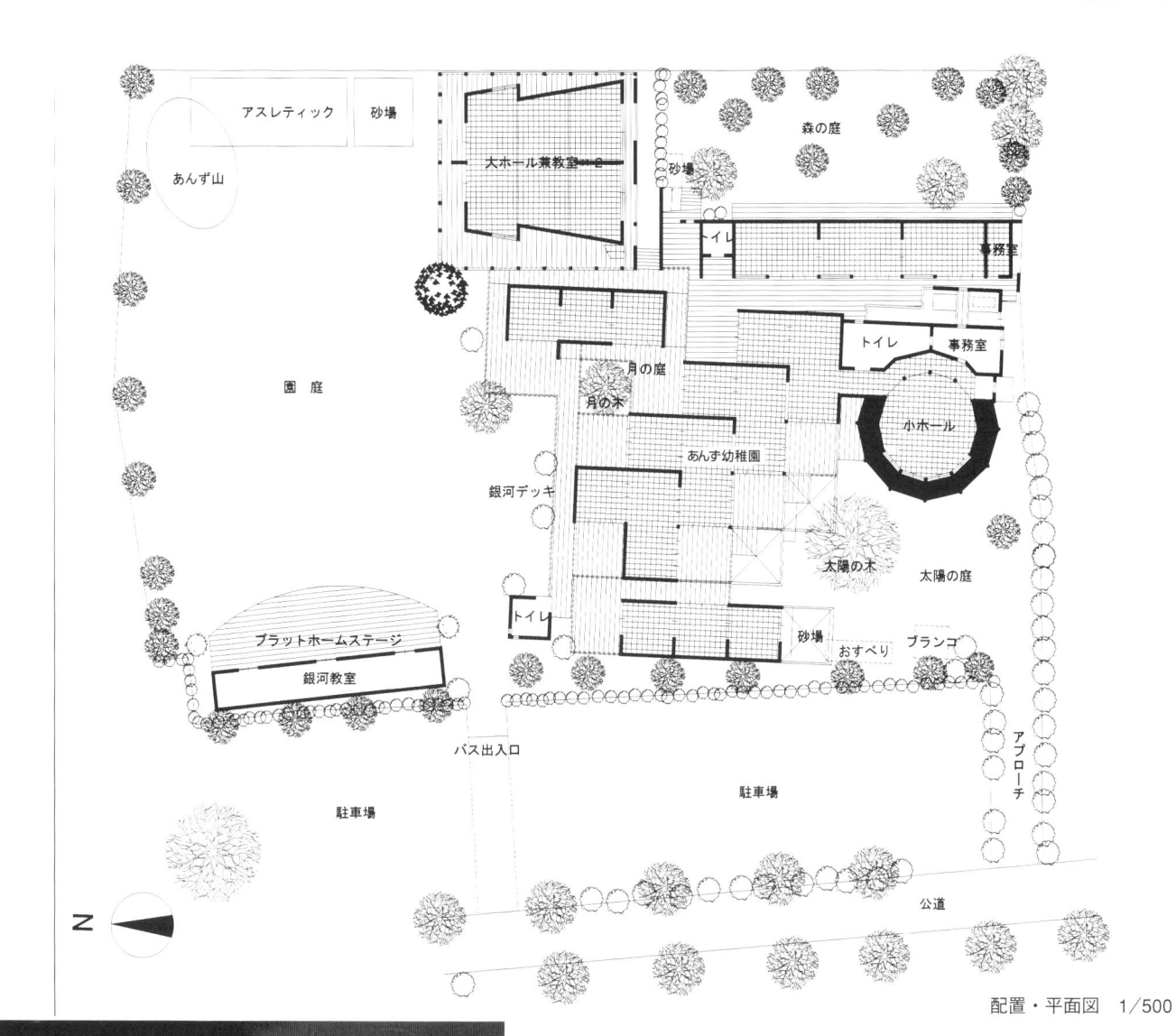

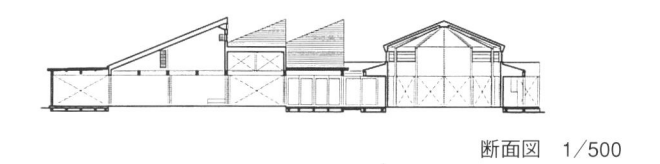

アスレティック	砂場
あんず山	大ホール兼教室	森の庭
園庭	砂場
	トイレ 事務室
	月の庭
	月の木 トイレ 事務室
	あんず幼稚園 小ホール
	銀河デッキ
	太陽の木 太陽の庭
	トイレ 砂場 おすべり ブランコ
プラットホームステージ	
銀河教室	アプローチ
	バス出入口
駐車場	駐車場
	公道

N

配置・平面図　1/500

断面図　1/500

あんず幼稚園撮影：岩瀬　泉

幼稚園 5　佛教大学付属幼稚園

所在地：京都市右京区
事業主：学校法人 浄土宗教育資団
設計者：株式会社 日建設計
完成年月：1997年 2月
構　造：鉄筋コンクリート造
面　積：敷地面積 4,198.26 m²　延床面積 2,558.67 m²
　　　　1階 1,475.44 m²　2階 929.68 m²
計画収容人員：合計 380人
　　　　3歳児（100人），4歳児（140人），5歳児（140人）
設備など：蓄熱式床暖房システム
掲載誌：近畿建築士会協議会 機関誌「ひろば」（1997年7月）

　佛教大学付属幼稚園は，京都洛西の名勝地「広沢池」にほど近い自然に恵まれた環境に位置する。園創設20周年事業の一環として，大学グラウンドの整備と合わせて立て替えられた。

　この幼稚園は，感性豊かに伸び伸びと成長する子供たちを暖かく包み込み，そして木の温もりが感じられる施設とし，園児達にとっては「自分たちの城」として記憶に残るものを目指した。

　建物は，正方形に近い敷地に対してグラウンドを取り込む形で保育室を円形状に配し，全体を見渡すことができる，わかりやすい構成としている。本園は3年保育で，全体で10～12クラスの規模となるため，建物を分節し，勾配屋根をかけて周囲の環境との調和を図った。

　自然採光，自然通風を主体として，太陽熱利用給湯方式，深夜電力利用蓄熱式床暖房システムを導入し，省資源，省エネルギー化を図った。

　ロフトやトンネルのある保育室，阿弥陀仏を納める仏壇と法然上人，善導大師をあしらったステンドクラスのある遊戯室，木製遊具に囲まれた園庭など，園長先生はじめ各先生の想いがここに完成した。この園舎が子供たちとすくすくと育っていくことを望んでやまない。

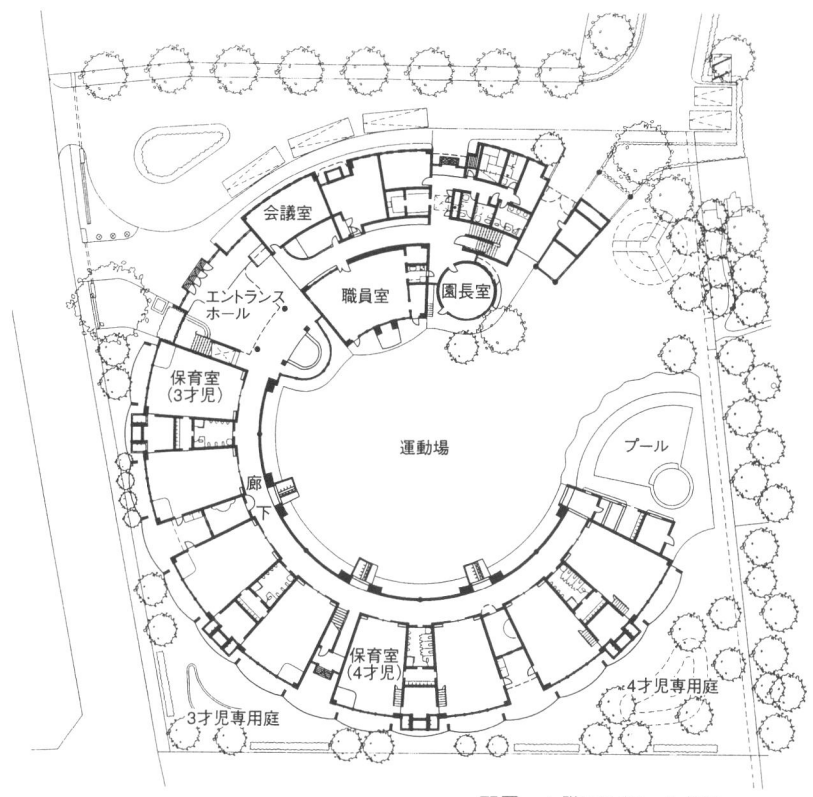

配置・1階平面図　1/800

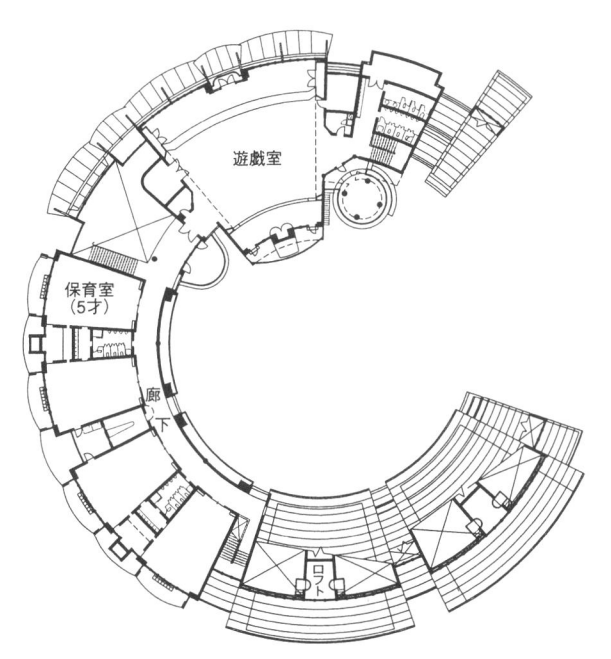

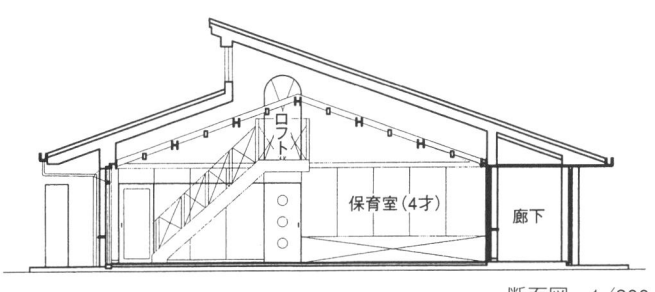

2階平面図　1/800

断面図　1/800

佛教大学付属幼稚園撮影：SS大阪

幼稚園 6　洗足学園大学付属幼稚園

所 在 地：神奈川県川崎市高津区 久本
事 業 主：学校法人 洗足学園
設 計 者：株式会社 日本設計
完成年月：1997年3月
構　　造：鉄筋コンクリート造＋一部鉄骨造
面　　積：敷地面積 2,811.79 m²　延床面積 1,909.658 m²
　　　　　1階 1,437.897 m²　2階 471.761 m²
計画収容人員：合計 240人
　　　　　3歳児（80人），4歳児（80人），5歳児（80人）
掲 載 誌：建築文化（1997年6月）
　　　　　新建築（1998年2月）
　　　　　ディテール（1997年 春期-132号）
　　　　　スクールアメニティ（ボイックス）
　　　　　エデュクア（1998年12月）

　自由保育を教育方針として掲げる幼稚園である。大学の付属であるため，幼児教育学科の実習にも使用される。3年保育であるが，3歳児は20人弱の4クラスに分かれているため，年中・年長各2クラスと併せて8クラスある。

　保育室と園庭が，子供たちにとってひと連なりの空間に認識されるように，広い縁側と深い軒からなる中間領域を作っている。この縁側は，送り迎えをする親と教員とが，子供を挟んでコミュニケーションをとる場所でもある。どの教室からも園庭が一望できるように，平面型は緩く湾曲しており，そのことがまた施設全体に一体感もたらしている。

　教室同士は中2階の通路で連結されているが，これは教育実習の学生が子供たちの振る舞いを上から観察するためのスペースにもなっている。また，子供の顔が逆光になってしまうと表情が読み取りづらくなる，ということがあって，屋根から採光をとっている。

2階平面図　1/600

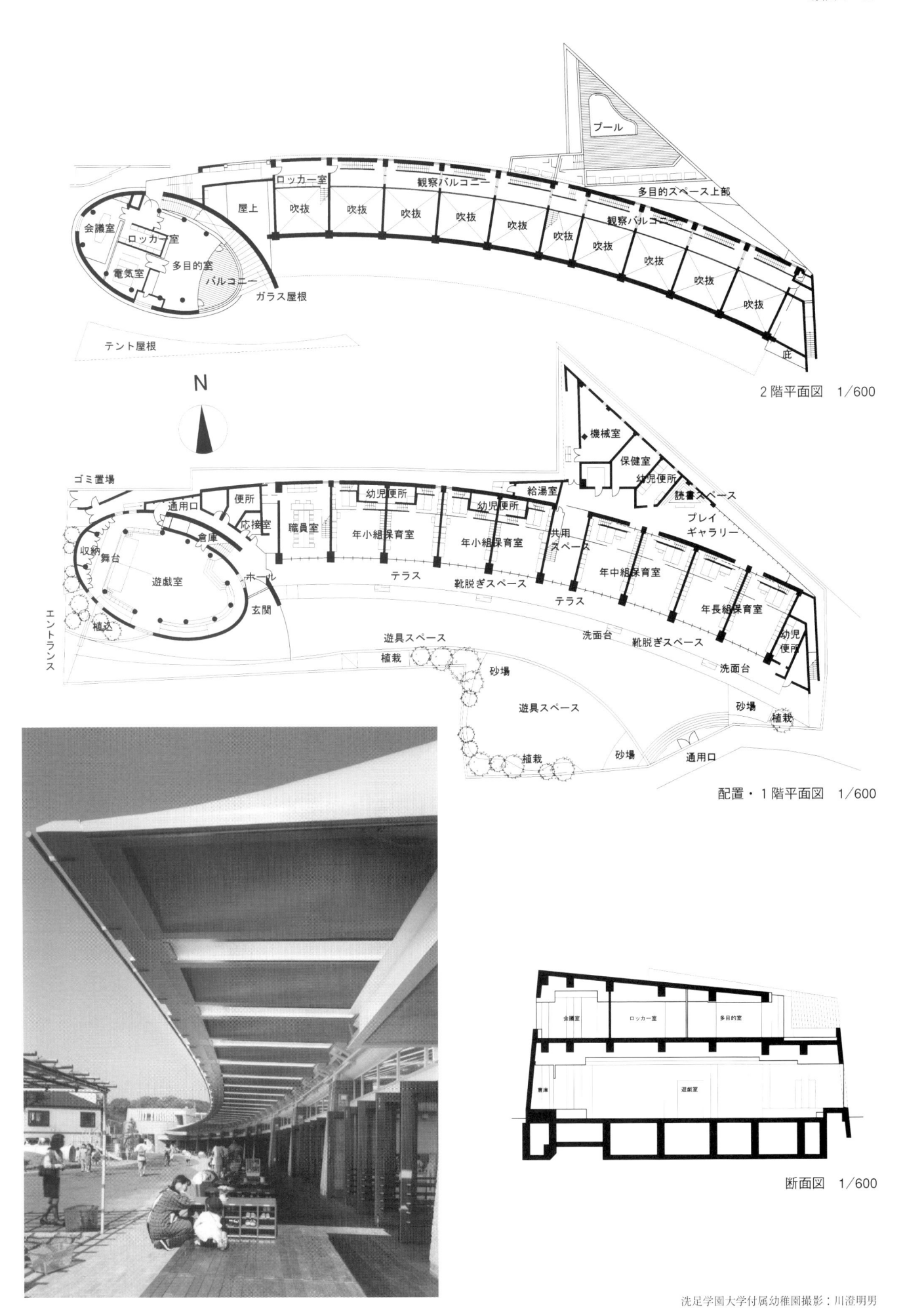

配置・1階平面図　1/600

断面図　1/600

洗足学園大学付属幼稚園撮影：川澄明男

幼稚園 7 学校法人 原市学園妙厳寺幼稚園

所在地：埼玉県上尾市原市 977-2
事業主：学校法人 原市学園
設計者：株式会社 日比野設計
完成年月：2001年3月
構　造：鉄骨造
面　積：敷地面積 3,152.08 m² 　延床面積 1,426.24 m²
　　　　1階 823.25 m²　2階 550.49 m²
　　　　倉庫（外部）52.50 m²
計画収容人員：合計 280人
　　　　3歳児（90人），4歳児（90人），5歳児（100人）

　妙厳寺幼稚園は，埼玉県上尾市の中ほどに位置し，広々とした園庭は立派な木々に覆われ，30年間慣れ親しんだ園舎が建っていたが，今回，敷地が計画道路に当たることになりその園舎を立て直すことになった。

　隣接する寺や周囲との調和を図りながら，近代的かつ家庭的な園舎づくりを目指した。できる限り園庭を広く確保したいとの要望があったため，園庭ゾーンと園舎ゾーンを明確に分けた配置計画とした。園舎を敷地境界に寄せ，中心にデッキの中庭をつくることで，中庭の周囲に配置された保育室に風と光をもたらしている。また，保育室とデッキの中庭とを同じ床レベルでつなぎ，内外の空間に一体感を持たせている。中庭から上を見上げると，園舎によって切り取られた空が額にはまった絵のように見え，開放的な空間となっている。扇形をした二層吹き抜けの遊戯室は，ステージの奥に開口を設けて，隣地の竹林を借景として楽しむことができる。

　内部仕上げでは，子供たちの手が触れるところは全て木材を使用して暖かみをもたせている。全体としては，内外とも落ち着いた仕上がりになっているが，子供たちが活発に活動できるように回遊型の伸び伸びした空間構成となっている。

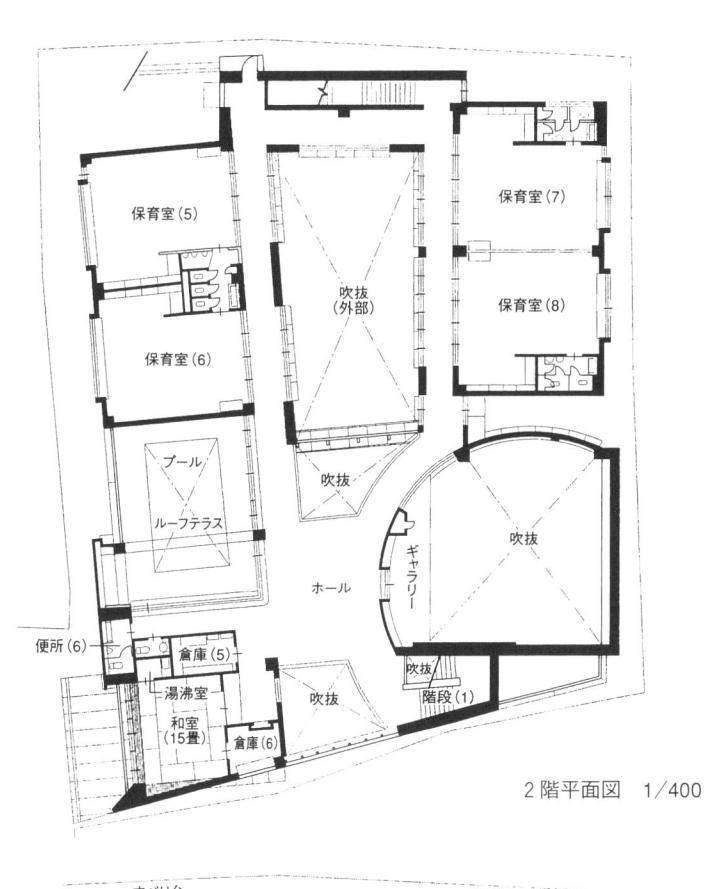

幼稚園 95

2階平面図 1/400

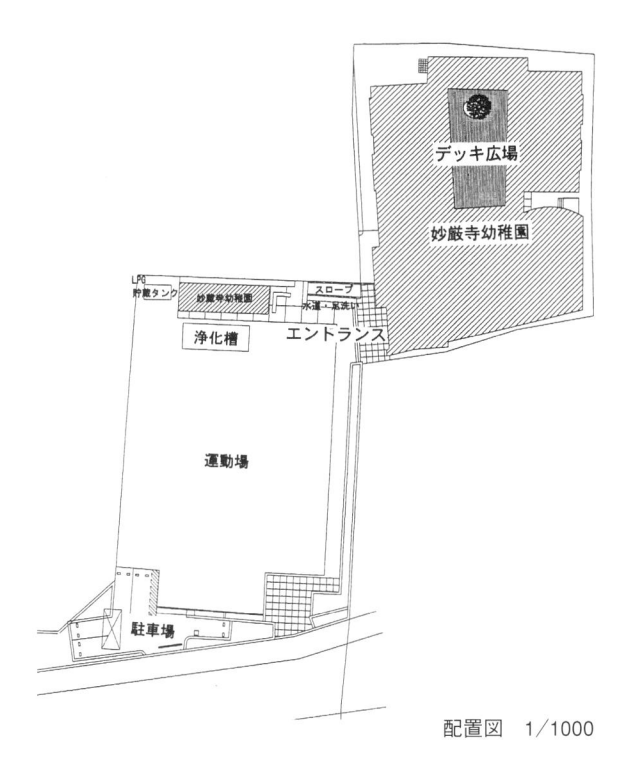

保育室(5) / 保育室(6) / 吹抜(外部) / 保育室(7) / 保育室(8) / プール ルーフテラス / 吹抜 / ギャラリー / 吹抜 / ホール / 便所(6) / 倉庫(5) / 湯沸室 / 和室(15畳) / 倉庫(6) / 吹抜 / 階段(1)

配置図 1/1000

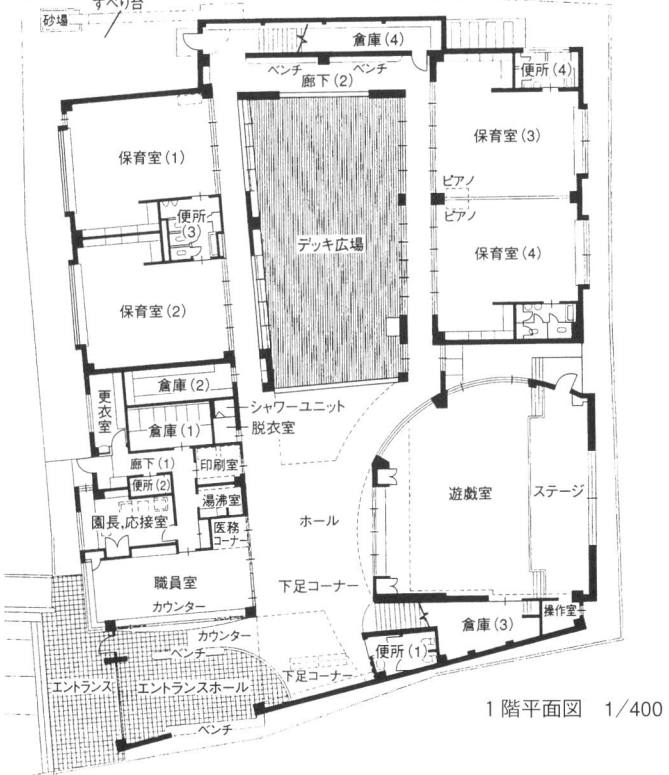

デッキ広場 / 妙厳寺幼稚園 / LPG貯蔵タンク / 妙厳寺幼稚園 / スロープ 水道・高洗い / 浄化槽 / エントランス / 運動場 / 駐車場

1階平面図 1/400

砂場 / すべり台 / 倉庫(4) / ベンチ / 便所(4) / 保育室(1) / デッキ広場 / 保育室(3) / 便所(3) / ピアノ / ピアノ / 保育室(2) / 保育室(4) / 更衣室 / 倉庫(2) / シャワーユニット / 倉庫(1) / 脱衣室 / 廊下(1) / 印刷室 / 便所(2) / 湯沸室 / 遊戯室 / ステージ / 園長・応接室 / 医務コーナー / ホール / 職員室 / カウンター / 下足コーナー / エントランス / エントランスホール / カウンター / ベンチ / 倉庫(3) / 操作室 / ベンチ / 下足コーナー / 便所(1) / ベンチ

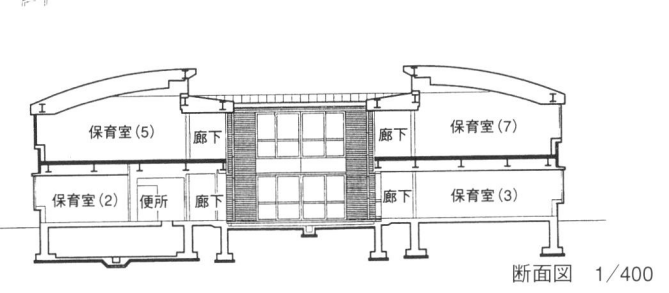

断面図 1/400

保育室(5) / 廊下 / 廊下 / 保育室(7) / 保育室(2) / 便所 / 廊下 / 廊下 / 保育室(3)

保育所 1　水戸市立 渡里保育園

所 在 地：茨城県水戸市堀町 480-7
事 業 主：水戸市
設 計 者：株式会社 樹（たちき）設計事務所
監 理 者：水戸市役所建築課
施 工 者：建築／水戸土建工業株式会社，電気／阿部電気株式会社
　　　　　給排水／弘進工業株式会社
完成年月：2002年3月
構　　造：木造
面　　積：敷地面積 1,977.15 m^2　延床面積 460.37 m^2
　　　　　1階 460.37 m^2
計画収容人員：合計 60人
　　　　　0歳児（6人），1歳児（6人），2歳児（6人）
　　　　　3歳児（18人），4～5歳児（24人）
掲 載 誌：建築設計資料No.51保育園・幼稚園2（1995年4月）

撮影：本木誠一

　敷地が 1,977.15 m^2 と狭いうえに，南東側には渡里小学校の体育館があり，西側には倉庫や住宅が境界線ぎりぎりに隣接している。そのため東と西からの陽はあまり期待できず，南陽のみが頼りの計画とならざるを得ない。そこで全ての保育室を南面させることにすると，幼児のメインの部屋となる遊戯室までも南面させることは敷地条件から難しく，トップライトによる南からの陽射しの採り入れと，それらの反射によって明るさを増す室内仕上げ材として金もみ紙と銀もみ紙を多用している。

　また，暗くなりがちな中廊下にも同様なトップライトと反射材の仕上げを施し明るさの確保に努めている。

　3～5歳児保育室の前には，年齢を越えた交流の場として多目的に使用できる屋根つきのテラス約 80 m^2 設け，十分に陽射しが浴びられるようにして遊戯室の陽射しを補っている。テラスの床材は，木のささくれによる幼児達のトゲ刺さりを避ける目的で，ブラジル産のイペという木材を用いた。

　建設コストを下げるために，木材の使用量が少ない洋小屋トラス梁の手法を用いた。

保育所　97

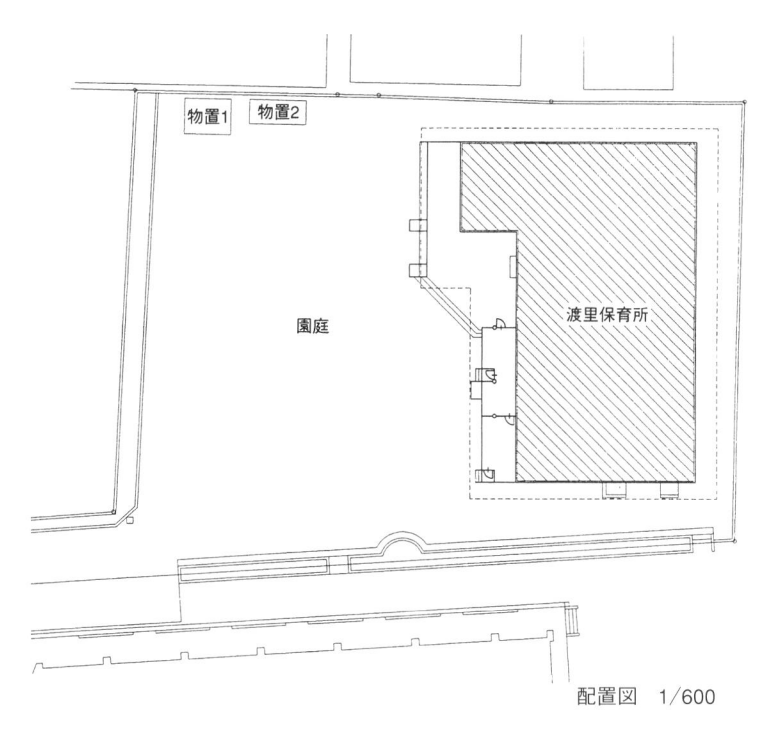

配置図　1/600

保育室内観

和室内観

平面図　1/300

断面図　1/300

洋小屋トラス梁を金もみ紙銀もみ紙で包む

撮影：本木誠一

保育所 2　杵築中央保育園

所 在 地：大分県杵築市
事 業 主：社会福祉法人 中央福祉会
設 計 者：株式会社 青木 茂建築工房
完成年月：1999年9月
構　　造：木造，一部鉄筋コンクリート造
面　　積：敷地面積 2,598.13 m^2　延床面積 845.68 m^2
　　　　　1階 845.68 m^2
計画収容人員：合計 146人
　　　　　0歳児（22人），1歳児（26人），2歳児（30人）
　　　　　3歳児（26人），4歳児（27人），5歳児（15人）
併設施設：子育て支援センター
掲 載 誌：新建築（2000年2月）
　　　　　日経アーキテクチュア（2000年 2-7号）
　　　　　スクールアメニティ（ボイックス）
　　　　　建築設計資料No.51保育園・幼稚園2（1995年4月）

　老朽化による園舎改築と定員を増やすことを目的に，敷地を移転しての立て替えである。設計にあたっては三つのことを考えた。地震で潰れないこと。あまり外で遊ばなくなった園児をどうやって遊ばせるか。そしてどうやってローコストでつくるかである。"コンクリートコアシステム"を我が事務所で開発しているが，その手法（コンクリートコアで水平力を吸収する）をさらに進めようと思いプランを詰めていった。廊下をなくしその分部屋を広くする。あとは全て外部空間としてそこに屋根をかける。それが子供達の遊び場になったり食事もできる場となる。建物全体で7ヵ所に配置した水廻りのコンクリートコアは地震でも潰れないし，折板を用いた屋根は軽く筋交いも不要である。柱は120mm角の杉，梁は120×240mmの米松である。部材が細く軽いので施工性が良い。梁はクレーンで吊り上げたが，柱は全て人の手で建て込んだ。工期短縮はコストダウンにもつながる。プレカット材使用したこともコスト削減の大きな要素となった。できあがってみると予想以上に上手に使っていただいて，設計者としては何もいうことがない。

中庭

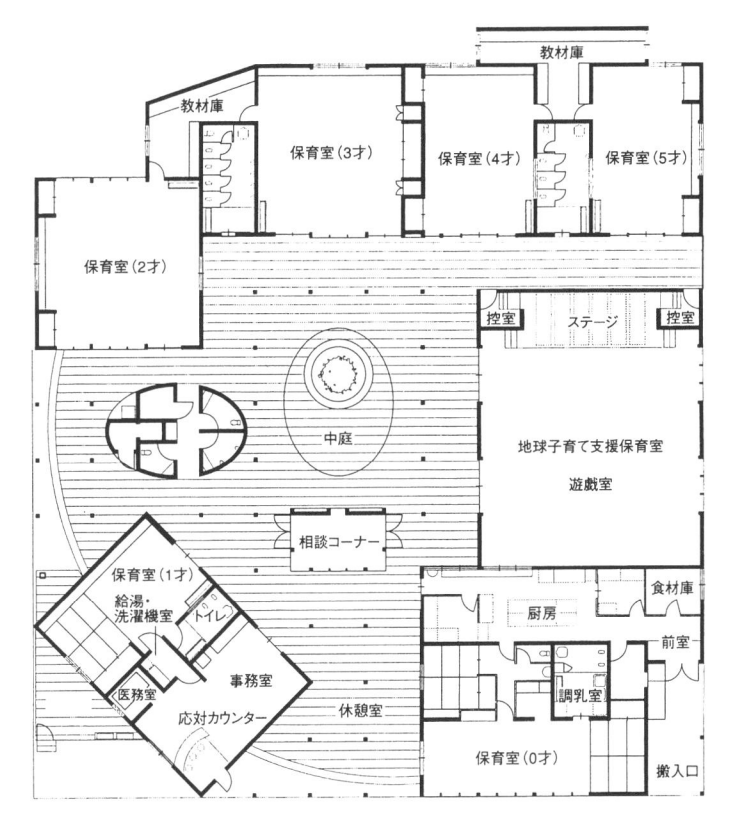

保育所 99

平面図　1/400

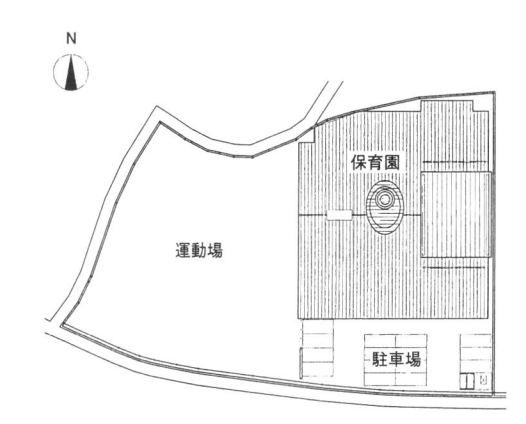

配置図　1/1000

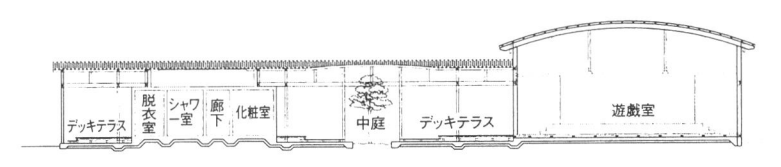

断面図　1/400

内観（廊下）

内観（遊戯室）

内観（中庭）

保育所 3　高根町立 しらかば保育園

所 在 地：山梨県北巨摩郡高根町箕輪字大坪東2270-1
事 業 主：高根町
設 計 者：株式会社 日建設計
完成年月：2001年3月
構　　造：鉄筋コンクリート造＋一部鉄骨造
面　　積：敷地面積 6,491.71 m² 　延床面積 1,135.93 m²
　　　　　保育園1階961.93 m²＋プール 174.00 m²
計画収容人員：合計90人
　　　　　0～1歳児（10人），2歳児（20人）
　　　　　3歳児（20人），4歳児（20人），5歳児（20人）
併設施設：特別養護老人ホーム，シルバーハウジング，障害者授産施設
特筆事項：土中埋設ヒートチューブによる外気取り入れ
　　　　　水深可変プール（電動昇降床）

　しらかば保育園は八ヶ岳山麓にあって，高根町福祉村みのるの里の中核をなしている。「こどもにとって居心地のよい家であること」と「まわりの施設や自然との調和」とをこの保育園のテーマに据えて計画した。

① こどもの「家」として

　安堵感をあたえるスケールとやさしさのある形態を心がけ，大きくゆるやかな曲面で囲まれた共用部分と，小さな屋根で分節された保育室とで建物を構成している。居間のような保育室や陽当たりの良い縁側，走り回れる廊下など，こどもにとっての親しみやすさを大切にしたスペースづくりを意図した。

② まわりに融け込む

　建物外観がまわりの景観と調和するようボリューム感や素材感に配慮した。一方で，人と人との温かいふれあいの気配が福祉村全体に伝わるよう，こどもたちの生活空間が周辺施設から垣間見える配置としている。

　また，自然採光や風通しの確保に加え，埋設ヒートチューブによる地中熱の利用や夜間蓄熱式床暖房の採用など，〝八ヶ岳おろし〟に代表されるこの地固有の自然環境にもなじむ建物であることを目指している。

保育所　101

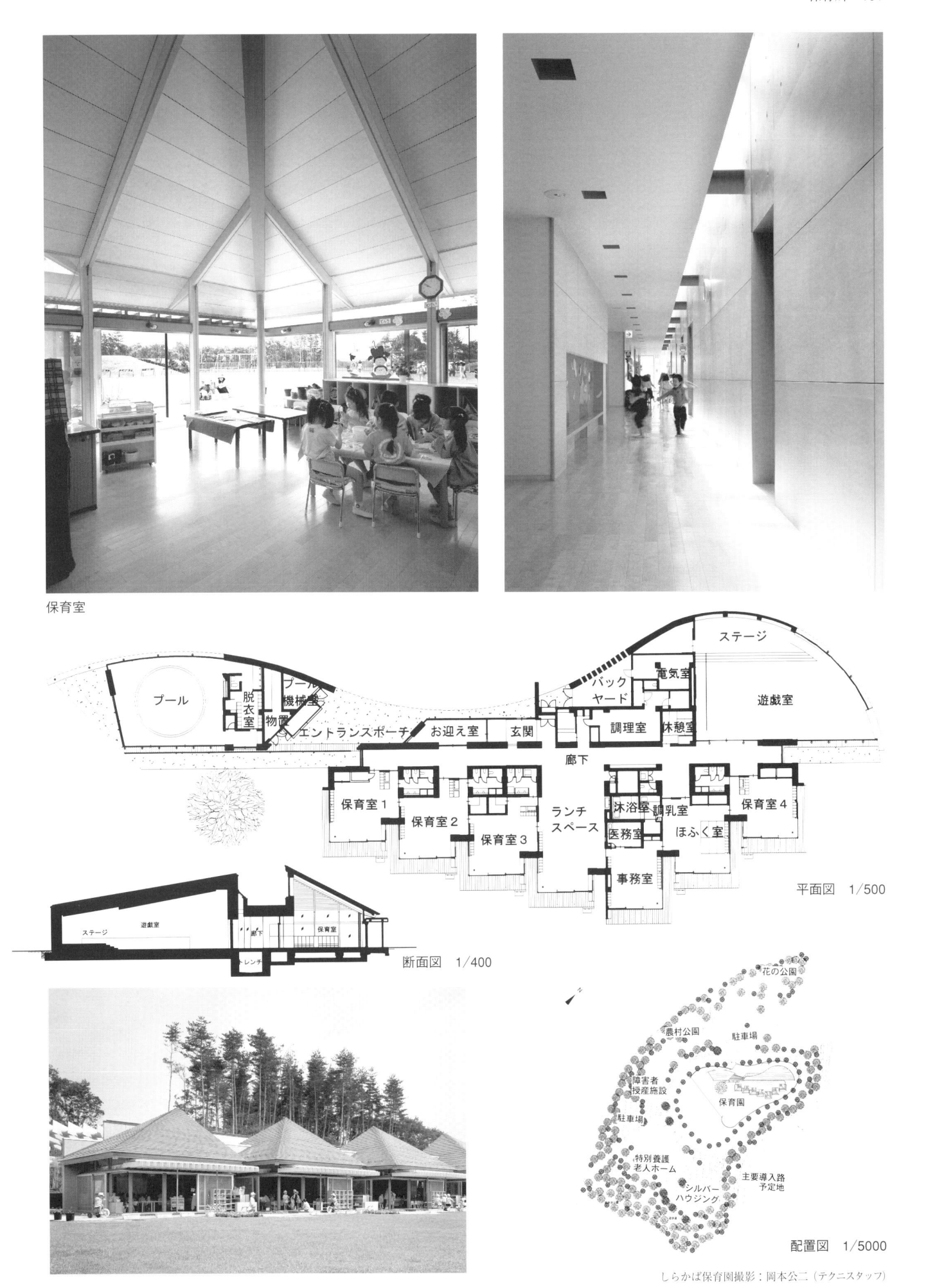

保育室

平面図　1/500

断面図　1/400

配置図　1/5000

しらかば保育園撮影：岡本公二（テクニスタッフ）

保育所 4　社会福祉法人白善会　保育園るんびいに

所 在 地：新潟県新潟市小新字二重 2686-1
事 業 主：社会福祉法人白善会
設 計 者：小川信子＋小川建築工房（小川洋司・小川かよ子）
完成年月：1992年3月
構　　造：木造2×4構法＋一部鉄筋コンクリート造
面　　積：敷地面積 3,119.11 m²　延床面積 1,222.00 m²
　　　　　1階 1,119.42 m²　2階 102.57 m²
計画収容人員：合計 96人
　　　　　0歳児（12人），1歳児（12人），2歳児（12人）
　　　　　3歳児（20人），4歳児（20人），5歳児（20人）
併設施設：長善寺の本堂と庫裏，シパソコン教室（卒園児の学童保育）
特筆事項：園児の触れる部分の仕上げ材は基本的に木を使用
　　　　　出入り口もすべて木製建具
　　　　　雪国なので外部に面する箇所はA.Sとの二重建具
掲 載 誌：建築設計資料No.51保育園・幼稚園2（1995年4月）
　　　　　新建築（1993年12月）

エントランス　　　　撮影：栗原宏光

　釈迦誕生の地「るんびいに」を園名に持つこの保育園は、浄土宗長善寺を母体として，仏教の慈愛と福祉の理念に基づいて保育を行っている。平面計画は，園と本堂を結ぶ軸線上に，玄関，遊戯室，土の園庭，食事室等の共用スペースと事務室を配し，西側に年長児エリア，東南に年少児エリアにゾーン分けをしている。

　年長3・4・5歳児保育室エリアは共用スペースより床レベルを600上げてあり，体を思いきり使って遊ぶ遊戯室に対し，静かな拠点の場となっている。各保育室は音楽室，玩具部屋，人形劇の部屋と用途別に使い分けており，広縁でオープンに結ばれている。また，お話コーナーやロフト，図書室の離れ等子供の落ち着ける場所も随所に用意されている。広縁の前は列柱と藤棚に囲まれた砂場のある芝生の庭である。走り回る土の中央園庭とは＋600の段差で上が

っており，静的な外遊びの庭となっている。食堂は主に年長児の食事の他に，絵や粘土遊び等の机を使う作業の場であり，創作テラスの中庭に面している。

　年少0・1・2歳児保育室エリアは，発達段階の差が大きい時期でもあり，建具で仕切って各保育室は独立できるが，基本的にはオープンプランである。広いスノコテラスで結ばれていて，専用の芝生庭に面し，落ち着いて年少児だけで遊べる砂場も用意されている。

　エリアを明確にゾーン分けし，それがオープンに結ばれている空間は，動的なまたは静的な遊び，同年齢または異年齢同士の遊び等，子供達に多様な遊びの場面や，コミュニケーションの働き掛けの場面を提供する。この事は心身の発達を保障する保育空間作りの重要な要素でもある。

（小川かよ子）

園庭より見る。遊戯室を中心に年長児保育棟と年少児保育棟がL字に配置される。45度の軸線延長に設けられた鉄骨の柱梁は藤棚などに利用されている。　　　　撮影：新建築写真部

保育所 103

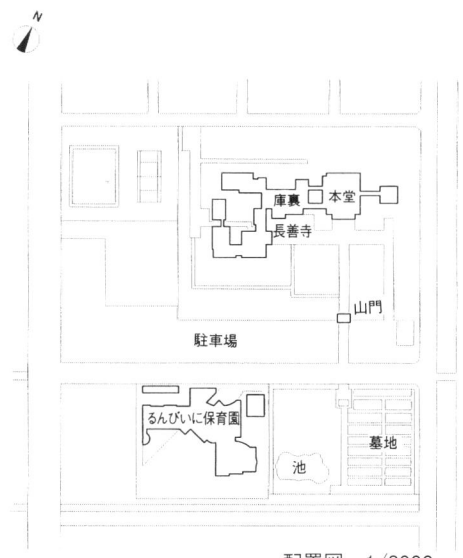

配置図 1/3000

建具の開閉で連続する4歳児保育室と3歳児保育室
撮影：新建築写真部

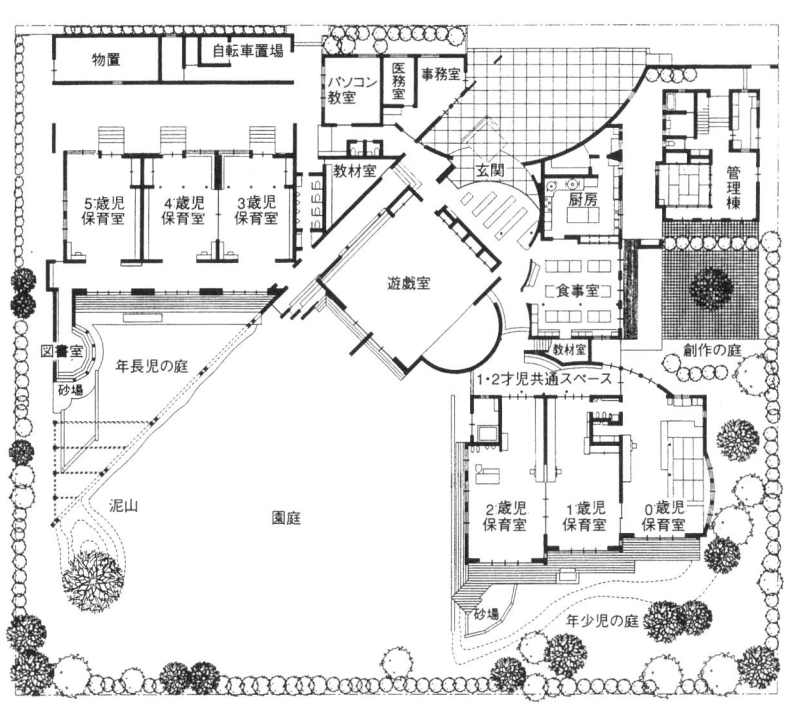

平面図 1/600

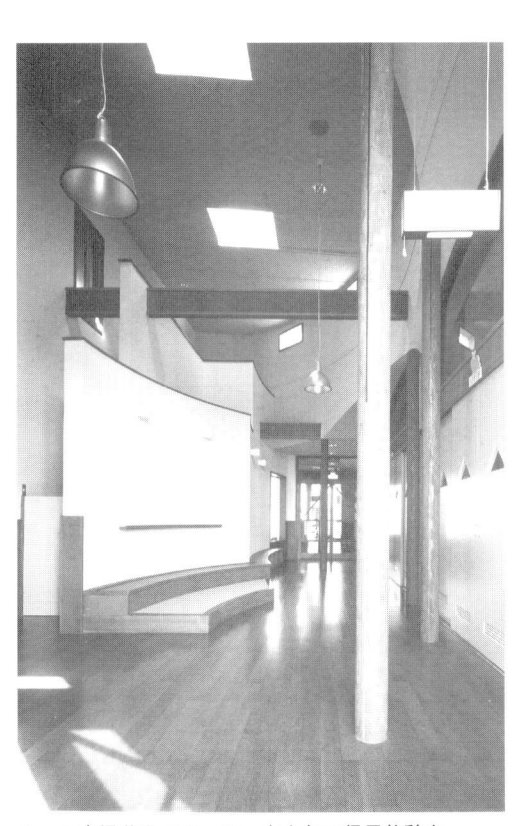

1，2歳児共通スペース。左上部は保母休憩室
撮影：新建築写真部

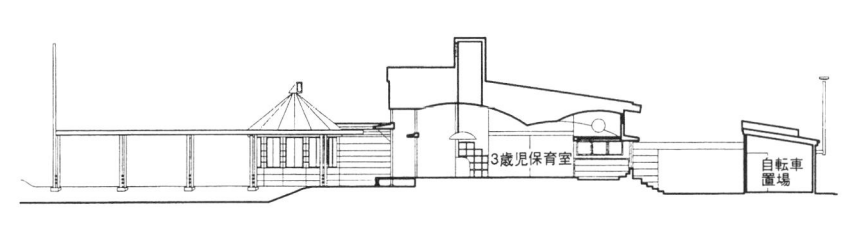

断面図 1/400

遊戯室。ふたつのヴォールト天井で覆われる
撮影：新建築写真部

保育所 5　中原保育園

所 在 地：神奈川県平塚市南豊田 301-1
事 業 主：社会福祉法人 中原福祉会
設 計 者：株式会社 日比野設計
完成年月：2001年3月
構　　造：鉄筋コンクリート造＋一部鉄骨造
面　　積：敷地面積 1,902.40 m²　延床面積 1,230.00 m²
　　　　　1 階 793.77 m²　2 階 436.23 m²
計画収容人員：合計 120 人
　　　　　0 歳児（20人），1 歳児（20人），2 歳児（20人）
　　　　　3 歳児（20人），4 歳児（20人），5 歳児（20人）

　「良い施設は良い児を育む」ことを建築人として信じている。中原保育園の設計にあたり，「鳥が雛を宿すように」，「鳥が羽ばたいていくような」扇状の形態を最初から意識したわけではなかったが，エスキスの途中からこのような「かたち」が見えてきた。今までの保育園は硬い表情の建築が多かったので，私たちは子供達が主役の保育園を柔軟に考え，柔らかい線で構成するデザインをしたかった。

　平面計画は，西北側と東北側の境界線沿いに壁面線を置いた。南北は扇の軸線のようになるが，通風や採光のために保育室と遊戯室は開放連絡にした。保育室は台形のようなかたちになるが，」幼児の動きからみて整形である必要はないと園長先生や副園長先生が賛同してくれた。

　屋根の棟に 2 色のリンクを人々の出会いの「綾」としてデザインした。

　この保育園の設計を進めるにあたっては，既存園の立て替えであるので，園長先生などの運営経験を充分に反映させたことが特徴のひとつでもある。既成の保育園建築の形を少しでも変化させ充実させることができたと思っている。

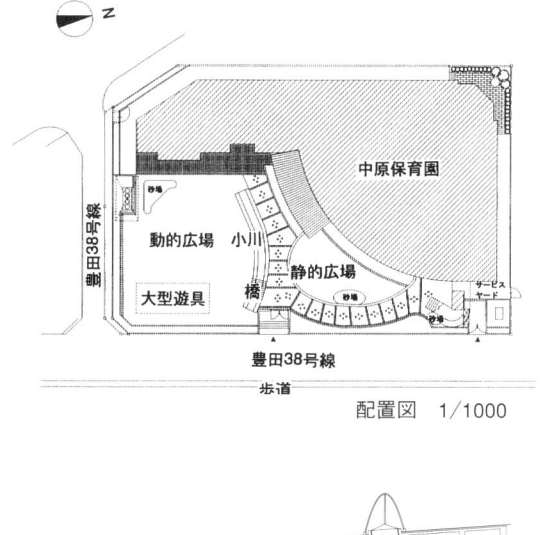

保育所 105

配置図 1/1000

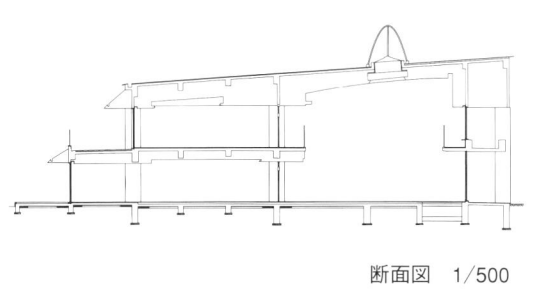

断面図 1/500

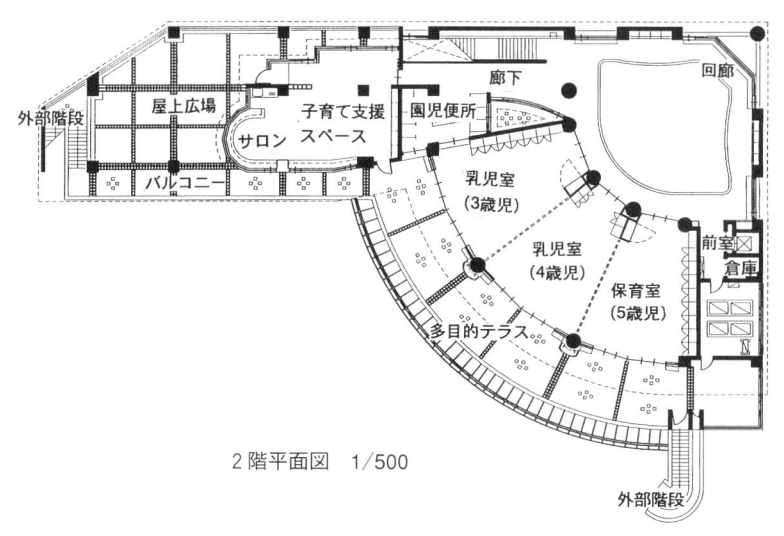

2階平面図 1/500

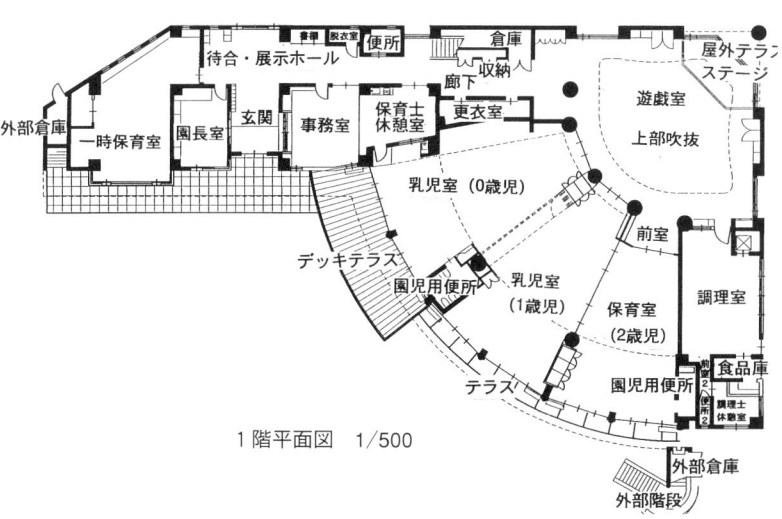

1階平面図 1/500

保育所 6　川口市立 戸塚西保育所

所 在 地：埼玉県川口市北原台
事 業 主：川口市
設 計 者：㈱ＲＥ設計事務所
完成年月：1996年8月
構　　造：木造鉄筋コンクリート造＋一部鉄骨造
面　　積：敷地面積 2,000 m² 　延床面積 1,366.51 m²
　　　　　1階 703.34 m²　2階 617.60 m²　その他 45.57 m²
計画収容人員：合計 150人
　　　　　0歳児（15人），1歳児（20人），2歳児（24人）
　　　　　3歳児（30人），4歳児（30人），5歳児（31人）
掲 載 誌：新建築（1997年2月）

　敷地は，南北方向に5mほどの高低差のあるゆるやかな北斜面地で，南から西前面にかけて，かっての雑木林をしのばせる公園が整備されつつある。

　配置計画は，それらの環境に従うかたちで，敷地中央の少し掘り下げた丸い園庭を中心に展開される。南西側にはゆるいスロープの遊歩道をめぐらして，公園との連続性を確保し，さらに道路との緩衝帯の役割を担う。反対の北東側に建物はL字型に配置される。各保育室は構造ユニット単位で構成され，それらを連続させる円弧状のアルコーブが園庭を取り囲むかたちで接続する。公園側の2階レベルからアプローチした園児たちは，このアルコーブを通ってなめらかに1階の園庭，保育室まで導かれるように意図されている。

屋上から園庭を見る。南西面には公園が広がる

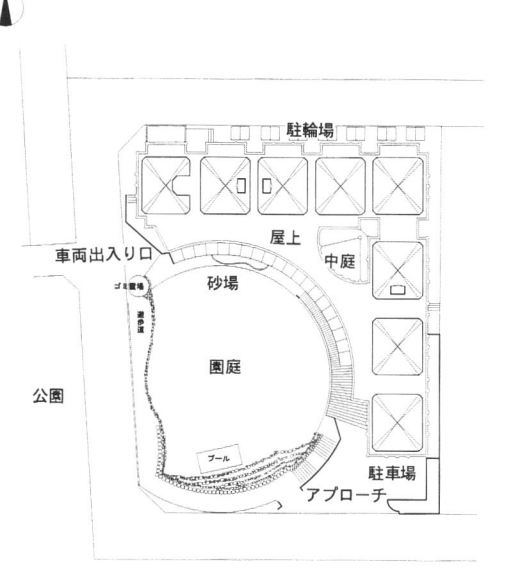

配置図 1/1000

2階平面図 1/500

1階平面図 1/500

吹抜け

エントランス

3歳児室と4歳児室の間のトイレ

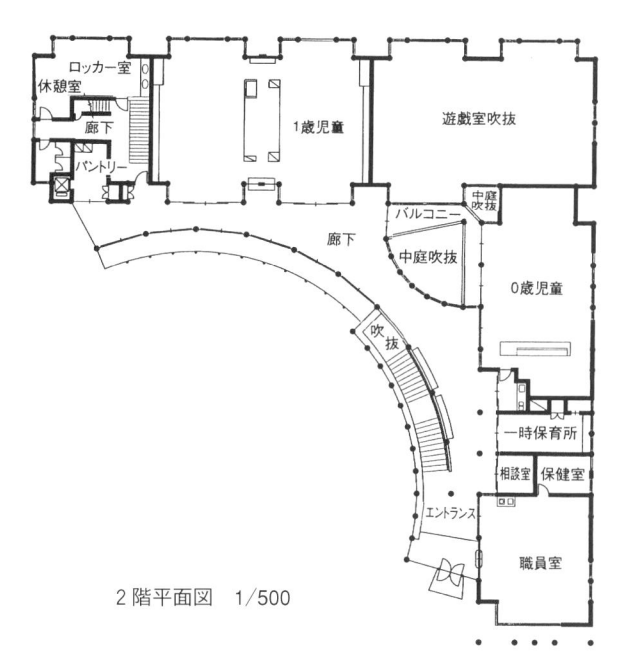

3歳児室

0歳児室

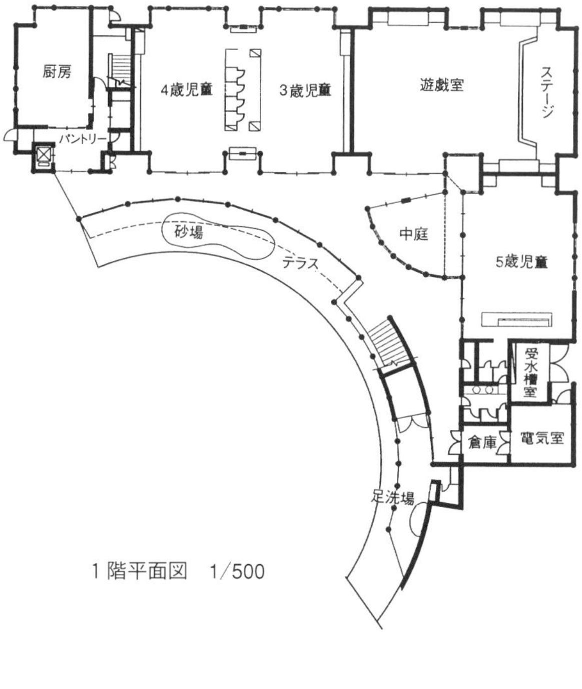

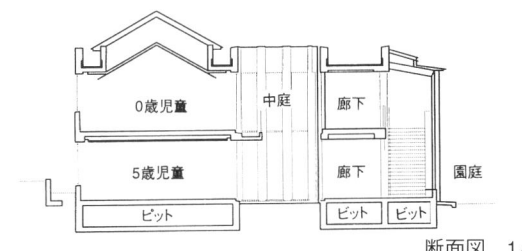

断面図 1/250

保育所 7　末広保育園 ＋デイサービスセンターふくじゅ

所 在 地：愛知県一宮市
事 業 主：社会福祉法人 ことぶき福祉会
設 計 者：藤木隆男建築研究所
完成年月：1998年6月
構　　造：鉄筋コンクリート造
面　　積：敷地面積 2,461.44 m²
　　　　　延床面積 1,539.50 m²（内動物舎・禽舎 20.00 m²）
　　　　　保育部分／1階 620.44 m²　2階 429.92 m²
　　　　　デイサービス部分／1階 443.13 m²　2階 27.01 m²
計画収容人員：合計 190人
　　　　　3歳未満児（19人），3歳以上児（163人），障害児（8人）
掲 載 誌：新建築（2000年8月）

施設東南側全景

　遠く伊吹山を見晴るかす濃尾平野の田園地帯に計画する，保育園と高齢者通所施設の合築された建築である。　限られた敷地面積を有効に利用するため，デイサービス施設の屋上に土を盛り，緑化して第2の園庭とした。まず，デイサービス施設を接地階に設け，主要な保育室を2階に配置したのだが，それは保育室と地上園庭とを密接に結び，2階保育室の風景を地上化する事を狙ったものである。老人の生活領域と子供のそれとは，隣接しているが適度に分節され，互いに見え，様子がわかるが，ディスターブしない間の取り方である。

　調理室が覗き込める吹き抜けの遊戯室は，老人と子供たちのそれぞれの活動が重なる交流空間である。保育室をはじめとする各室は，建具，家具，内装造作とも木製で，明るく温かみのある空間としてつくられている。
　西側に砂岩を張った高く傾斜する壁で構えたデイサービス玄関をとり，南東側は園庭を介して保育園が地域に開かれている。この複合施設をめぐる利用者やスタッフ，ボランティアや街の人々により，年寄りをいたわり子育てを支援する開かれた施設と街がゆっくりと成熟する事を，この建築は担っている。

園庭と園舎

撮影：新建築写真部

配置図　1/1000

デイリーサービス・ラウンジスペース（大テーブル・ベンチ・畳）

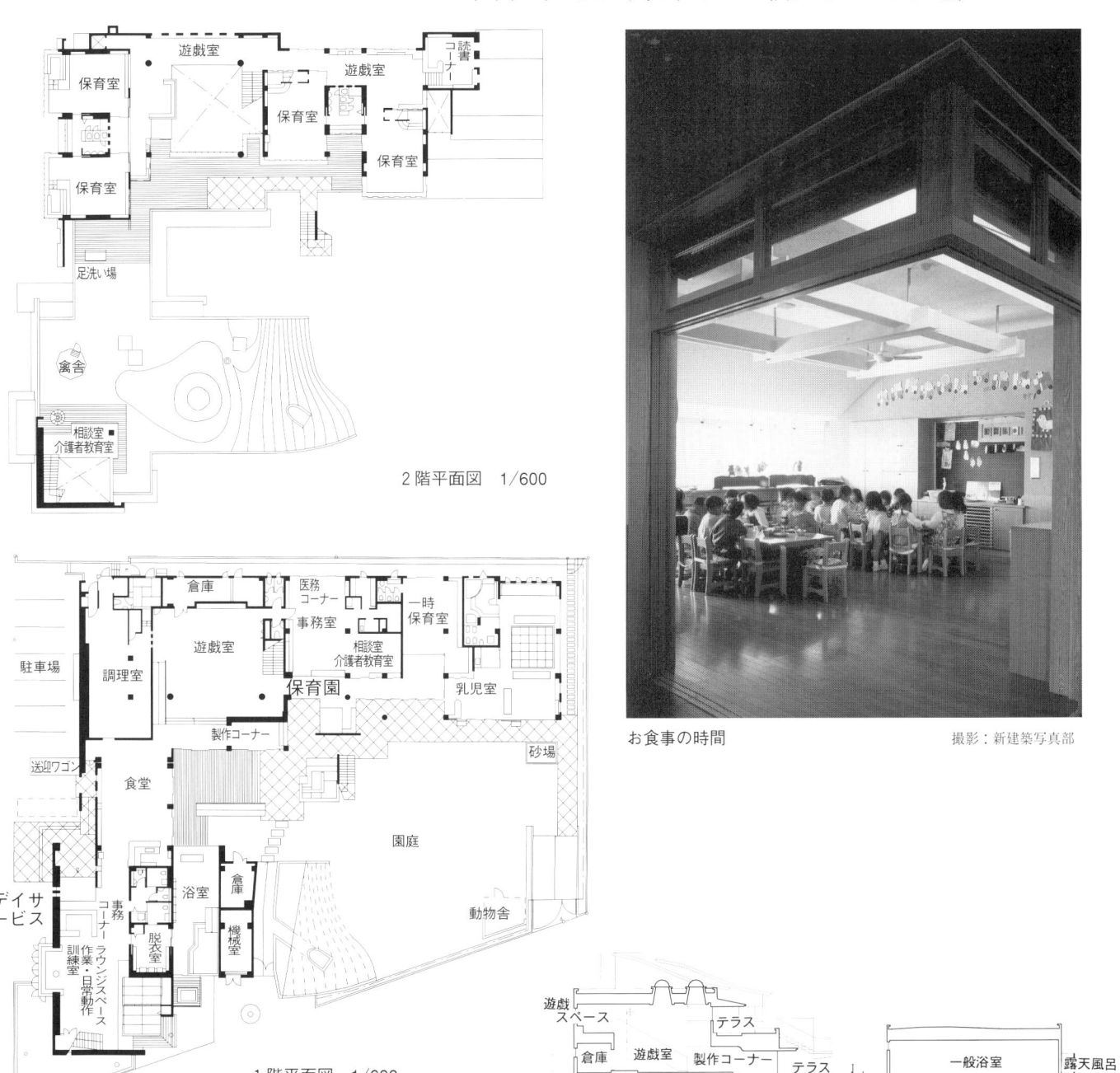

2階平面図　1/600

お食事の時間　　　　　　　　撮影：新建築写真部

1階平面図　1/600

断面図　1/300

児童館 1　那覇市識名児童館

所 在 地：那覇市識名2-5-5
事 業 主：那覇市
設 計 者：建築研究室DAP真喜志好一
完成年月：1984年12月
構　　造：鉄筋コンクリート造平家
面　　積：敷地面積 5,798 m²　延床面積 498.94 m²
併設施設：那覇市識名老人福祉センター
掲 載 誌：住宅建築　別冊40

　敷地は那覇市内を見下ろす小高い丘にあり、ベットタウンとして低層住宅が密集している場所にある。周辺地域の活動の核となり、自然、あるいは宇宙と共振する外部空間をモチーフにした。

　人と人とが出会う半戸外スペースを敷地と建物を繋ぐようにたっぷりと、子供たちとお年寄りの庭を共有させ、広場を敷地の重心にとり、敷地境界の形に合わせて北風を塞ぎ、南の風は呼び込めるように建物を配置した。
子供たちとお年寄りの施設を交流ができるように一棟にしたかったが、予算の出所が違うため、児童館と老人福祉センターをブリッジでつないだ。

　児童館は平屋建てとして敷地周辺のスケールになじませ、子供たちの身長から高さを梁下2メートルにおさえて面積を広げることに予算を使った。マスタバ（屋上の階段状部分）は市街地の前方に広がる東シナ海を遠望できる高さにした。マスタバに登って夕日や一番星を眺める子供たちのシルエットが似合っている。

南東敷地から見た全景

配置図 1/1500

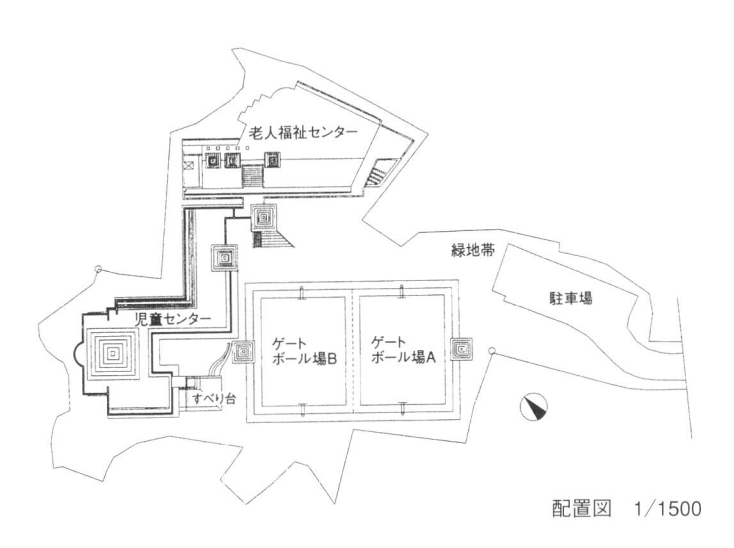

老人福祉センター2階ラウンジからホール吹抜け空間を見る

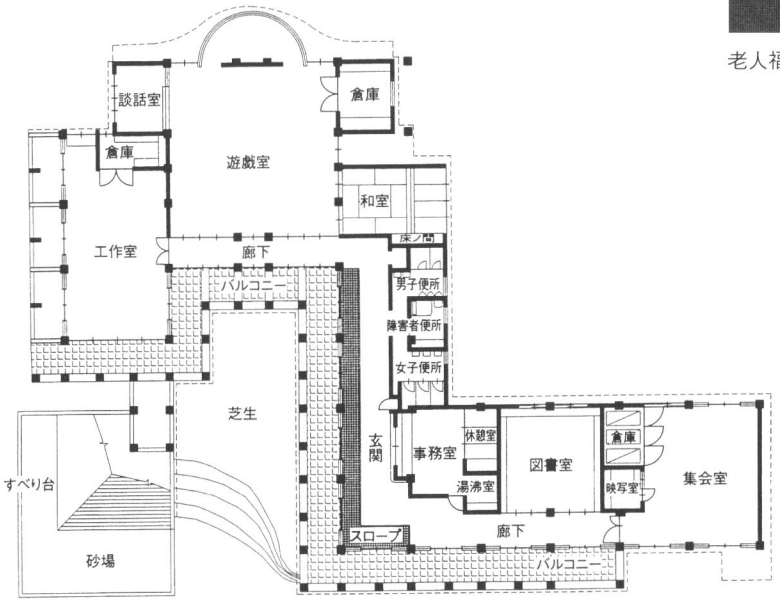

平面図 1/500

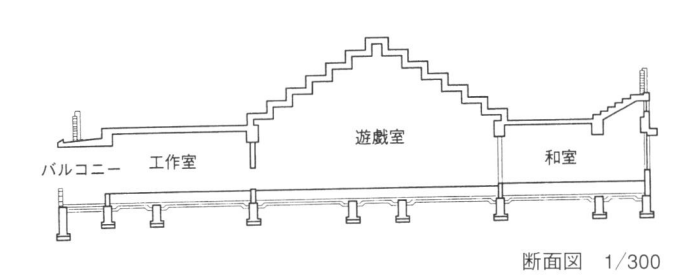

断面図 1/300

児童館南西コーナーから

那覇市識名児童館　撮影：岩為

児童館 2　厚木市立山際児童館＋老人憩いの家

所　在　地：神奈川県厚木市山際 180
事　業　主：厚木市
設　計　者：株式会社キタムラ・アソシエイツ
完成年月：1994年6月
構　　　造：鉄骨造　一部鉄筋コンクリート造
面　　　積：敷地面積 1,051.80 m²　延床面積 474.50 m²
　　　　　　1階 267.62 m²　2階 206.88 m²
併設施設：老人憩いの家
特筆すべき点：神社の境内地で，児童遊園などが設けられている
掲　載　誌：新建築（1995年3月）
　　　　　　建築設計資料（76.児童館・児童文化活動施設）

　この児童館は，厚木市郊外の神社の境内に，老人憩いの家と複合して建てられている。神社の参道には自治会館があり，また境内地の内外には簡単な児童遊園や青少年広場などもあって，あたりは古き良き時代の「鎮守の杜」のような空間となっている。

　建物の構成としては，管理主体がそれぞれ異なっていたり，また境内地に児童館のための施設が集中していることなどによって，1階に児童館，2階に老人憩いの家が設けられることになった。

　ハートビル法の制定前に建てられた建物ではあるが，施設の性格から，全館がバリアフリーで計画されている。これによって，とりわけ2階の老人憩いの家にアクセスする大きなスロープがこの建物の主題のようにもなっており，これがまた子供たちの格好の遊び場にもなっている。

　境内地の中心には御神木の大イチョウがあって，落葉による屋根へのトラブルを防止するために，折板による大屋根形式が採用されている。これは同時に，「大屋根の下にお祭り広場」をつくり出す効果をもたらしている。この屋根の波形のデザインは，厚木市のシンボルとなっている丹沢の山並みと相模川の流れを表すと同時に，お社の屋根や灯籠の笠などの起り（むくり）や反り（そり）とうまく調和するようにも考えられている。

　波打つ屋根の下には，丸や四角や三角の造形要素が南側の参道に面するように並んで設けられている。これはお祭りの時などにまるで参道に並ぶ出店のように楽しいものとなるように考えられたものである。

　この建物はローコストな鉄骨造の折版屋根の建築ではあるが，このように「現代の鎮守の杜」としての役目をになっている。

遊戯室

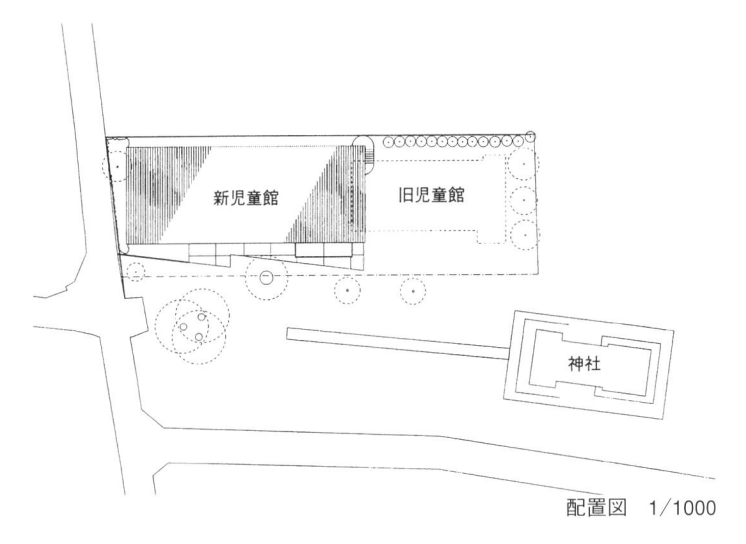

配置図　1/1000

一階平面図　1/300

断面図　1/300

遊戯室から事務室を見る

遊戯室から玄関を見る

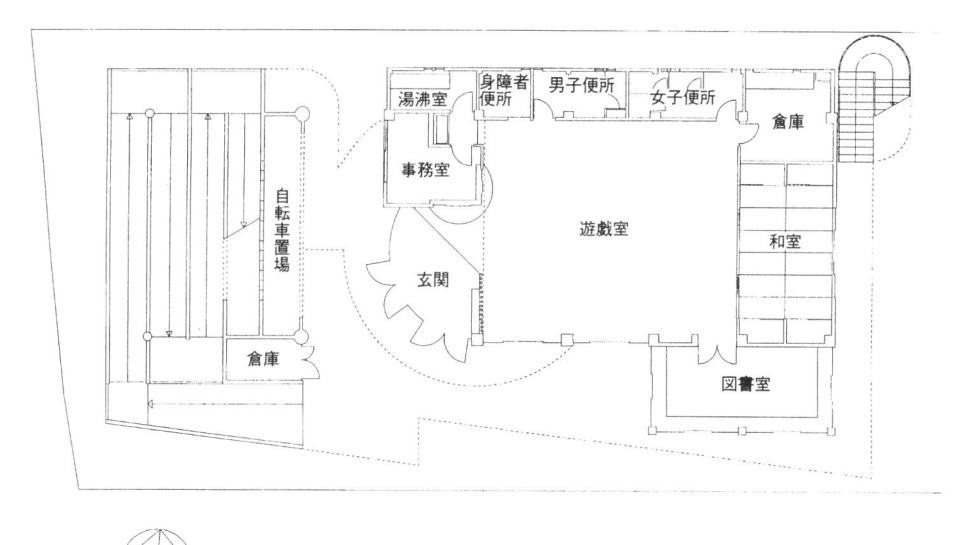

遊戯室奥の図書室

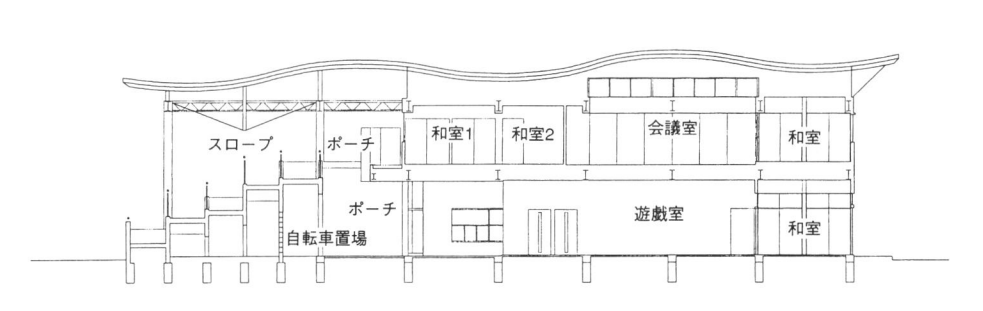

児童館アプローチ

児童館 3　中野区城山ふれあいの家

所 在 地：東京都中野区中野 1-20-4
事 業 主：中野区
設 計 者：中野区建築部営繕課，小河建築設計事務所
完成年月：1996年3月
構　　造：鉄筋コンクリート造
面　　積：敷地面積 1,273.23 m^2　延床面積 1,099.04 m^2
　　　　　1階 593.75 m^2　2階 463.91 m^2　3階 41.38 m^2
併設施設：学童クラブ室，高齢者集会室
特筆すべき点：神社の境内地で，児童遊園などが設けられている
掲 載 誌：建築設計資料（76.児童館・児童文化活動施設）

　地域住民の要請であった老人施設の整備，児童会館・児童クラブの計画を町内会や各団体代表らで構成される住民協議会で検討し複合施設から融合施設へ発展させた基本計画とした。この様な基本計画作成プロセスは以前から，中野区としても先駆的に進めてきた方策で，多大の労力・時間・費用の積み重ねを要するが，地域・地区の特性と多様な住民ニーズを計画に反映させるために公共施設計画における設計過程として必要な要件となりつつある。

　配置計画の条件；中野区の歴史的伝承の地の一つである城山地域であり，子供たちにとっても日常交流の場である。敷地と全面道路との関係を考慮してオープンスペースのある空間構成としている。敷地周辺の住宅地にとけ込む建築デザインとした背景には周辺地域社会の人々が気楽に利用できるよう開放的な雰囲気をつくる意図があった。

　平面計画としては，利用者構成に対応した乳幼児室から児童関係諸室（プレイルーム，工作室，多目的室，学童クラブなど）に加えて高齢者集会諸室が浴室と共に準備されるなど，世代の生活領域の確保と世代間交流の空間を計画的に配置している。子供と健康高齢者の交流ふれあいを意図するこれら複数機能群の空間構成は今後の福祉関連施設の1タイプになろうが，地域への密着度の高いものとして計画されるべきであろう。児童ばかりでなく中高生の居場所としての空間計画にも発展させたい。（編）

乳幼児室

児童館　115

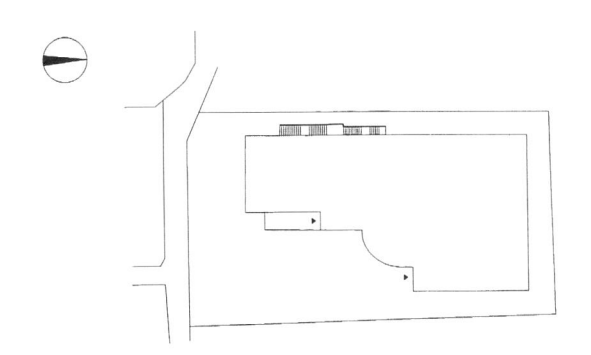

配置図　1/300

ラウンジ

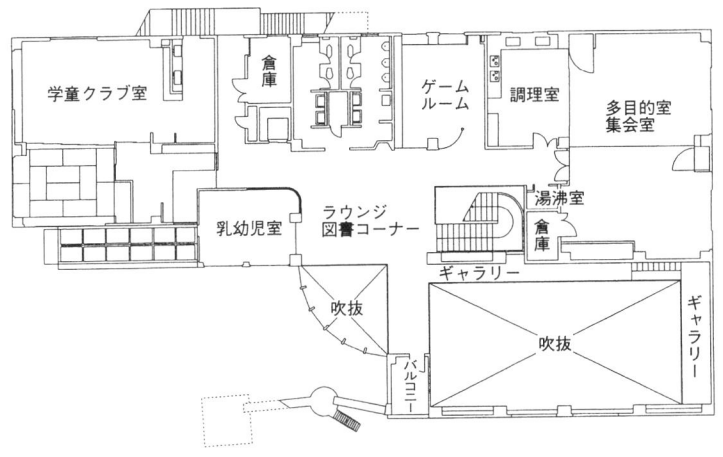

2階平面図　1/400

プレイルーム

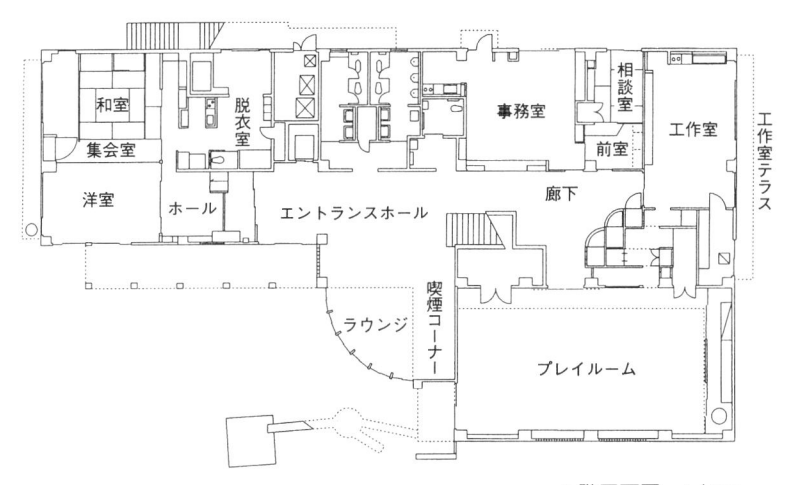

1階平面図　1/400

学童クラブ室

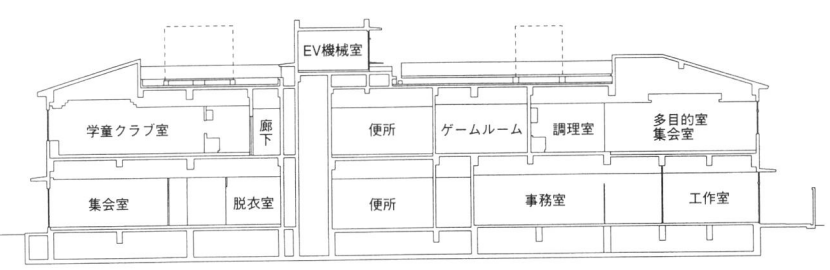

断面図　1/400

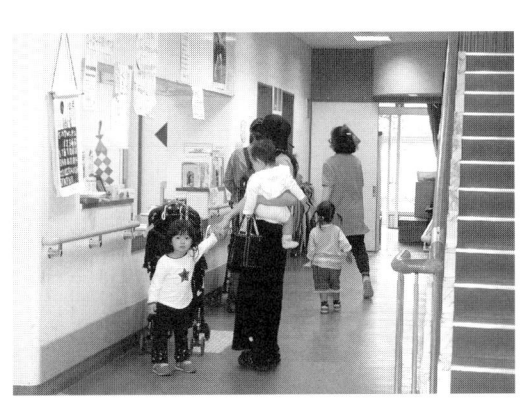

児童館 4　所沢市ひかり児童館（所沢市中富南コミュニティセンター）

所　在　地：埼玉県所沢市中富南4丁目4-1
事　業　主：所沢市
設　計　者：株式会社 用美強 建築都市設計
完成年月：1996年3月
構　　　造：鉄筋コンクリート造
面　　　積：敷地面積 2,000.11 m²　延床面積 1,226.59 m²
　　　　　　1階 353.76 m²（児童館部分）
併設施設：コミュニティセンター
掲　載　誌：建築設計資料（76.児童館・児童文化活動施設）

　この小型児童館は，所沢市中富南コミュニティセンターの建物の一部を構成しているもので，コミュニティセンター延面積のほぼ3割を占めている。対をなす集会ホール，集会室，和室等のコミュニティセンター機能諸室とは，建物全体の共用空間であるアプローチによって巧みに結合されている。市民の身近な交流施設として地域住民のニーズに応えている施設は，おそらく結果として地域の子供たちの健全育成のための小型児童館の基本的機能を支え，その活動を促す役割を果たしているものとなっていよう。機能複合の効果が大きい事例といえる。（編）

エントランス

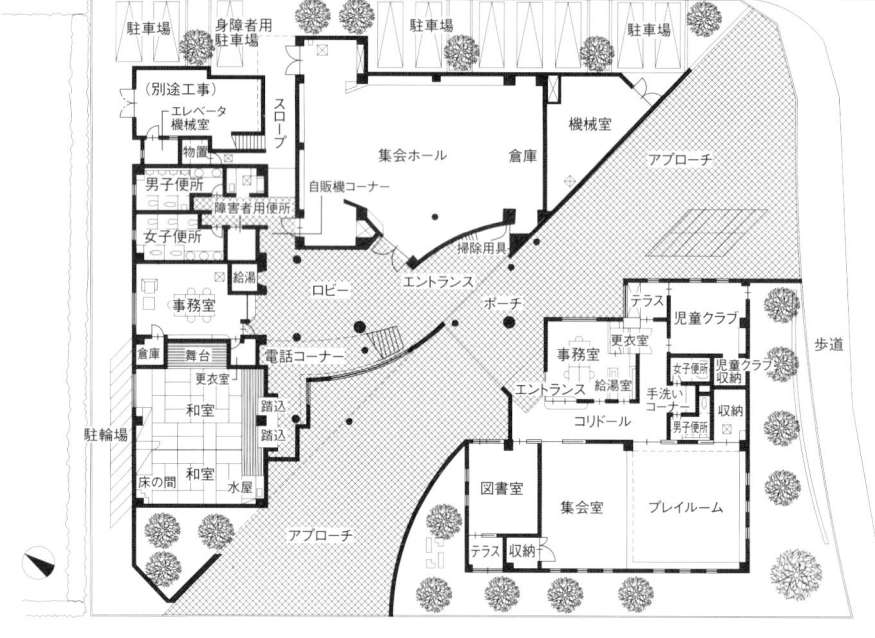

プレイルーム

配置図兼1階平面図　1/500

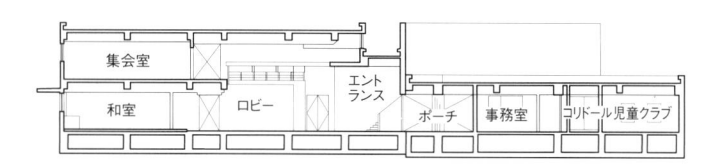

断面図　1/250

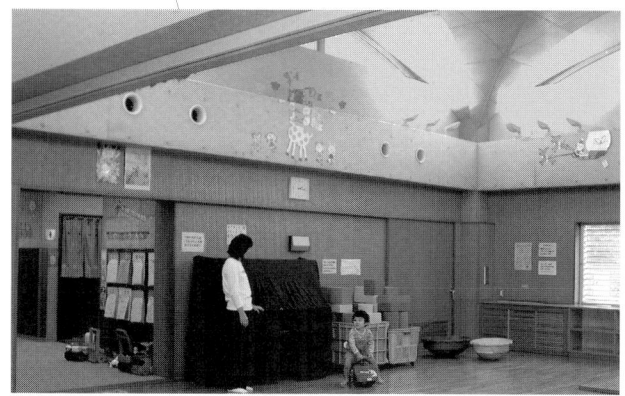

児童館 5　日本基督教団 ユーカリが丘教会＋光の子児童センター

所在地：千葉県佐倉市上座町
設計者：設計組織 ADH
完成年月：2000年12月
構　造：鉄骨造　一部鉄筋コンクリート造
面　積：敷地面積 830.21 m²　延床面積 4218.59 m²
　　　　1階 3280.60 m²，2階 147.99 m²
掲載誌：新建築（2001年2月）
　　　　ディテール 148　（2001 春期号）

　この建築は約100人を収容する礼拝堂のほかに児童教育や高齢者福祉などの，地域に開かれたコミュニティの場を併せもつ複合施設である。敷地は東側に崖を持つ不正形なL字型の形状であった。このような敷地にどう対処しながら，教会活動の中心である礼拝堂とその他の施設との距離をとるかが設計の課題となった。

　建物全体は東側の崖に沿って描かれた大きな円弧によって支配され，その円弧を稜線としてかけられた2枚の片流れ屋根が施設の形態を特徴づけている。この円弧はまた，礼拝堂とその他の施設を機能的に分離する役割も果たす。礼拝堂とその他のコミュニティ施設との中間領域であるロビーを半戸外空間とすることで求められていた距離感が実現できるのではないかと考えた。

　コミュニティ施設は，一階に放課後の学童保育のための児童センターが，また二階にはモンテッソリ幼児教育のための施設が設けられている。モンテッソリにはその教育方針をサポートする目的で幼児も使用できるキッチンやユーティリティ，整理整頓のためのロッカー，遊具としても楽しめる大型収納などの家具類もひとつひとつデザインされた。

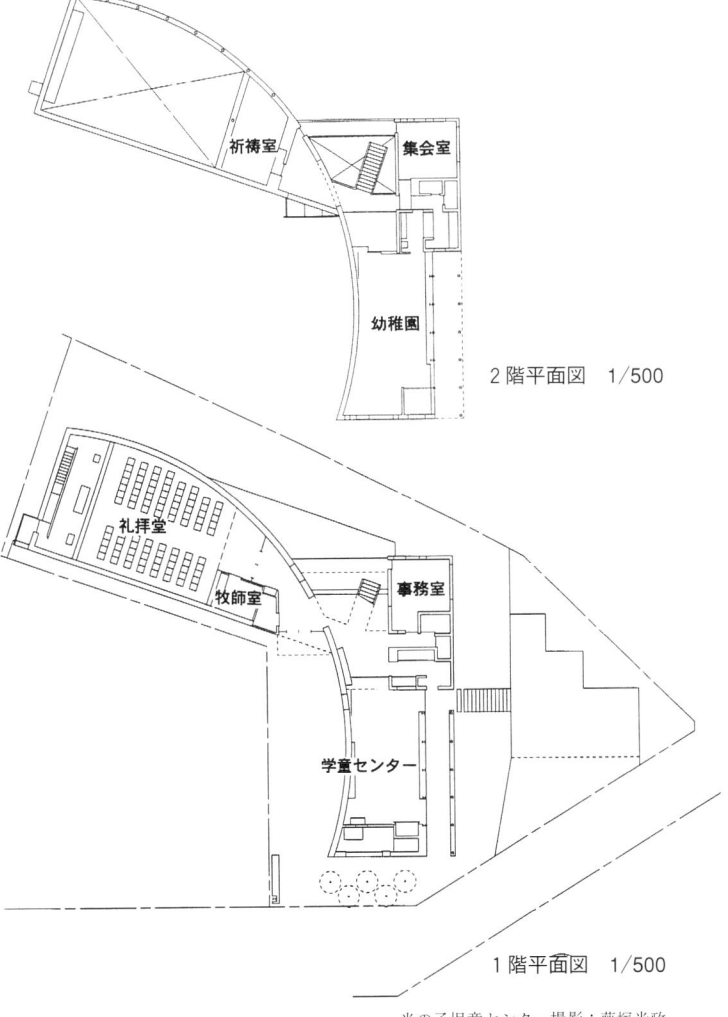

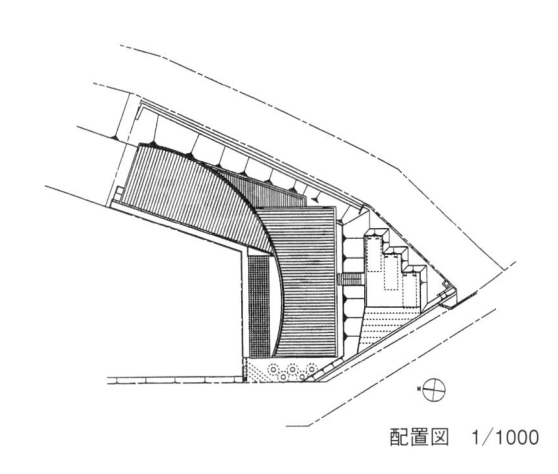

2階平面図　1/500

1階平面図　1/500

配置図　1/1000

光の子児童センター撮影：藤塚光政

児童館 6　大和町もみじヶ丘児童館

所 在 地：宮城県黒川郡大和町
事 業 主：大和町
設 計 者：株式会社 松本純一郎設計事務所
完成年月：1997年3月
構　　造：鉄骨造　一部鉄筋コンクリート造
面　　積：敷地面積 2,830 m²　延床面積 646.16 m²
　　　　　1階 646.16 m²
併設施設：大和町役場連絡所
掲 載 誌：建築設計資料（76.児童館・児童文化活動施設）

　当施設の敷地は，大和町と富谷町にまたがる新興住宅地の一角にあり，町のシンボル的存在である七ッ森の山々が眺望できる高台に位置している。南西側には保育所，北西側にはわかば公園，そして南東側には地区の集会所が隣接し，一帯はこの地域の公共施設ゾーンを形成している。施設内には児童館と共に町役場の連絡所が併設されており，地域との接点がより強化されたものとして計画された。

　隣接する屋根稜線に沿って軸線を設定することで，公共施設として既存集会所との一体感を持たせると同時に，隣接するわかば公園との連続性を意識した配置とした。南北両側からのアプローチ可能な動線計画と共に，エントランスホール・ロビーを中心に，動的空間としての遊戯室と，静的空間としての図書室，集会室，調理室群とを明快に分離した平面計画とし，楕円状に配置された壁や列柱により多様な外部空間を形成することによって，全体の領域化を目論んでいる。

　また，強弦梁と格子梁の合成によるハイブリッド構造によって形成された曲線状の屋根は，柔らかい内部空間を実現するとともに，七ッ森に代表される大和町のやさしい山並みを表現した外観を実現している。

東南側外観

児童館 119

配置図 1/1000

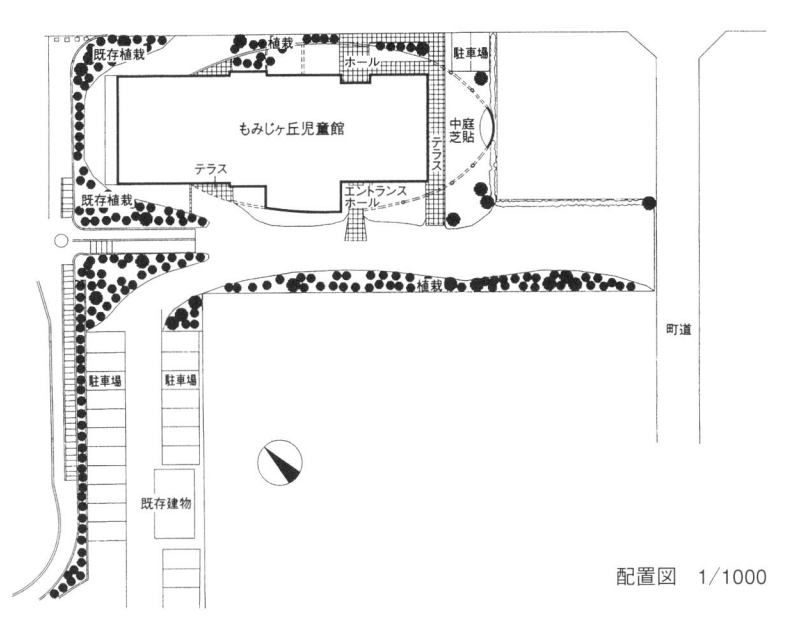

玄関

エントランスホール

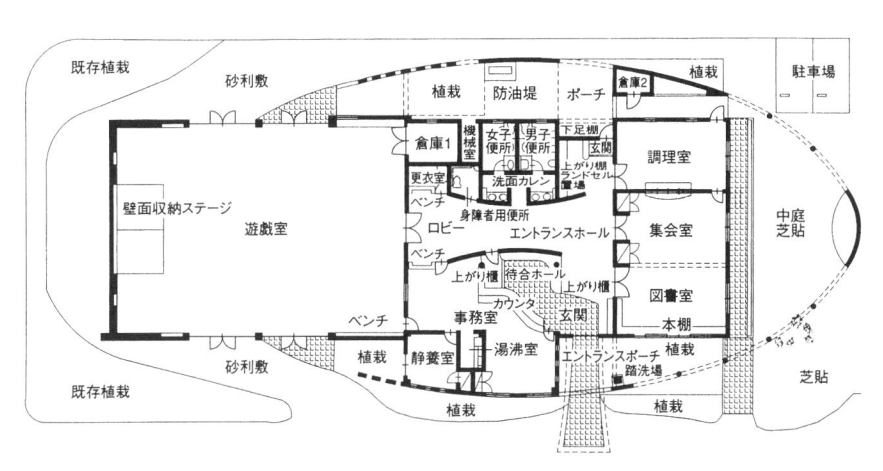

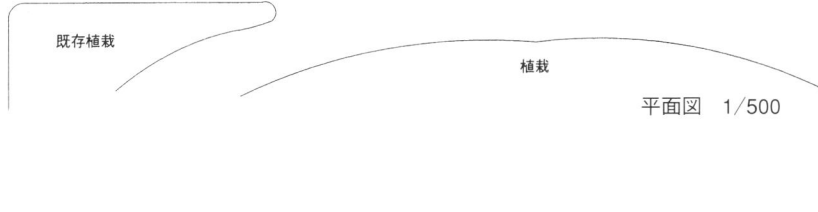

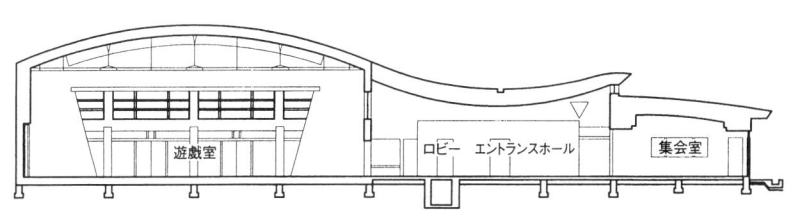

平面図 1/500

断面図 1/500

遊戯室

児童館 7 武蔵野市立０１２３はらっぱ

所 在 地：東京都武蔵野市八幡町 1-3-24
事 業 主：武蔵野市
設 計 者：横河健／横河設計工房
完成年月：2001年5月
構　　造：木造準ラーメン　一部鉄筋コンクリート造
面　　積：敷地面積 1,763.34 m²　延床面積 889.08 m²
　　　　　1階 589.16 m²　2階 299.92 m²
特筆すべき点：太陽光発電システム，電気蓄熱式およびガス温水敷
　　　　　き床暖房木造準ラーメン構造システムによる開放的で自由
　　　　　度の高い空間構成
掲 載 誌：新建築（2001年6月）
　　　　　ユニバーサルデザイン（2001年8月）
　　　　　建築画報（2002年2月　特集：魅せる力学）

撮影：新建築写真部

　この建築は，０歳〜３歳児までの幼児とその親たちのためにつくられた公共施設である。近年社会問題となっている少子化・核家族・育児ノイローゼなどに答えるためにつくられたので，いわゆる託児所や幼児教育の場というものとは違い，同じような幼児を持つ親同士が交流でき，子育てについて学び，また相談できる子育て支援施設である。

　このようなプログラムに対してわれわれが提案したことは，自由な建築として，まず「つくり過ぎない建築」，すなわち諸室の組み替えや増改築などフレキシビリティと将来の発展性をもつこと。また「敷地の特徴を活かすこと」として細長い敷地の特徴を活かし，この場でしかできない空間構造を生み出したことである。

　われわれはこの施設を優しい空間となる木造としたかった。そこで，壁量が少なく自由な平面計画が可能となる，システマチックな木造準ラーメン構造を採用した。これは自由度を高め，耐震性を確保すると共に広がりのあるオープンな大空間を持つ建築を提案することとなった。また，この木構造を表わしとし，柱・梁の連続を見せる構造と考えたのは，視覚的・体感的に人に与える印象が柔らかいということもあるが，むしろこの細長敷地から，長く連続するポーティコのような柱の連続がイメージされたからである。連続する梁が生み出す心地よいリズムに，木の持つやさしさや温もりといった感覚を自然に感じながら，子供たちが広々とした空間でのびのびと遊ぶことを意図した。

2層吹き抜けたプレイホール

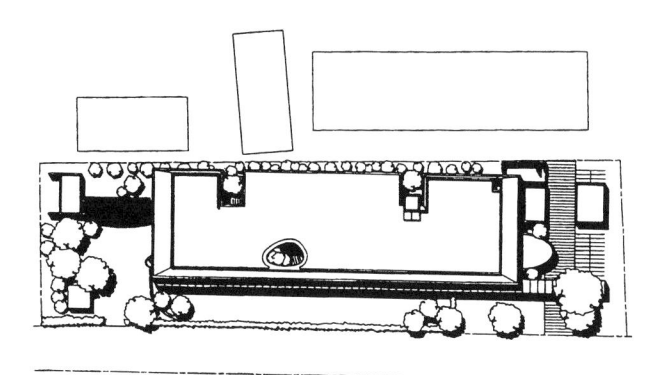

配置図 1/1000

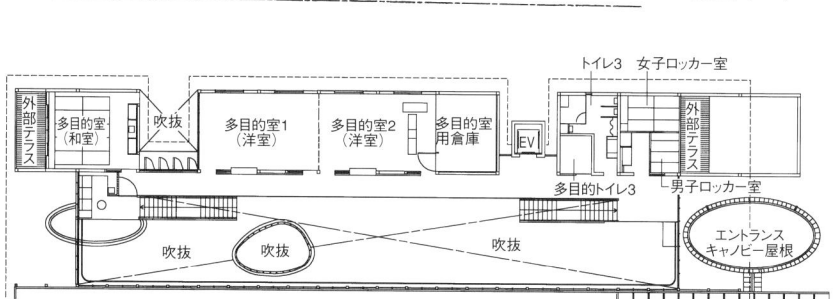

2階平面図 1/500

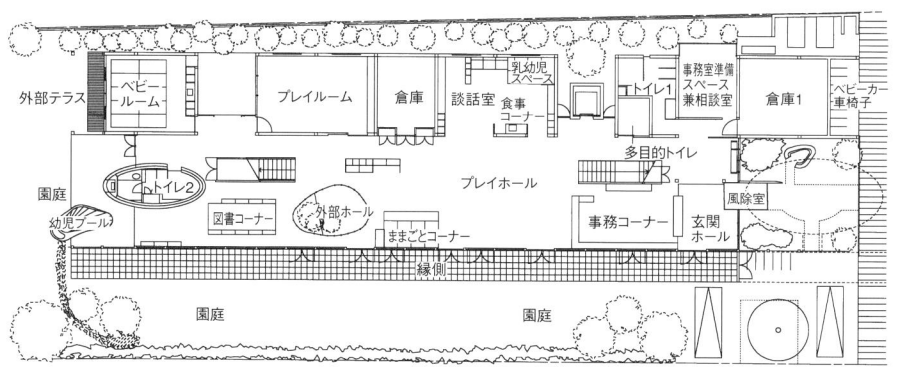

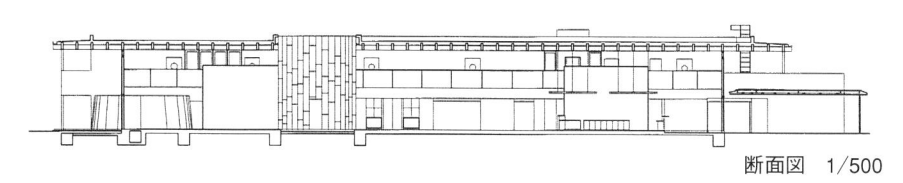

1階平面図 1/500

断面図 1/500

人間が本来持っている感覚の「色」によるサイン計画

サイン　撮影：新建築写真部

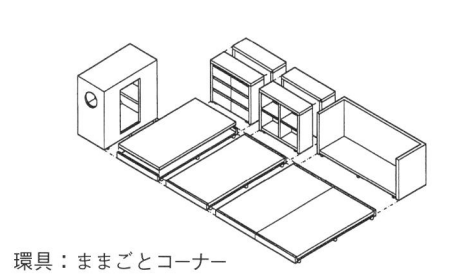

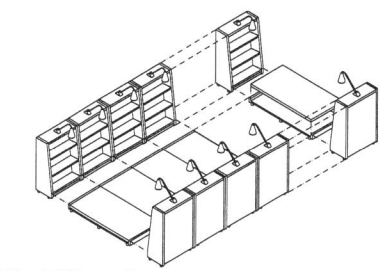

環具：ままごとコーナー

環具：図書コーナー

ままごとコーナー　撮影：新建築写真部

図書コーナー

砂場から西側園庭を見る

児童館 8 福野町児童センター アルカス

所 在 地：富山県東砺波郡福野町二日町 435-1
事 業 主：福野町
設 計 者：株式会社　おおみ設計
完成年月：1996年3月
構　　造：鉄筋コンクリート造
面　　積：敷地面積4,223.19 m²　延床面積565.53 889.08 m²

　本施設は，午前中は未就学児の親子での利用，午後は放課後の児童の利用と，子ども・子育ての中心施設となる児童センターである。周囲の木々に調和したとんがり屋根，円形の外壁面，芝生の広場，築山と池など，メルヘンチックな装いでまとめられている。内部は伝統的な民家の構法を模した広間を中心に諸室を中心に諸室を放射状に配して，子どもたちが安全かつ自由に遊べるように配慮されている。

　建物に隣接する築山の下にある隠れ家の覗き筒からは，名前の由来ともなっている小熊座（アルカス）の中の北極星が見える。鯉のいる池とせせらぎ，クローバーの咲く山，なんにもない，しかし，なんでも出来る広場，そんな豊かな自然の中で，子ども達は多様な遊びを見つけて楽しんでいる。

　職員の熱心な運営もあいまって，年間3万人という多くの利用者が訪れ，地域社会に貢献する公共建築として第8回公共建築賞を受賞している。（編）

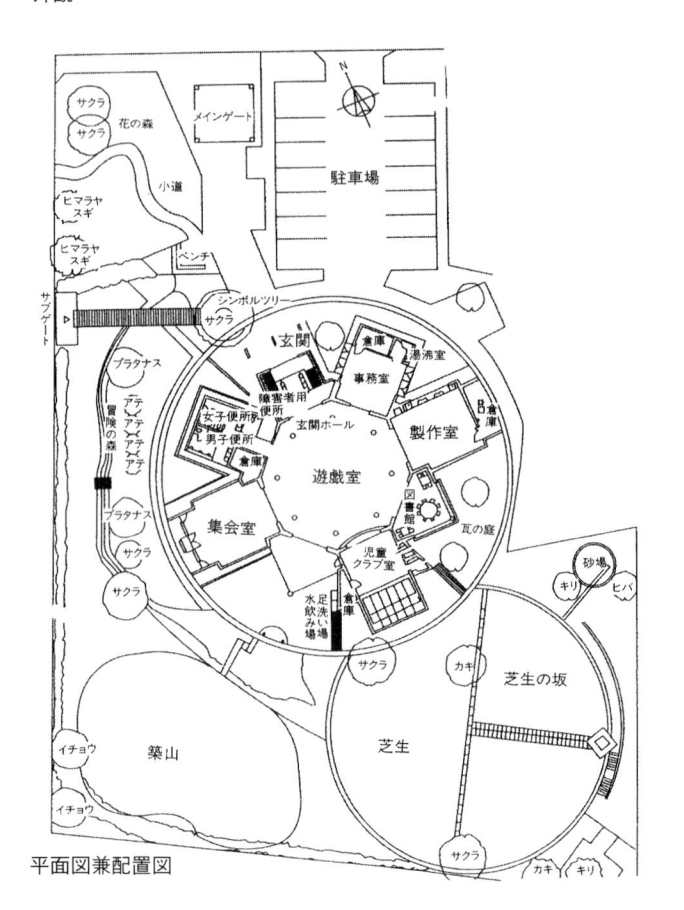

外観

平面図兼配置図

塔屋 　　遊戯室の上部構造 　　遊戯室

参考資料 幼稚園

「幼稚園設置基準」
昭和31年12月13日／文部省令第32号
〔改正沿革〕
　　昭和37年文部省令第2号　昭和41年文部省令第44号
　　昭和46年文部省令第8号　昭和49年文部省令第38号
　　平成元年文部省令第3号　平成7年文部省令第1号

第1章　総則
（趣旨）
第1条
幼稚園設置基準は，学校教育法施行規則（昭和22年文部省令第11号）に定めるもののほか，この省令の定めるところによる。

（基準の向上）
第2条
この省令で定める設置基準は，幼稚園を設置するのに必要な最低の基準を示すものであるから，幼稚園の設置者は，幼稚園の水準の向上を図ることに努めなければならない。

第2章　編制
（1学級の幼児数）
第3条
1学級の幼児数は，35人以下を原則とする。

（学級の編制）
第4条
学級は，学年の初めの日の前日において同じ年齢にある幼児で編制することを原則とする。

（教職員）
第5条
幼稚園には，園長のほか，各学級ごとに少なくとも専任の教諭1人を置かなければならない。

2　特別の事情があるときは，前項の教諭は，専任の教頭が兼ね，又は当該幼稚園の学級数の3分の1の範囲内で，専任の助教諭若しくは講師をもってこれに代えることができる。

3　専任でない園長を置く幼稚園にあっては，前2項の規定により置く教諭，助教諭又は講師のほか，教頭，教諭，助教諭又は講師1人を置くことを原則とする。

第6条
幼稚園には，養護教諭又は養護助教諭及び事務職員を置くように努めなければならない。

第3章　施設及び設備等
（一般的基準）
第7条
幼稚園の位置は，幼児の教育上適切で，通園の際安全な環境にこれを定めなければならない。

2　幼稚園の施設及び設備等は，指導上，保健衛生上及び管理上適切なものでなければならない。

（園地，園舎及び運動場）
第8条
園舎は，二階建以下を原則とする。園舎を2階建とする場合及び特別の事情があるため園舎を3階建以上とする場合にあっては，保育室，遊戯室及び便所の施設は，第1階に置かなければならない。ただし，園舎が耐火建築物で，幼児の待避上必要な施設を備えるものにあっては，これらの施設を第2階に置くことができる。

2　園舎及び運動場は，同一の敷地内にあることを原則とする。

3　園地，園舎及び運動場の面積は，別に定める。

（施設及び設備等）
第9条
幼稚園には，次の施設及び設備を備えなければならない。ただし，特別の事情があるときは，保育室と遊戯室及び職員室と保健室とは，それぞれ兼用することができる。
　一　職員室
　二　保育室
　三　遊戯室
　四　保健室
　五　便所
　六　飲料水用設備，手洗用設備，足洗用設備

2　保育室の数は，学級数を下ってはならない。

3　飲料水用設備は，手洗用設備又は足洗用設備と区別して備えなければならない。

4　飲料水の水質は，衛生上無害であることが証明されたものでなければならない。

第10条
幼稚園には，学級数及び幼児数に応じ，教育上及び保健衛生上必要な種類及び数の園具及び教具を備えなければならない。

2　前項の園具及び教具は，常に改善し，補充しなければならない。

第11条
幼稚園には，次の施設及び設備を備えるように努めなければならない。
　一　放送聴取設備
　二　映写設備
　三　水遊び場
　四　幼児清浄用設備
　五　給食施設
　六　図書室
　七　会議室

（他の施設及び設備等の使用）
第12条
幼稚園の施設及び設備等（保育室を除く。）の一部は，特別の事情があるときは，教育上支障のない限り，他の学校等の施設又は設備等を使用することができる。

附則〔抄〕

1　この省令は，昭和32年2月1日から施行する。

2　第5条第1項の規定により置かなければならない教諭のうち，専任の助教諭又は講師をもって代えることができる範囲については，同条第2項の規定にかかわらず，昭和49年3月31日までは，なお従前の例によることができる。

3　園地，園舎及び運動場の面積は，第8条第3項の規定に基き別に定められるまでの間，園地についてはなお従前の例により，園舎及び運動場については別表第1及び第2に定めるところによる。ただし，この省令施行の際現に存する幼稚園については，特別の事情があるときは，当分の間，園舎及び運動場についてもなお従前の例によることができる。

別表第1　（園舎の面積）

学級数	1学級	2学級以上
面積	80 m²	320＋100×（学級数－2）m²

別表第2　（運動場の面積）

学級数	2学級以下	3学級以上
面積	330＋30×（学級数－1）m²	400＋80×（学級数－3）m²

附則
〔平成7・2・8・文部省令第1号〕

1 この省令は，平成7年4月1日から施行する。

2 この省令施行の際現に存する幼稚園については，改正後の第3条の規定にかかわらず，平成13年3月31日までは，なお従前の例によることができる。

幼稚園施設整備指針（注-1）
目次
第1章 総則
第1節 幼稚園施設整備の基本方針
第2節 幼稚園施設整備の課題への対応
　　第1　幼児の主体的な活動を確保する施設整備
　　第2　安全でゆとりと潤いのある施設整備
　　第3　家庭や地域と連携した施設整備
第3節 幼稚園施設整備の基本的留意事項
第2章 施設計画
第1節 園地計画
　　第1　園地環境
　　第2　通園環境
第2節 配置計画
　　第1　園地利用
　　第2　配置構成
第3章 園舎計画
　　第1　基本的事項
　　第2　保育空間
　　第3　共通空間
　　第4　家庭・地域連携空間
　　第5　管理空間
第4章 園庭計画
　　第1　基本的事項
　　第2　運動スペース
　　第3　砂遊び場、水遊び場その他の屋外教育施設
　　第4　緑化スペース
　　第5　門、囲障等
第5章 詳細設計
　　第1　基本的事項
　　第2　内部仕上げ
　　第3　開口部
　　第4　外部仕上げ
　　第5　家具
　　第6　手すり・屋上
第6章 構造設計
　　第1　基本的事項
　　第2　上部構造
　　第3　基礎
　　第4　その他
第7章 設備設計
　　第1　基本的事項
　　第2　照明設備
　　第3　電力設備
　　第4　情報通信設備
　　第5　給排水設備
　　第6　空気調和設備
　　第7　防犯・防災等設備

注-1　幼稚園施設整備指針は、文部科学省大臣官房文教施設部が幼稚園施設計画の指針として提示したものである。このうち平成14年3月改訂の「目次」を文教施設部の許可を得て掲載するものである。
　本指針は公立の幼稚園施設の計画・設計に資すると共に21世紀における我が国幼稚園教育の全体的変化発展の動向の中で、私立幼児教育施設の整備計画にも有効なものと考えられる。

参考資料 保育所

「児童福祉施設最低基準」
昭和23年12月29日　厚生省令第63号）

児童福祉法（昭和22年法律第164号）第45条の規定に基き、児童福祉施設最低基準を次のように定める。

児童福祉施設最低基準
目次
第1章　総則（第1条―第14条の2）
第2章　助産施設（第15条―第18条）
第3章　乳児院（第19条―第25条）
第4章　母子生活支援施設（第26条―第31条）
第5章　保育所（第32条―第36条）
第6章　児童厚生施設（第37条―第40条）
第7章　児童養護施設（第41条―第47条）
第8章　知的障害児施設（第48条―第54条）
第8章の2　知的障害児通園施設（第55条―第59条）
第9章　盲ろうあ児施設（第60条―第63条）
第9章の2　削除
第9章の3　肢体不自由児施設（第68条―第71条）
第9章の4　重症心身障害児施設（第72条・第73条）
第9章の5　情緒障害児短期治療施設（第74条―第78条）
第10章　児童自立支援施設（第79条―第88条）
第11章　児童家庭支援センター（第88条の2―第88八条の4）

附則

本書では以下に、第1章総則と第5章保育所のみを掲載する。

第1章　総則
（この省令の趣旨）
第1条　児童福祉法（昭和22年法律第164号。以下「法」という。）第45条の規定による児童福祉施設の設備及び運営についての最低基準（以下最低基準という。）は、この省令の定めるところによる。

（最低基準の目的）
第2条　最低基準は、児童福祉施設に入所している者が、明るくて、衛生的な環境において、素養があり、かつ、適切な訓練を受けた職員（児童福祉施設の長を含む。以下同じ。）の指導により、心身ともに健やかにして、社会に適応するように育成されることを保障するものとする。

（最低基準の向上）
第3条　都道府県知事は、その管理に属する法第8条第4項に規定する都道府県児童福祉審議会（社会福祉法（昭和26年法律第45号）第12条第1項の規定により同法第6条第2項に規定する地方社会福祉審議会（以下この項において「地方社会福祉審議会」という。）に児童福祉に関する事項を調査審議させる都道府県にあつては、地方社会福祉審議会）の意見を聴き、その監督に属する児童福祉施設に対し、最低基準を超えて、その設備及び運営を向上させるように勧告することができる。

2　地方自治法（昭和22年法律第67号）第252条の19第1項の指定都市（以下「指定都市」という。）にあつては、前項中「都道府県知事」とあるのは「指定都市の市長」と、「都道府県」とあるのは「指定都市」と読み替えるものとする。

3　地方自治法第252条の22第1項の中核市（以下「中核市」という。）にあつては、第1項中「都道府県知事」とあるのは「都道府県知事（助産施設、母子生活支援施設又は保育所（以下「特定児童福祉施設」という。）については、中核市の市長とする。）」と、「都道府県」とあるのは「都道府県（特定児童福祉施設については、中核市）」と読み替えるものとする。

4　厚生労働大臣は、最低基準を常に向上させるように努めるものとする。

（最低基準と児童福祉施設）
第4条　児童福祉施設は、最低基準を超えて、常に、その設備及び運営を向上させなければならない。

2　最低基準を超えて、設備を有し、又は運営をしている児童福祉施設においては、最低基準を理由として、その設備又は運営を低下させてはならない。

（児童福祉施設の構造設備の一般原則）
第5条　児童福祉施設には、法に定めるそれぞれの施設の目的を達成するために必要な設備を設けなければならない。

2　児童福祉施設の構造設備は、採光、換気

等入所している者の保健衛生及びこれらの者に対する危害防止に十分な考慮を払つて設けられなければならない。
(児童福祉施設と非常災害)
第6条　児童福祉施設においては、軽便消火器等の消火用具、非常口その他非常災害に必要な設備を設けるとともに、非常災害に対する具体的計画を立て、これに対する不断の注意と訓練をするように努めなければならない。
2　前項の訓練のうち、避難及び消火に対する訓練は、少なくとも毎月1回は、これを行わなければならない。
(児童福祉施設における職員の一般的要件)
第7条　児童福祉施設に入所している者の保護に従事する職員は、健全な心身を有し、児童福祉事業に熱意のある者であつて、できる限り児童福祉事業の理論及び実際について訓練を受けた者でなければならない。
(他の社会福祉施設を併せて設置するときの設備及び職員の基準)
第8条　児童福祉施設は、他の社会福祉施設を併せて設置するときは、必要に応じ当該児童福祉施設の設備及び職員の一部を併せて設置する社会福祉施設の設備及び職員に兼ねることができる。ただし、入所している者の居室及び各施設に特有の設備並びに入所している者の保護に直接従事する職員については、この限りでない。
(入所した者を平等に取り扱う原則)
第9条　児童福祉施設においては、入所している者の国籍、信条、社会的身分又は入所に要する費用を負担するか否かによつて、差別的取扱いをしてはならない。

(懲戒に係る権限の濫用禁止)
第9条の2　児童福祉施設の長は、入所中の児童に対し法第47条第1項本文の規定により親権を行う場合であつて懲戒するとき又は同条第2項の規定により懲戒に関しその児童の福祉のために必要な措置を採るときは、身体的苦痛を与え、人格を辱める等その権限を濫用してはならない。

(衛生管理等)
第10条　児童福祉施設に入所している者の使用する設備、食器等又は飲用に供する水については、衛生的な管理に努め、又は衛生上必要な措置を講じなければならない。
2　児童福祉施設(助産施設、乳児院、保育所、児童厚生施設、肢体不自由児施設及び重症心身障害児施設を除く。)においては、一週間に二回以上、入所している者を入浴させ、又は清拭しなければならない。
3　児童福祉施設には、必要な医薬品その他の医療品を備えなければならない。

(給食)
第11条　児童福祉施設において、入所している者に給食をするときは、その献立は、できる限り、変化に富み、入所している者の健全な発育に必要な栄養量を含有するものでなければならない。
2　給食は、前項の規定によるほか、食品の種類及び調理方法について栄養並びに入所している者の身体的状況及び嗜好を考慮したものでなければならない。
3　調理は、あらかじめ作成された献立に従つて行わなければならない。

(入所した者及び職員の健康診断)
第12条　児童福祉施設(児童厚生施設及び児童家庭支援センターを除く。第5項を除き、以下この条において同じ。)の長は、入所した者に対し、入所時の健康診断、少なくとも一年に二回の定期健康診断及び臨時の健康診断を、学校保健法(昭和33年法律第56号)に規定する健康診断に準じて行わなければならない。
2　児童福祉施設の長は、前項の規定にかかわらず、次の表の上欄に掲げる健康診断が行われた場合であつて、当該健康診断がそれぞれ同表の下欄に掲げる健康診断の全部又は一部に相当すると認められるときは、同欄に掲げる健康診断の全部又は一部を行わないことができる。この場合において、児童福祉施設の長は、それぞれ同表の上欄に掲げる健康診断の結果を把握しなければならない。
児童相談所等における児童の入所前の健康診断　入所した児童に対する入所時の健康診断
児童が通学する学校における健康診断　定期の健康診断又は臨時の健康診断

3　児童福祉施設の長は、第1項の健康診断に当たつては、必要に応じ梅毒反応検査を行わなければならない。
4　第1項の健康診断をした医師は、その結果必要な事項を母子健康手帳又は入所した者の健康を記録する表に記入するとともに、必要に応じ入所の措置又は助産の実施、母子保護の実施若しくは保育の実施を解除又は停止する等必要な手続をとることを、児童福祉施設の長に勧告しなければならない。
5　児童福祉施設の職員の健康診断に当たつては、特に入所している者の食事を調理する者につき、綿密な注意を払わなければならない。

(児童福祉施設内部の規程)
第13条　児童福祉施設においては、次に掲げる事項のうち必要な事項につき規程を設けなければならない。
一　入所する者の処遇に関する事項
二　その他施設の管理についての重要事項

(児童福祉施設に備える帳簿)
第14条　児童福祉施設には、職員、財産、収支及び入所している者の処遇の状況を明らかにする帳簿を整備しておかなければならない。

(苦情への対応)
第14条の2　児童福祉施設は、その行つた処遇に関する入所している者又はその保護者等からの苦情に迅速かつ適切に対応するために、苦情を受け付けるための窓口を設置する等の必要な措置を講じなければならない。
2　児童福祉施設は、その行つた処遇に関し、当該措置又は助産の実施、母子保護の実施若しくは保育の実施に係る都道府県又は市町村から指導又は助言を受けた場合は、当該指導又は助言に従つて必要な改善を行わなければならない。
3　児童福祉施設は、社会福祉法第八十三条に規定する運営適正化委員会が行う同法第八十五条第一項の規定による調査にできる限り協力しなければならない。

第五章　保育所
(設備の基準)
第32条　保育所の設備の基準は、次のとおりとする。
一　乳児又は満二歳に満たない幼児を入所させる保育所には、乳児室又はほふく室、医務室、調理室及び便所を設けること。
二　乳児室の面積は、乳児又は前号の幼児一人につき1.65平方メートル以上であること。
三　ほふく室の面積は、乳児又は第1号の幼児一人につき3.3平方メートル以上であること。
四　乳児室又はほふく室には、保育に必要な用具を備えること。
五　満二歳以上の幼児を入所させる保育所には、保育室又は遊戯室、屋外遊戯場(保育所の付近にある屋外遊戯場に代わるべき場所を含む。以下同じ。)、調理室及び便所を設けること。
六　保育室又は遊戯室の面積は、前号の幼児一人につき1.98平方メートル以上、屋外遊戯場の面積は、前号の幼児一人につき3.3平方メートル以上であること。
七　保育室又は遊戯室には、保育に必要な用具を備えること。
八　保育室又は遊戯室を二階に設ける建物は、次のイ、ロ及びへの要件に、保育室又は遊戯室を三階以上に設ける建物は、次のイ及びハからチまでの要件に該当するものであること。
イ　建築基準法(昭和25年法律第201号)第2条第9号の2に規定する耐火建築物であること。
ロ　屋内階段のほか、幼児の避難に適した建築基準法第2条第7号に規定する耐火構造の傾斜路若しくはこれに準ずる設備又は屋外階段が設けられていること。
ハ　地上又は避難階(直接地上へ通ずる出入口のある階をいう。)に直通し、かつ、幼児の避難に適した建築基準法施行令(昭和25年政令第328号)第123条第1項各号又は同条第3項各号に規定する構造の屋内階段及び同条第2項各号に規定する構造の屋外階段が設けられていること。この場合において、これらの

階段は避難上有効な位置に設けられ、かつ、保育室の各部分からその一に至る歩行距離及び遊戯室の各部分からその一に至る歩行距離がいずれも30メートル以下となるように設けられていること。
ニ　保育所の調理室以外の部分と保育所の調理室及び当該建物の保育所以外の部分が建築基準法第2条第7号に規定する耐火構造の床若しくは壁又は建築基準法施行令第112条第1項に規定する特定防火設備で区画されていること。この場合において、換気、暖房又は冷房の設備の風道が、当該床若しくは壁を貫通する部分又はこれに近接する部分に防火上有効にダンパーが設けられていること。
ホ　保育所の壁及び天井の室内に面する部分の仕上げを不燃材料でしていること。
ヘ　保育室、遊戯室その他幼児が出入し、又は通行する場所に、幼児の転落事故を防止する設備が設けられていること。
ト　非常警報器具又は非常警報設備及び消防機関へ火災を通報する設備が設けられていること。
チ　保育所のカーテン、敷物、建具等で可燃性のものについて防炎処理が施されていること。

（職員）
第33条　保育所には、保育士、嘱託医及び調理員を置かなければならない。ただし、調理業務の全部を委託する施設にあつては、調理員を置かないことができる。
2　保育士の数は、乳児おおむね三人につき一人以上、満一歳以上満三歳に満たない幼児おおむね六人につき一人以上、満三歳以上満四歳に満たない幼児おおむね二十人につき一人以上、満四歳以上の幼児おおむね三十人につき一人以上とする。ただし、保育所一につき二人を下ることはできない。

（保育時間）
第34条　保育所における保育時間は、一日につき八時間を原則とし、その地方における乳児又は幼児の保護者の労働時間その他家庭の状況等を考慮して、保育所の長がこれを定める。

（保育の内容）
第35条　保育所における保育の内容は、健康状態の観察、服装等の異常の有無についての検査、自由遊び及び昼寝のほか、第12条第1項に規定する健康診断を含むものとする。

（保護者との連絡）
第36条　保育所の長は、常に入所している乳児又は幼児の保護者と密接な連絡をとり、保育の内容等につき、その保護者の理解及び協力を得るよう努めなければならない。

■参考文献

幼稚園・保育所
1) 厚生労働省/監修：厚生労働白書（平成13年版）：株式会社　ぎょうせい：2001.9
2) 編集代表/永井憲一：三省堂新六法2002：株式会社　三省堂：2001.10
3) 建築学大系編集委員会/編：新訂建築学大系32学校・体育施設：株式会社　彰国社：1964.7
4) 新建築学大系編集委員会/編、筧和夫他/著：新建築学大系32福祉施設・レクリエーション施設の設計：株式会社　彰国社：1987.11
5) 森上史朗、柏女霊峰/編：保育用語事典：株式会社　ミネルヴァ書房：2001.10
6) 幼児保育研究会（代表　森上史朗）：最新保育資料2000：株式会社　ミネルヴァ書房：2000.9
7) 栃尾勲/編集代表：保育所運営マニュアル：中央法規出版　株式会社：1999.12
8) 全国保育団体連絡会・保育研究所/編：保育白書　2000年版：株式会社　草土文化：2000.8
9) 全国保育団体連絡会・保育研究所/編：保育白書　2001年版：株式会社　草土文化：2001.8
10) 森田明美/編著：幼稚園が変わる保育所がかわる：株式会社　明石書店：2000.11
11) 幼稚園施設整備指針：文部科学省大臣官房文教施設部：2002.3
12) 国土交通省国土技術政策総合研究所/（財）建築環境・省エネルギー機構：健康な住まいづくりのためのユーザーズガイド：（財）日本建築センター、（財）ベターリビング：2000.10

児童館
13) 児童福祉法規定研究会/監修：児童福祉六法　平成１５年版：中央法規：2002.11
14) 東京都総務局統計部統計調整課/編：東京都社会指標-個別指標-：東京都：1998.3
15) 東京都福祉局総務部計画調整課/編：社会福祉施設等一覧（平成13年版）：東京都：2001.4
16) 東京都福祉局子ども家庭部/編：東京の児童館・学童クラブ事業実施状況：東京都：2001.12
17) （財）児童健全育成推進財団：じどうかんホームページhttp://www.jidoukan.or.jp
18) 日本建築学会/編：建築設計資料集成2　物品：丸善：1978.12
19) 日本建築学会/編：建築設計資料集成3　単位空間Ⅰ：丸善：1980.7
20) 日本建築学会/編：建築設計資料集成5　単位空間Ⅲ：丸善：1982.1
21) 日本建築学会/編：建築設計資料集成7　建築-文化：丸善：1981.5
22) 建築思潮研究所/編：建築設計資料76　児童館・児童文化施設：建築資料研究社：2000.6
23) 堀部幸晴 他：世田谷区山野児童館利用者の利用圏域・交通手段・利用頻度及び滞留時間の研究-地域施設として設計された児童館利用実態調査（16年前・後の比較）その１-：日本建築学会 地域施設計画研究18：2000.7
24) 堀部幸晴 他：世田谷区山野児童館の内部空間の使われ方に関する研究-地域施設として設計された児童館利用実態調査（16年前・後の比較）その２-：日本建築学会 地域施設計画研究19：2001.7
25) 学童保育の法制化に関する資料集：全国学童保育連絡協議会：1996.11
26) 放課後児童健全育成事業（学童保育）実施要綱と補助金-解説と資料-：全国学童保育連絡協議会：1998.6
27) 学校施設利用の手引き：全国学童保育連絡協議会：1998.10
28) 児童館・学童保育21世紀委員会/編：児童館と学童保育の関係を問う　「一元化」「一体化」をめぐって：萌文社：1998.11
29) 学童保育　実態調査のまとめ　1998年版：全国学童保育連絡協議会：1999.11
30) 「すべての児童の健全育成施策」と学童保育　資料増補版：全国学童保育連絡協議会：2001.11
31) 全国学童保育連絡協議会/編：新版学童保育のハンドブック：一声社：2002.4
32) 日本女子大学家政学部住居学科定行研究室/編著：中高生の居場所のあり方に関する調査研究　平成13年度児童環境づくり等調査研究事業：中高生の生活環境研究会：2002.3
33) 谷口新 他：計画集合住宅地における日当り・日影とこどものあそび場に関する考察：日本建築学会計画系論文集531号：2000.5

[編修執筆主査]	高木　幹朗	（神奈川大学教授・博士（工学））
	谷口　汎邦	（東京工業大学名誉教授・工学博士）
[執筆委員]	高木　幹朗	（上記）
	三輪　敏久	（日比野設計）
	谷口　汎邦	（上記）
	堀部　幸晴	（都市計画設計研究所専門役）
	関沢　勝一	（日本大学理工学部教授・博士（工学））
	大村　虔一	（宮城大学事業構想学部教授・工学博士）
	谷口　新	（計画・設計インテグラ／新総合計画研究所・博士（工学））
[執筆協力]	海法　一夫	（海法デザイン事務所代表・イラスト作成）
	萱沼　俊一	（図面作成）
	吉柴　智昭	（図面作成）
	佐藤　直樹	（資料協力）

建築計画・設計シリーズ 10

幼稚園・保育所／児童館

2003年4月10日　初版発行
2014年3月20日　初版第6刷

執筆代表　　高 木 幹 朗
発 行 者　　澤 崎 明 治

印刷／中央印刷㈱　　製本／矢嶋製本

発行所　　株式会社　市ヶ谷出版社
東京都千代田区五番町5
電話　03-3265-3711（代）
FAX　03-3265-4008
http://www.ichigayashuppan.co.jp

© 2003　　　ISBN978-4-87071-240-9　■無断掲載複製を禁ずる

市ケ谷出版社

建築計画・設計シリーズ　発行書目

(平成21年8月1日現在)

編修委員長　谷口　汎邦
編修委員　荻野郁太郎・志水英樹・白濱謙一・仙田　満・高木幹朗・藤井修二・藤江澄夫
専門委員　浅沼由紀・天野克也・有田桂吉・小泉信一・佐々木雄二・鈴木歌治郎・伊達美徳・
　　　　　服部紀和・三栖邦博・無漏田芳信・森保洋之・山口勝巳

発売予定	No	書名（内容）	（コード，本体価格）
(発売中)	1a	設計基礎（計画・製図・単位空間）	(Co. 230, 本体価格 2,000 円)
(発売中)	1b	設計基礎（構造・環境設備・法規）	(Co. 231, 本体価格 2,100 円)
(発売中)	2	住宅Ⅰ	(Co. 232, 本体価格 2,600 円)
(発売中)	3	住宅Ⅱ	(Co. 233, 本体価格 2,913 円)
(発売中)	4	高層・超高層集合住宅	(Co. 234, 本体価格 3,301 円)
(発売中)	5	中層集合住宅	(Co. 235, 本体価格 3,200 円)
(発売中)	6	都市型低層集合住宅	(Co. 236, 本体価格 3,600 円)
(発売中)	7	庁舎施設	(Co. 237, 本体価格 3,200 円)
(発売中)	10	幼稚園・保育所／児童舘	(Co. 240, 本体価格 3,400 円)
(発売中)	11	公民館・コミュニティセンター	(Co. 241, 本体価格 3,200 円)
(発売中)	12	公共ホール	(Co. 242, 本体価格 3,200 円)
(発売中)	13	図書館	(Co. 243, 本体価格 3,400 円)
(発売中)	14	高齢者施設	(Co. 244, 本体価格 2,913 円)
(発売中)	15	高齢者複合施設	(Co. 245, 本体価格 3,000 円)
(発売中)	16	医療施設	(Co. 246, 本体価格 3,200 円)
(発売中)	17	研究施設	(Co. 247, 本体価格 3,107 円)
(発売中)	18	美術館	(Co. 248, 本体価格 3,400 円)
(発売中)	19	博物館	(Co. 249, 本体価格 3,200 円)
(発売中)	20	街なみ・街づくり	(Co. 250, 本体価格 3,600 円)
(発売中)	21	研修施設	(Co. 251, 本体価格 2,427 円)
(発売中)	22	事務所ビル	(Co. 252, 本体価格 2,600 円)
(発売中)	23	超高層事務所ビル	(Co. 253, 本体価格 3,000 円)
(発売中)	24	商業施設Ⅰ（大店舗・スーパー）	(Co. 254, 本体価格 3,000 円)
(発売中)	25	商業施設Ⅱ（SHOP & RETAIL）	(Co. 255, 本体価格 3,600 円)
(発売中)	27	音楽ホール・劇場・映画館	(Co. 257, 本体価格 3,400 円)
(発売中)	28	ホテル・旅舘	(Co. 258, 本体価格 3,000 円)
(発売中)	29	保養所	(Co. 259, 本体価格 2,913 円)
(発売中)	30	スポーツ施設	(Co. 260, 本体価格 3,400 円)
(発売中)	31	自然体験学習施設	(Co. 261, 本体価格 3,400 円)
(発売中)	32	都市再開発	(Co. 262, 本体価格 3,301 円)
(発売中)	33	集合住宅地	(Co. 263, 本体価格 3,107 円)
(発売中)	35	建築外部空間	(Co. 265, 本体価格 3,000 円)
(発売中)	37	新・事務所ビル	(Co. 267, 本体価格 3,200 円)
(発売中)	38	新・超高層事務所ビル	(Co. 268, 本体価格 3,400 円)
(発売中)	39	新・建築外部空間	(Co. 269, 本体価格 3,400 円)
(発売中)	40	新・設計基礎（構造・環境設備・法規）	(Co. 270, 本体価格 2,500 円)
(発売中)	41	新・住宅Ⅰ	(Co. 271, 本体価格 2,800 円)
(発売中)	42	新・設計基礎（計画・製図・模型・写真）	(Co. 272, 本体価格 2,400 円)

市ケ谷出版社　〒102-0076　東京都千代田区五番町 5
TEL (03) 3265-3711　FAX (03) 3265-4008